U0455658

本书受到江西省社会科学基金重点项目"开启全面建成社会主义现代化强国新征程江西方略研究"（编号：21WT53）的资助。

中国地方政府效率
研究报告
(2022)

RESEARCH REPORT OF LOCAL GOVERNMENTS' EFFICIENCY
IN CHINA (2022)

江西师范大学管理决策评价研究中心
北京师范大学政府管理研究院 ／著

社会科学文献出版社
SOCIAL SCIENCES ACADEMIC PRESS (CHINA)

《中国地方政府效率研究报告（2022）》
编　委　会

顾　　　问　　蒋正华　周铁农　王茂林

主　　　编　　唐天伟　唐任伍

编　　　委　　（按姓氏拼音排序）

陈建桥　陈阳波　邓久根　董圣鸿　方　芳

管　振　黄　慧　黄露仪　黄以航　吉　宏

江丽姗　江晓婧　江新喜　刘庆玉　刘文宇

刘心语　刘雨欢　刘远辉　卢俊阳　梅国平

欧阳小勇　秦雨薇　帅利华　宋心梅　唐任伍

唐若海　唐天伟　童　雨　肖乐瑶　谢本森

熊智伟　许　璟　阳　宇　杨茜迪　杨颖峰

杨宇薇　叶　云　应露晨　应子尧　曾振华

查苏灿　张　涛　张祥欣　章文光　朱凯文

朱笑笑　朱旭钰

参与编写人员　（按姓氏拼音排序）

安锴葶　柴培美　陈佳佳　陈语萌　程　曼

程颖欣　党睿馨　邓钰涵　杜纤石　段梓萌

付丽苹　葛丽萍　耿莉娜　顾丽瑶　韩慧婷

何 娜	何文惠	何雅轩	侯成宇	胡倩文
胡艳玲	黄楚若	黄佳璐	黄蕾蕾	黄顺芳
黄 甜	黄翼焓	黄钰淇	黄子豪	江丽萍
焦点点	柯歆羽	李嘉一	李思璇	李悦婷
梁庭燕	廖丙坤	林荣宇	刘 蕾	刘 萍
刘 容	刘香君	刘 悦	刘韵杨	龙 裕
罗 丽	莫林妹	欧阳雯	潘伊晨	乔文昕
邱慧瑶	施 蕾	石小丹	苏倩茜	孙 凡
汤静怡	涂 轩	万静雯	汪 晗	王金英
王 婧	王凯伦	王 玲	王露雅	王姝婷
王偲璇	危思怡	吴慧灵	吴梦青	吴志媛
肖 蜓	肖真晶	谢玲华	谢义艳	辛宇典
熊可怡	徐 敖	徐嘉怡	徐林铃	严金铃
颜容韬	晏梦娇	杨昌国	杨丽婷	易绪青
易 雨	游佳琪	游佳欣	余东芳	喻茹蕙
袁一鹤	曾佳颖	曾维郡	曾湘生	曾雅纹
张 斌	张慧芝	张亚玲	张永萍	张子怡
赵海洁	赵紫荷	周鹤鸣	周丽萍	周 艳
邹杜燕				

前　言

　　开启全面建设社会主义现代化国家新征程，需要持续、深入关注中国地方政府效率。在新冠肺炎疫情防控背景下，如何高效统筹疫情防控和经济社会发展成为我国各级政府着力解决的重大现实问题。本书是国内连续出版的第 12 部中国地方政府效率研究年度报告，测度中国具有典型性的地方政府（港、澳、台除外），包括 31 个省级政府、333 个地级市政府、1866 个县级政府、902 个区级政府的效率。本书在继承以往研究思路与方法的基础上，考察地方政府履行统筹发展、公共服务、乡村振兴、公共安全等职能的现状，重点揭示统筹发展与地方政府效率之间的内在联系，突出分析统筹发展与提升政府效率面临的问题，提出治理对策。本书通过完善相应指标体系，测度、分析 2022 年我国省级政府、地级市政府、县级政府的效率，连续 12 年发布中国地方政府效率优秀榜单，即中国地方政府效率"十高省""百高市""百高县"；同时，本书第一次将全国 333 个地级市政府所含的 902 个区级政府纳入中国地方政府效率测度范围，首次发布中国地方政府效率"百高区"。

　　本书力求体现以下几方面的创新。一是进一步完善了地方政府效率测度指标体系与数据来源。为更好体现新征程中地方政府统筹发展与安全、统筹疫情防控与经济社会发展、全面实施乡村振兴战略的实践，本书新增

"统筹疫情防控与经济社会发展""农民人均粮食产量""新增高标准农田建设""粮食种植面积占比""政府常务会议次数""政府常务会议议题数量"等多个测度政府效率的指标。二是持续拓展了地方政府效率研究样本。区级政府效率作为我国地方政府效率的重要代表，在一定程度上体现了我国地方政府效率。为了增强地方政府效率研究的代表性、广泛性，本书借鉴地级市政府及县级政府效率的测度指标体系及权重，创建区级政府效率测度指标体系，测度、分析 333 个地级市所含的 902 个区级政府效率。

本书继续发布 2022 年中国地方政府效率优秀榜单，指出上海、北京、浙江等省级政府效率很高，排全国前 10 名，简称中国地方政府效率"十高省"；珠海市、广州市、南京市等位居地级市政府效率全国前 100 名，简称中国地方政府效率"百高市"；嵊泗县、南澳县、昆山市等位居县级政府效率全国前 100 名，简称中国地方政府效率"百高县"；常州市武进区、济南市历城区、深圳市盐田区等位居区级政府效率全国前 100 名，简称中国地方政府效率"百高区"。

本书指出，2022 年我国地方政府效率具有三个特征。一是我国华东、中南、西南、西北、华北、东北等不同地区的地方政府效率排名差异较大。例如，华东地区的省级政府效率排名，华东、中南地区的地级市政府效率排名，华东、中南、西北等地区的县级政府效率排名，以及华东、中南地区的区级政府效率排名在全国居前，整体上高于其他地区的地方政府效率排名。二是同一地区内部同一级别的地方政府效率排名差异很大，这间接反映了我国地区内部同级地方政府之间在统筹经济社会发展与政府效率、乡村振兴等方面的差距及不平衡现状。三是不同地区的地方政府效率排名与当地经济社会高质量发展具有一定的正相关性，政府效率较高的地方政府辖区，其经济社会发展质量相应较高。

本书指出，公共服务优质、政府规模优化、居民经济福利优厚、政务公开优先、乡村振兴优良，即"五优"仍然是提高我国地方政府效率的共同经验；而公共服务不佳、政府规模不优、居民经济福利不高、政务公开不全、乡村振兴不够，即"五不"依旧是我国地方政府效率提升的共性瓶颈。因此，全面实行政务公开、切实提高公共服务质量、不断调适政府规模、持续增进居民经济福利是提升地方政府效率的有效举措。同时，本书提出协同提升统筹发展能力及政府效率的五大对策，即进一步厘清政府职能定位、持续加强政府履职能力建设、树立长期效率提升意识、统筹发展和政府效率提升要以人民对美好生活的需要为依归、加强先进技术在统筹发展与政府效率提升方面的应用。

本书获得江西省社会科学基金重点项目"开启全面建成社会主义现代化强国新征程江西方略研究"（编号：21WT53）的资助。同时，本书凝聚了江西师范大学及北京师范大学130多位师生的智慧与汗水，他们在研究设计、数据收集、正文撰写、校对出版、成果开发等方面做出了重要贡献。其中，唐天伟负责全书的统筹及修改工作；刘庆玉、江丽姗、刘远辉负责第一至三章（各撰写约1万字）；张涛、方芳负责第四章（各撰写约1万字）；朱凯文、童雨负责第五章（各撰写约1万字）；帅利华、江丽姗负责第六章（各撰写约1万字）；陈建桥、阳宇负责第七章（各撰写约1万字）；刘远辉负责全文统稿；刘远辉、张涛、帅利华、朱凯文、谢本森负责附录（各撰写约1万字）；北京师范大学政府管理研究院院长唐任伍教授、江西师范大学校长梅国平教授、江西师范大学副校长董圣鸿教授等为本书面世提供了宝贵的指导意见。在此表示衷心感谢及崇高敬意！

目　录

第一章
统筹发展与政府效率

2022 年 4 月 29 日，中共中央政治局会议提出"疫情要防住、经济要稳住、发展要安全"的总体要求。而如何高效统筹疫情防控和经济社会发展成为我国各级政府着力解决的重大现实问题。

我国实施的"动态清零""科学精准"等疫情防控策略，旨在以最小的社会成本投入获得最大的疫情防控及经济社会发展效果。2022 年 2 月，美国《华尔街日报》也不得不承认中国的"动态清零"政策实现了死亡人数和经济干扰最小化两个目标[①]。这既体现了统筹疫情防控与发展的高效率，又体现了各级政府落实统筹发展与疫情防控政策的高效率。

统筹疫情防控和经济社会发展，重点在统筹，关键在高效。所以，统筹发展和政府效率是一个问题的两个方面，值得高度关注。

一 统筹发展与政府效率概述

（一）统筹发展的内涵及本质

统筹发展是政府通盘筹划发展而调整社会资源的使用，是政府在特定社会发展目标下人为干预、优化资源配置的一种方式。统筹发展起源很早，

---

① 《美媒：西方应冷静评估中国的"动态清零"》，搜狐网，https://www.sohu.com/a/523573
316_162522，2022 年 2 月 18 日。

内容丰富，并与时俱进，体现时代主题和特色。

早在抗日战争时期，面对外族侵犯和内部压迫，中国共产党就形成了以对外抗战为主旋律，同时在不妨碍抗战主旋律下不忽视反抗内部压迫统治的策略。统筹对外抵制侵犯和对内反抗压迫对抗战胜利的最终到来以及抗战后有利局势的形成起到了重要作用。在社会主义建设时期，统筹发展在一代又一代领导人的治国理政中得到体现，从新中国成立初期毛泽东同志提出的"四面八方"、"弹钢琴"以及三线建设部署，到邓小平同志提出的"两个大局""两手抓，两手都要硬"，再到江泽民同志提出的"十二个关系"，以及胡锦涛同志提出的"五个统筹"等，都可见统筹发展的运用。而"四个全面"则代表了习近平总书记在新的历史起点上就统筹发展作出的新的战略部署。

统筹发展是从局部均衡走向一般均衡的过程，但不是平均主义。统筹发展是协调各方面，目的是实现可持续发展。非均衡或局部均衡是发展过程中的正常现象，因为社会资源有限，资源的使用总是有代价的，这就使有些领域获得了足够的资源从而实现了充分发展，而有些领域却因为无法获得资源而受到限制。市场机制下尤其如此。过去，我国社会主要矛盾是人民日益增长的物质文化需要同落后的社会生产之间的矛盾，社会资源集中投到经济发展中，精神文明建设资源投入相对不足，老百姓生活水平不断提高的同时各种社会不良现象不断滋生，这才有了统筹物质文明建设和精神文明建设的"两手抓，两手都要硬"。由于大量资源被城市吸纳，乡村无法吸引资源流入，自身资源反被城市吸走，城乡发展差距不断扩大，于是有了统筹城乡发展的布局。统筹发展通过重新调整资源在不同领域的配置，改变原来的非均衡格局，来促进协调发展。因此，不同时代、不同环境下统筹发展有不同的表现。在革命年代，革命是主旋律，但要统筹革命与建设，不能因为革命而忽视了建设，忽视建设的革命即便一时成功，也会失去持续成功的依靠和保障；在计划经济时代，更好更快实现经济恢复与增长、实现生产和再生产的扩大是主旋律，但不能因此忽视消费，需要统筹生产和消费或是积累与消费；在改革开放年代，主旋律是对内改革，经济体制改革可以激发经济增长活力，但要统筹对内改革与对外开放，对外开放为对内改革持续提供动力。

统筹发展的本质是帕累托改进。所谓帕累托改进，指的是制度安排或变化不会给任何社会成员带来伤害，且会让部分社会成员受益。统筹发展在更加全面、协调和可持续的意义上改进资源配置，增进社会成员的整体利益、长远利益。尽管统筹发展的结果对社会有利，但却不会在市场中自发出现。正如生产（积累）和消费的协调可以保障经济增长的长期可持续，但市场调节的滞后性和盲目性却使这种协调只能以被动和极具破坏性的方式出现。当市场无法让资源实现帕累托改进时就有了统筹发展的需要。在实际生活中，社会对统筹发展的需求越来越广泛，且社会成员利益的纠缠交错渐趋复杂，这使统筹发展未必总以帕累托改进的方式呈现，也可能以卡尔多 - 希克斯改进的方式呈现。所谓卡尔多 - 希克斯改进，指的是制度安排或变化可能导致部分社会成员受损，部分社会成员受益，但受益者所得补偿了受损者所失后还会有剩余。虽然统筹发展常常会增进社会成员的整体利益、长期利益，但不排除它给一部分社会成员造成损失的可能。例如政府统筹私人消费和公共消费的发展，会抑制一部分私人消费的发展，但政府可以在抑制私人消费利益的同时通过增加公共消费更好地保障全体社会成员的基本需求，降低收入差距的负面影响，保障所有社会成员都能过上有尊严的生活。对经济发展中效率与公平的统筹发展也是如此。市场以效率为优先会带来贫富差距，不利于社会公平，使处于财富顶端的富者占据社会资源分配的有利地位，使贫者越贫甚至陷入贫困的恶性循环。统筹公平与效率虽会给富者带来一些直接的损失，但可以使贫者摆脱贫困陷阱而实现人的自我发展，贫者的进步对整个社会有利，因为贫富差距带来的社会对立会导致冲突爆发，对社会造成巨大破坏。统筹发展虽然牺牲了一定的效率，但却降低了社会成本，让社会运行更加有序，促进社会福利最大化。正如庇古在《福利经济学》中提到的，社会福利提升可以来自国民收入的增长，也可以来自国民收入的再分配。统筹效率与公平，将一部分财富从富人那里转移给穷人，可以提高社会总福利。

（二）政府效率及其影响因素

政府效率通常指政府在履行职能时所表现出来的效率，政府效率甚至被视为推动政府职能转变的工具[①]。政府履职是其主要工作，但政治制度以及法律等因素导致政府职能履行情况产生巨大差异。这种差异首先体现在对政府职能的理解和界定上。世界各国对政府职能的理解呈现明显差异，其不仅体现在学术界、政界和老百姓对政府职能的理解上，更体现在各国政府的实际行动中，"大政府"与"小政府"之争即是上述差异的投影。大政府理念下的政府职能包罗万象，触角延伸到社会生活的各个方面，政府加强对经济的干预和管理，如积极采取财政政策和货币政策实现宏观经济目标，包括平抑经济周期，促进经济增长，控制通货膨胀，创造更多就业机会，积极通过反垄断、补贴、产业政策等途径干预微观经济运行，调节经济结构、产业结构，提供越来越多的公共产品以及反贫困，等等。

随着政府职能的扩大，政府介入的领域越来越多，政府效率问题也越来越复杂。总体上看，政府效率可以从不同维度来理解。从政治维度看，政府效率表现为政府在管理国家事务、履行职能时所呈现的目标达成度。以提供公共服务为例，政府效率就是政府能否按照自己的政治承诺提供公共产品与服务，从而满足社会成员的需要；又如疫情防控，政府效率表现为政府能否在最短的时间内通过社会动员组织调动各方资源完成设定的防控任务。从经济维度看，政府效率表现为政府在管理国家事务、履行职能上所呈现的成本－收益的比较，即政府履职要算经济账。以提供公共产品与服务为例，政府提供公共产品与服务的资金来自税收，会挤占私人消

[①] 包国宪：《绩效评价：推动地方政府职能转变的科学工具——甘肃省政府绩效评价活动的实践与理论思考》，《中国行政管理》2005 年第 7 期。

费，于是私人消费的收益就构成了政府提供公共产品与服务的成本，因此政府效率依赖于提供公共产品与服务的总收益与总成本的比较，以及边际收益与边际成本的比较。简言之，政府效率就是要以更少的钱办更多的事，或是办同样的事花更少的钱。

与此同时，政府效率也受到不同因素的干扰。首先，受政府具体职能的影响。政府职能范围广泛，覆盖政治、经济、社会、军事等领域，不同领域中政府履职的具体内容不同，因此政府决策的方式、程序不同，社会主体参与决策的程度不同，政府决策接受社会监督的情况也不同。这些都会对政府效率产生影响。仅以经济领域为例，政府效率在宏观经济领域和微观经济领域就表现出较大差异。政府效率还会受到政府履职具体方式的影响。同样以经济领域为例，管制、税收、补贴乃至直接取代市场，都是政府干预的手段，但不同方式下的政府效率存在差异。

其次，受政府履职能力的影响。政府履职能力至关重要，包括决策能力和执行能力，它们受政府自身组织结构以及相关政治法律制度安排的制约。以宏观经济调控为例，政府发现和识别宏观经济波动较为容易，但要作出干预决策却不容易，其受政府决策能力的限制。这不仅指政府作出科学判断和决策的能力，更指决策所需要花费的时滞。仅以决策时滞而论，一项反经济萧条的政策，从出现问题到作出判断再到形成决策，花费时间最短需要两三个月，长却可能需要 6~8 个月。由于经济形势瞬息万变，决策时滞的长短就对政府效率产生了重要影响。同时，决策后的执行能力也非常重要，如果决策得不到有效执行，政策也就难以发挥应有的效果。执行能力不仅依赖于政府的治理体系、治理架构，而且依赖于执行者的能力与水平。

再次，受政府履职的具体社会环境条件的影响。如果政府行为能取得社会成员信任，或与社会成员目标一致，符合社会预期，社会环境就有利于政府效率的提高。比如政府在抑制房价方面采取了很多措施，成效不佳，原因就在于社会环境不利于提高政府效率，当公众认为政府要以房地产税收为财政来源时，所有稳定房价的措施自然失效。而房住不炒的理念提出后，房价上涨过快的趋势得到有效抑制，原因就在于社会环境与社会预期发生了相应变化。公共服务也是如此，政府提供的公共服务必须与公众的期许相符合，如果政府在私人消费领域大量提供公共服务，低质、同质的公共服务不仅会挤占私人消费市场，而且可能导致消费者的个性化需求被抑制，结果一方面是公共消费对私人消费资源的挤占，另一方面是公共服务质量和利用率的降低。

二　统筹发展与政府效率的内在联系

统筹发展和政府效率是政府在履行职能时两个互相关联的方面，统筹发展讲的是政府履行职能的方式与目的，政府效率讲的则是政府履行职能的效果，二者存在必然的内在联系。过去，政府效率较多考虑政府履行职能本身的效果，而忽视了政府履行职能的方式与目的。以政府提供公共服务为例，政府效率主要考虑政府提供公共服务来满足社会成员对公共服务的需求，在公共服务数量不足的情形下主要是增加公共服务的供给数量或提高质量。但是，如果认识到政府提供公共服务必然要牺牲私人消费，那么政府效率就不再是供给的公共服务数量越多越好，而是需要统筹公共服务消费和私人消费情况。因此，统筹发展不仅是政府效率的内在要求与目标，而且是政府效率的实现路径；政府效率则为统筹发展提供有效保障，使统筹发展具备实现可能。不考虑政府效率，统筹发展只能是空中楼阁。

（一）统筹发展是达成政府效率的内在要求

政府履行职能所要求的效率必然体现着统筹发展的内在要求，因为政府履行职能追求的目标具有多重性，这些目标可能彼此冲突，这使政府效率的实现蕴含了统筹发展的内涵。政府履职目标的多重性加大了目标实现的难度。同时，政府的预算支出是以私人消费的抑制为代价的，存在预算约束，可以支配的资源有限，这使政府需要在不同目标之间进行统筹发展。

1. 政府履职的多重目标

政治目标。新一届政府成立需要对社会成员提供承诺并以此获得支持。因此政府履职后兑现承诺就成为每届政府的政治目标。我国政府的承诺是要最大限度地维护人民的根本利益，满足人民对更加美好生活的向往。

经济目标。自 20 世纪 30 年代以来，经济职能一直是各国政府的重要职能。政府履行经济职能所实现的目标是政府效率追求的重要方面。政府的经济职能在宏观经济和微观经济两方面都有体现。宏观经济职能包括促进经济增长、稳定就业、抑制通货膨胀、平衡国际收支等，微观经济职能则包括提供公共产品与服务、限制垄断、纠正外部性等带来的市场失灵。政府干预带来效率提升的同时，也可能因干预失灵而降低效率。

社会目标。维护社会稳定既是政府目标，又是政府其他目标实现的前提。政府需要按照特定的社会建设计划实现社会目标。通常其重点是民生，民生改善了社会才能稳定。党的十七大将我国社会建设、民生目标描述为："着力保障和改善民生，推进社会体制改革，扩大公共服务，完善社会管理，促进社会公平正义，努力使全体人民学有所教、劳有所得、病有所医、老有所养、住有所居，推动建设和谐社会。"2021 年 9 月 21 日习近平主席出席第 76 届联合国大会一般性辩论时将我国的社会建设民生目标描述为："在发展中保障和改善民生，保护和促进人权，做到发展为了人民、发展依靠人民、发展成果由人民共享，不断增强民众的幸福感、获得感、安全感，实现人的全面发展。"

2. 政府履职目标之间的冲突

政府履职的多重目标可能导致不同目标之间的冲突。政府为有效兑现政治承诺以获得人民支持进而争取继续行政的行为可能与其他目标产生冲突。以微观经济领域为例，在微观经济运行中减少政府干预是市场经济国家的政治共识，但现实中各种原因导致的市场失灵现象越来越普遍，因此，各国政府在经济领域中需要履行的职能越来越多，政府需要在微观经济领域进行积极有效的干预以实现特定的经济目标，这势必与政府的政治目标相冲突。

经济目标和社会目标之间也会有冲突。为更好实现经济目标而采取的措施与为更好实现社会目标而采取的措施都可能在不同目标之间产生此消彼长的效果。促进经济增长是政府的经济目标，为社会成员提供安全可靠的保障体系是政府的社会目标，在某种程度上其也可能成为政府的政治目标。但是，构建更加安全、覆盖面更广的保障网络可能会加大市场主体的负担，进而降低企业利润、拖累经济增长。如果要为经济增长提供更加充足的动力，则可能需要给市场主体提供更加自由宽松的环境，尽量减少对市场主体的干预，甚至包括税收，而这势必会影响政府社会目标的实现。以房地产市场为例，房价关系民生，对政府而言稳定房价既是政治任务也是社会目标，但是，房地产也是政府财政收入的主要来源，抑制房价势必会影响政府的经济目标，并可能影响其他社会目标的实现。

当前疫情防控和社会经济发展目标的关系也是如此。外防输入、内防扩散、动态清零的疫情防控策略是中央政府在疫情防控时期设定的政治任务，是地方政府必须实现的政治目标。但是，经济增长和保障就业一直是政府的经济目标和社会目标，也是政府持续投入和关注的领域。

政府履职的不同目标之间可能产生冲突，政府履职同一目标内部也可能存在冲突。在经济学上早有定论的是，政府宏观经济目标中促进就业与经济增长的目标与抑制通货膨胀或调节国际收支失衡的目标存在潜在的冲突。

因此，政府履职目标的冲突性使统筹发展成为政府效率的内在要求。正如统筹疫情防控和社会经济发展一样，政府效率必然体现为政府对疫情防控和社会经济的统筹发展。习近平总书记在 2022 年 3 月 17 日中共中央政治局常务委员会上指出："要保持战略定力，坚持稳中求进，统筹好疫情防控和经济社会发展，采取更加有效措施，努力用最小的代价实现最大的防控效果，最大限度减少疫情对经济社会发展的影响。"

（二）统筹发展是提高政府效率的有效路径

正如前文所指出的，政府履职目标具有多重性且可能彼此冲突，因此在诸多目标中，统筹发展不仅是政府履职的目标，也是提高政府效率的有效路径。

1. 统筹发展是提高政府效率的有效路径

政府效率不是仅指某一方面的效率，而是指政府在履职中所体现的综合效率。政府履职目标具有多重性，而社会资源有限，这就需要统筹社会资源在不同目标中的分配以实现可持续发展。统筹发展不是追求同步发展，不是搞平均主义，而是强调全面、协调和可持续发展[①]。因此，统筹发展是在多目标中提高政府效率的有效路径。它可以确保政府效率可持续提升。政府职能随着时代变迁而变化，因此政府效率提升是永恒的话题。只有统筹发展，确保资源分配与投入在可持续发展思路下进行，才能保障政府效率提升处于可持续路径上。只有统筹疫情防控和经济社会发展，才能实现疫情防控和经济社会发展的整体效率提升，否则，疫情防控就难以取得最终胜利，经济社会也难以取得应有的进展。

2. 统筹发展可以避免木桶效应

木桶效应是制约政府效率提升的重要现象。正如木桶效应所指，政府效率最终不是决定于其优势方面，不是取决于其表现好的方面，而是取决于其表现相对较弱的方面，即短板。政府在经济、政治、社会、军事等方面的成功都不能掩盖它在其他方面的失败。"二战"期间，丘吉尔政府在军事上对德作战取得的成功并不能保障它在战争结束后受到民众的拥护。目标的多重性使政府效率评价可能像社会福利评价一样不存在统一的效率评价函数。众所周知，由于不存在统一的社会福利函数，于是学术界发展出多种社会福利评价方式，其中一种叫罗尔斯社会福利函数。这种社会福

---

① 肖万春：《统筹发展的实质内涵就是非均衡协调发展》，《理论研究》2004 年第 11 期。

利函数，即将社会成员中福利最低者的福利状态作为对社会福利状况的评价。与此相似，也可能存在罗尔斯政府效率评价函数，即将各目标中政府效率最低者作为政府效率评价目标。在该效率评价函数下，只有统筹发展，兼顾各目标的实现，才能有效避免政府效率中的木桶效应的影响。

3. 统筹发展可以形成合力

不同政府履职目标有时互相掣肘，一个领域中的政府效率可以直接影响另一个领域的政府效率，统筹发展可以形成政府效率不同领域的合力。换句话说，一个领域中的目标实现了，对其他领域目标的实现也有利。以政府的经济目标和社会目标为例，经济目标的实现可以为社会目标的实现创造条件，经济增长目标实现了，也能为社会目标的实现创造条件。反之，社会目标实现了，社会更加和谐，可以为招商引资创造更好的营商环境，对经济目标的实现有利。又如城市发展和乡村发展中的政府效率，城市发展好了可以为反哺乡村创造条件，带动乡村发展，反过来，乡村发展好了也可以为城市发展提供支持，与城市发展一起构成整体发展的规模效应。所以，统筹发展可以形成合力，提高政府效率，保障不同领域中的政府效率实现良性互动。

（三）政府效率是统筹发展的有效保障

统筹发展不仅是政府效率的内在要求和实现路径，也是对政府效率的考验。统筹发展的范围、水平和层次反映了政府效率的质量，因此，政府效率是统筹发展的有效保障。政府效率是统筹发展的基础，不以政府效率为前提统筹发展将无从谈起。统筹发展涉及政府对自身职能的认识与定位，以及政府履行职能时对社会资源的再配置与再利用，但以上都需要以政府效率为保障。

政府基于统筹发展的需要对社会资源进行再配置与再利用，其成效与政府效率息息相关，这是因为政府效率中的关键影响因素——政府资源再配置与再利用的能力存在差异，其可以概括为治理体系与治理能力的差异。在这样的背景下，我国应加快推进政府治理体系与治理能力现代化建设。因为只有完善政府治理体系、提升政府治理能力，政府效率才能提升，统筹发展才能实现。

三 统筹发展与政府效率在实践中面临的挑战

（一）二者在目标上可能存在冲突

统筹发展与政府效率在长期目标上是一致的，统筹发展有利于提升政府效率，政府效率的提升也有助于促进统筹发展，但这不能避免二者在短期目标上可能存在冲突。统筹发展注重全面、协调和可持续，但这可能不利于政府效率。因为统筹发展意味着对本可能获得优先发展的领域施加政府干预，这不仅扩大了政府职能，而且可能降低效率，与提高政府效率的目标背道而驰。同时，政府对效率的追求可能会妨碍统筹发展。以经济发展为例，政府为了提升（干预）效率，需要减少对市场的干预，对干预行为进行严格限定，如将干预限定于市场失灵情形，对市场可以发挥积极作用的领域尽量减少干预，从而减少因干预失灵而带来的效率损失。但是，统筹发展需要政府介入更多领域，既包括市场失灵的公共产品领域，也包括统筹城乡经济发展、统筹区域发展、统筹经济发展和收入分配不平衡等，这就导致政府效率与统筹发展目标可能相互妨碍。

（二）统筹发展面临政府效率的制约

统筹发展面临政府效率的制约，统筹发展范围、水平和层次都受到政府效率的制约。统筹发展不能盲目超越政府效率达到的水平，不然不仅统筹发展得不偿失，也会付出政府效率降低的代价。以我国统筹城乡经济发展为例，虽然统筹城乡经济发展非常重要，但在城乡经济水平非常低时，我国没有采取城乡统筹发展的策略，而是优先发展城市，城市有了较为充分的发展后才提出统筹城乡发展的策略。这是因为统筹城乡发展的能力受到了政府效率的制约，城乡经济水平均非常低时，政府拥有的资源非常有限、重新配置资源促进城乡发展的能力不足。简言之，政府效率低限制了政府统筹城乡发展的能力，使我国只能采取城市优先发展的策略，统筹发展受到较大的限制。即便时至今日，各地在统筹城乡发展上也存在效率差异①。统筹发展面临政府效率制约，这在当前世界各国处理疫情防控和经济社会发展的关系上表现得淋漓尽致。面对新冠肺炎疫情，许多国家消极应对，无法有效统筹疫情防控和经济社会发展，迟迟走不出疫情困扰，社会经济发展也受到限制。这不是因为它们不想统筹疫情防控和经济社会发展，而是它们对疫情防控和经济社会发展的统筹受限于它们在这两大事项上的政府效率。疫情防控最为有效的举措未必能轻易获得认同和支持，相关举措在缺少社会支持的情况下难以保障效率，执政者更是不愿意承担由此引起的政治代价。相比之下，中国在疫情防控上具有传统与制度优势，政府采取的外防输入、内防扩散、动态清零的政策能得到群众的理解和支持，中国在疫情防控和经济社会发展上可以采取更加有效的统筹发展策略。由于政府效率的制约，统筹发展的范围、水平和层次需要随着政府效率提升而逐步扩大和提升。

（三）政府效率也面临统筹发展的制约

不仅统筹发展受到政府效率的限制，政府效率也面临统筹发展的制约。各领域中政府介入所实现的政府效率提升都会受到政府统筹发展水平与能力的制约，统筹发展水平与能力的不足会降低政府效率。在疫情防控中，许多国家在统筹疫情防控与恢复社会经济发展方面始终未能出台积极有效的政策，其疫情始终未能得到有效控制，给世界其他国家的防疫带来困扰。相比之下，中国政府持续采取统筹疫情防控和经济社会发展的策略，实现了疫情防控和经济社会发展的兼顾，总体上呈现良好成效，政府

---

① 严华鸣、施建刚：《我国省级地方政府统筹城乡发展的效率评价——基于省级层面的 DEA 分析》，《农业经济问题》2014 年第 9 期。

效率在疫情防控和经济社会发展上得到较好体现。

四 协同提升统筹发展能力及政府效率的对策

（一）进一步厘清政府职能定位

无论是政府效率还是统筹发展，都和政府职能定位有关，政府该做什么、能做什么，如何做、做到什么程度，不仅要厘清，而且要结合形势变化进行调整。政府职能定位关系到社会主义市场经济体制优势的发挥①。要在社会转型中进一步建设好有效市场和有为政府，充分发挥市场在资源配置中的决定性作用并更好发挥政府作用，市场和政府两手都要抓，两手都要硬。在当前疫情防控形势下，统筹疫情防控和经济社会发展对政府的统筹发展能力提出了更高要求，同时对政府效率提出了新考验。

（二）持续加强政府履职能力建设

要加快推进政府治理体系与治理能力现代化建设，促进体制机制的转变，提升政府社会治理能力。统筹疫情防控和经济社会发展考验政府的履职能力，而政府效率的高低体现了政府履职能力的高低。因此，必须大力推进政府治理体系与治理能力现代化建设，进一步完善基层政府治理体系与治理能力现代化建设。要补齐短板，提升地方政府治理能力；要补齐治理体系中的短板，从现实来看，恐怕不能仅靠政府一己之力，还需要加强社会建设，通过协同治理充分发挥社会主体的力量。政府要加强协调治理能力建设，协同治理能够最大限度提升社会主体对公共事务的参与度，有助于统筹发展目标的实现。政府协同治理下社会主体的参与既有助于统筹发展措施，实现经济社会发展的既定目标，又能提高社会成员接受度，最

---

① 陈国富、牛小凡：《政府职能定位与中国政府治理模式的转型》，《理论与现代化》2021年第 3 期。

大限度降低社会损失，提升政府效率。

（三）树立长期效率提升意识

各级政府及部门要有效率意识，懂得算效率账。无论是经济社会发展，还是要求政府介入的其他方面，政府的任何介入措施都需要成本，因为任何措施都意味着对市场或社会已有状态的干预和改变，都存在代价，包括但不限于对私人消费的挤占，因此必须关注效率问题。只有在充分具备效率意识后，政府才能真正做好统筹发展。在统筹疫情防控和经济社会发展时，政府应该认识到疫情防控举措对社会资源的再配置，意识到资源在疫情防控上的投入必定会改变资源原来的分配格局以及这种改变对经济社会发展的影响，而这种影响又会反过来影响资源在疫情防控上的可持续投入。因此，政府要树立长期效率意识，在统筹疫情防控和经济社会发展中通过资源配置的再配置提高效率。这种效率不应该是短期效率，而是长期效率或者终极效率。

（四）统筹发展和政府效率提升要以人民对美好生活的需要为依归

新冠肺炎疫情虽然给社会带来新问题，给经济社会发展带来新困扰，但当前社会的根本矛盾仍是人民日益增长的美好生活需要与不平衡不充分的发展之间的矛盾。因此，统筹发展和政府效率提升必须始终抓住人民日益增长的美好生活需要这个根本点。人民对美好生活的向往是全方位的，不仅包括物质生活，也包括精神生活；不仅包括高质量生活，也包括无害食品消费、健康生活等。经济社会发展在满足人民更高物质生活需要的同时也为满足其他生活需要创造了积极条件，但它并不能直接满足其他方面的生活需求。因此，解决这一问题需要政府通过统筹发展来破局，去做市场不愿做、不能做或做不到的事。

（五）加强先进技术在统筹发展与政府效率提升方面的应用

各级政府及部门的统筹发展能力至关重要，是制约统筹发展与政府效率的关键要素。以大数据、信息技术为代表的先进技术在统筹疫情防控和经济社会发展中得到了较好应用，实现了大数据在突发公共事件治理中的应用与创新①，极大提升了政府统筹发展的能力，并提高了政府效率。这从目前各地疫情防控手段的运用和进步上可见一斑。比如，以新冠肺炎患者或者密切接触者的隔离而论，各地在隔离时间和隔离费用等方面都破除了"一刀切"政策，走向精细化、多元化。这在客观上提升了政府统筹疫情防控和经济社会发展的水平，提升了政府效率。

---

① 徐辉：《全球性风险时代大数据技术之于突发公共事件的治理创新与变革启示——以新冠肺炎疫情防控为例》，《科学管理研究》2020 年第 5 期。

第二章
地方政府效率研究报告缘起与创新

当前，统筹疫情防控和经济社会发展是我国地方政府面临的重大挑战。我国实施的"动态清零""科学精准"等新冠肺炎疫情防控策略，目的在于以最小的社会成本获得最大的疫情防控及经济社会发展成效。这既反映了我国疫情防控的高效率，又表征了各级政府高质量统筹经济社会发展与政府效率提升。

统筹疫情防控和经济社会发展，重点在统筹，关键在高效。所以，统筹发展和政府效率是一个问题的两个方面，值得高度关注。

党的十九届四中全会指出，把国家制度优势更好转化为国家治理效能，不仅需要优化政府组织结构，统筹利用行政管理资源，节约行政成本，而且需要优化行政区划设置，实现组织扁平化管理，完善发现问题、纠正偏差、精准问责的有效机制，形成高效率组织体系。

党的十九届五中全会指出，我国已经全面开启建设社会主义现代化国家新征程；"十四五"时期我国经济社会发展主要目标包括：经济发展取得新成效、民生福祉达到新水平、国家治理效能得到新提升等。

这就表明，统筹经济发展、民生改善、治理效能提升等成为我国地方政府履职的重要内容及优先目标。只有高效率的政府才能优化营商环境而促进经济发展，才能科学调配社会资源而改善民生，才能保障政策执行力而提高政府治理效率。然而，政府特有的非竞争性又容易造成政府失灵与效率低下。因此，持续关注政府效率具有比较重要的现实意义及学术价值。本书编撰团队从 2011 年起研究、测度、分析地方政府效率，在国内率先、连续出版与发布 12 部中国地方政府效率年度研究报告，纵深探究政府效率提升对策。为了系统阐明研究成果及影响，本书在此梳理、揭示 2011—2022 年《中国地方政府效率研究报告》的缘起、传承及创新。

一　地方政府效率研究报告缘起

（一）地方政府效率研究报告缘起

《中国地方政府效率研究报告》肇始于 2004 年北京师范大学唐任伍与唐天伟的代表性论文——《政府效率的特殊性及其测度指标的选择》。该论文最早建立了由政府公共服务、政府公共物品、政府规模与居民经济福利四个因素及其子因素构成的省级政府效率测度指标体系，评价了 2002 年中国省级政府效率[①]。有关中国地方政府效率，特别是省级政府效率的研究在 2005—2011 年主要以论文、著作等形式呈现，广泛探索地方政府效率研究理论与实践。比如，《政府效率测度》从经济学、管理学角度论证政府效率的一般理论，阐述政府效率的多元界定及复合性，揭示政府效率症结及消除路径。

《2011 中国省级地方政府效率研究报告》从公共管理及省级地方政府投入与产出角度，总结国外提升地方政府效率的实践与经验，论证提升省级地方政府效率的关键意义；基于政府效率研究成果，建立省级地方政府效率的测度指标体系，评估分析 2011 年中国 31 个省（区、市）的政府效率，揭示省级地方政府效率的三大特征，论证省级地方政府效率提升面临的困境，提出优化我国省级地方政府效率及其研究的方法与路径。

（二）地方政府效率研究报告的产生及发展

以《2011 中国省级地方政府效率研究报告》出版、发布为标志，《中

---

① 唐任伍、唐天伟：《政府效率的特殊性及其测度指标的选择》，《北京师范大学学报》（人文社科版）2004 年第 2 期。

国地方政府效率研究报告》正式诞生。研究报告最初是结合义务教育服务能力、公共卫生与基本医疗服务能力、公共就业服务能力、社会保障服务、政府投资能力、政府成本与规模及创新政策与社会能力建设七个方面论述政府效率。2012—2021年，《中国地方政府效率研究报告》分别以"社会鸿沟"、"政府腐败"、"地方政府治理能力现代化"、"简政放权"、"脱贫攻坚"和"乡村振兴"等主题评价、论述中国地方政府效率现状及特征，持续多维度阐述地方政府效率提升对策。此外，相关专著《基本公共服务均等化视角下我国省级政府技术效率研究》和《政府效率损失：定量分析与规避机制》从政府技术效率、政府效率损失等方面丰富了政府效率理论，为《中国地方政府效率研究报告》的深入研究提供了新的理论支撑。

二 《中国地方政府效率研究报告（2021）》 特点及反响

《中国地方政府效率研究报告（2021）》（以下简称《报告》）传承2011年以来我国地方政府效率研究报告的基本思路与方法，是国内连续出版、发布的第11部中国地方政府效率研究报告。《报告》顺应我国时政热点及政府履职重点，注重时代性与前瞻性，考察地方政府在履行脱贫攻坚、乡村振兴、疫情防控、复工复产等职能时的状况，重点揭示乡村振兴与地方政府效率之间的内在联系，论证全面实施乡村振兴与提升政府效率面临的问题及对策。

《报告》相关内容被国内众多主流媒体广泛报道。比如，人民论坛网2021年12月25日详细报道了《报告》发布内容；《光明日报》2021年12月26日报道了2021年省级政府效率评价情况；中国日报网2021年12月25日报道了《报告》发布及优秀榜单情况；中国经济新闻网2021年12月26日重点报道了我国地方政府乡村振兴效率"百高县"榜单；《深圳特区报》2021年12月27日宣传了《报告》有关提升政府效率及促进乡村振兴的对策。同时，江苏、广东、海南、湖北，以及东莞、芜湖、山南、攀枝花、珠海等100多家地方政府网站及媒体也从不同层面关注、肯定了《报告》。此外，2021年12月25日凤凰网全程直播了《报告》发布会实况。

三　《中国地方政府效率研究报告（2022）》的传承与创新

习近平总书记在2022年的新年贺词中指出，对百年奋斗历史最好的致敬，是书写新的奋斗历史。我们要统筹国内国际两个大局，统筹推进"五位一体"总体布局，协调推进"四个全面"战略布局，统筹发展和安全，统筹疫情防控和经济社会发展，坚持稳中求进工作总基调，完整、准确、全面贯彻新发展理念，加快构建新发展格局，全面深化改革开放，推动高质量发展，持续保障和改善民生，着力保持平稳健康的经济环境、国泰民安的社会环境、风清气正的政治环境，以实际行动迎接党的二十大胜利召开。

站在世界百年未有之大变局和中华民族伟大复兴的历史进程中，根据我国地方政府职能履行新特点及新要求，结合地方政府效率提升面临的新形势，《中国地方政府效率研究报告（2022）》（以下简称本书）高度重视传承与创新，主要体现在以下两方面。

（一）研究思路与方法传承

我国地方政府是当地基本公共服务和公共物品的主要供给者，是辖区居民经济福利的主要保障者，是地方财政的主要消费者。因此，地方政府效率集中体现在地方政府担当这三种角色所产生的成本与收益之间的对比关系中，体现在全国地方政府效率水平的对比中。地方政府效率水平高表现为以较小的政府规模（较小的政府成本）提供高质量的符合新时代社会发展和居民需求的地方政府公共服务、地方政务公开透明、当地居民具有较高的经济福利水平等。

本书传承 2011 年以来我国地方政府效率年度研究报告的基本思路与方法。比如，建立、完善地方政府效率测度指标体系；利用来自中国省级、地级市、县级、区级政府网站的公开信息及《中国统计年鉴 2021》等公开的权威数据；采取标准离差法将测度指标原始数据进行标准化处理，进行加权计算，比较测度指标的标准化值，进而分析我国地方政府（省级、地级市、县级、区级）效率及其相应的测度指标水平。

计算地方政府效率测度指标的标准差和标准化值的公式分别是：

$$S = \sqrt{\frac{1}{n} \sum_{i=1}^{n} (X_i - \overline{X})^2}$$

$$(STD)_i = (X_i - \overline{X})/S$$

其中，X_i 为 i 指标的原始值；$\overline{X}$ 为 i 指标的平均值；n 为地方政府效率测度样本数量；$(STD)i$ 为标准化值，S 为标准差。

本书参考政府公共服务、政府规模、居民经济福利及政务公开情况等，创承、完善地方政府效率测度指标体系，运用指标测度及标准离差法，测度、分析我国省级政府、地级市政府、县级政府、区级政府效率，进行地方政府效率及其测度指标、子因素、因素的标准化值排名，以此定量评估、比较各地方政府效率的相对水平，发布中国地方政府效率"十高省"、"百高市"、"百高县"及"百高区"优秀排行榜。然后，进一步分析我国地方政府效率特征、面临问题，论述政府效率提升对策。有关地方政府效率的测度样本、测度指标体系、测度指标数据来源及说明见本书附录。

（二）研究内容创新

在创承、完善研究思路及方法的基础上，本书力图体现以下创新，即进一步完善地方政府效率测度指标体系与数据来源，进一步扩大地方政府样本数量。

1. 进一步优化地方政府效率测度指标与数据来源

本书根据我国"十四五"规划面临的新形势、结合新冠肺炎疫情防控时期的地方政府履职新要求，紧扣全面实施乡村振兴战略及全面开启社会主义现代化国家新征程主题，正视统筹发展与政府效率等重要现实课题，在沿用 2021 年测度地方政府效率指标体系的总体框架、保留绝大部分测度因素、子因素及指标的基础上，强化对地方政府乡村振兴服务、经济发展服务、政务公开等方面的履职评价，进一步优化、调整了地方政府效率测度因素及指标（见附录1），主要体现在以下方面。

首先，本书进一步优化省级政府效率测度相关指标。一是优化测度因素"政府公共服务"及所含相关指标：（1）在"科教文卫服务"测度子因素中，将"文化体育与传媒支出占地方一般公共预算支出比例"调整为"文化旅游体育与传媒支出占地方一般公共预算支出比例"，将"在校生人数占总人口的比例"调整为"在校生人数占年末常住人口的比例"；（2）在"公共安全服务"测度子因素中，将"生产安全事故死亡人数占年末总人口的比例"调整为"生产安全事故死亡人数占年末常住人口的比例"，并新增"统筹疫情防控与经济社会发展"指标；（3）在"社会保障服务"测度子因素中，增加"新增城镇就业""新增转移农村劳动力"等两个指标；（4）在"经济发展服务"测度子因素中，将"自然保护区面积与辖区面积之比"调整为"自然保护区面积占比"，并新增"固定资产投资增长率""GDP 增长率""GDP 总量""人均 GDP"等四个指标；（5）在"乡村振兴服务"测度子因素中，新增"农民人均粮食产量""农民人均肉产量""第一产业增长率""新增高标准农田建设""粮食种植面积占比"等五个指标；（6）在"营商环境"测度子因素中，将"权力清单"调整为"权责清单"，并删去"营商环境指数"指标。二是在"居民经济福利"测度因素中新增"居民消费价格上涨指数"指标。三是调整测度因素"政务公开"及其所含相关指标：（1）在"政务基本信息"测度子因素中，将

"公务员考试职位表公开"调整为"公务员招考信息公开"，并新增"政府主动信息公开完备程度"指标；（2）在"政务时效"测度子因素中，将"政府（政务）信息公开时效"调整为"政府主动信息公开时效"，并新增"政府常务会议次数""政府常务会议公布时间""政府常务会议议题数量""政府信息公开年度报告时间"等四个指标（见附录1.1）。

其次，进一步完善地级市政府效率测度指标。一是完善测度因素"政府公共服务"及所含相关指标：（1）在"科教文卫服务"测度子因素中，将"文化体育与传媒支出占地方一般公共预算支出比例"调整为"文化旅游体育与传媒支出占地方一般公共预算支出比例"；（2）在"公共安全服务"测度子因素中，新增"统筹疫情防控与经济社会发展"指标；（3）在"社会保障服务"测度子因素中，增加"新增城镇就业""新增转移农村劳动力"等两个指标；（4）在"经济发展服务"测度子因素中，新增"固定资产投资增长率""GDP增长率""GDP总量""人均GDP"等四个指标；（5）在"乡村振兴服务"测度子因素中，新增"农民人均粮食产量""新增乡镇公务员""第一产业增长率""新增高标准农田建设""粮食种植面积占比"等五个指标；（6）在"营商环境"测度子因素中，将"权力清单"调整为"权责清单"。二是在测度因素"居民经济福利"中，新增"居民消费价格上涨指数"指标。三是完善测度因素"政务公开"及所含指标：（1）在"政务基本信息"测度子因素中，将"公务员考试职位表公开"调整为"公务员招考信息公开"，将"领导信息公开"调整为"政府联系方式公开"，并新增"政府主动信息公开完备程度"指标；（2）在"政务时效"测度子因素中，将"政府（政务）信息公开时效"调整为"政府主动信息公开时效"，新增"政府常务会议次数""政府常务会议公布时间""政府常务会议议题数量""政府信息公开年度报告时间"等四个指标（见附录1.2）。

最后，进一步调整县级政府效率测度指标。一是调整测度因素"政府公共服务"及所含相关指标：（1）在"科教文卫服务"测度子因素中，将

"全年专利申请量"调整为"专利授权量",将"文化体育与传媒支出占地方一般公共预算支出比例"调整为"文化旅游体育与传媒支出占地方一般公共预算支出比例",将"在校生人数占总人口的比例"调整为"在校生人数占年末常住人口的比例";（2）在"社会保障服务"测度子因素中,增加"新增城镇就业""新增转移农村劳动力"等两个指标;（3）在"经济发展服务"测度子因素中,新增"固定资产投资增长率""GDP 增长率""GDP 总量""人均 GDP"等四个指标;（4）在"营商环境"测度子因素中,将"权力清单"调整为"权责清单",将"实际利用外资"调整为"外商投资增速",并新增"统筹疫情防控与经济社会发展""常住人口增速""商业服务业等支出占地方一般公共预算支出比例"等三个指标。二是调整测度因素"政务公开"及所含指标:（1）在"政务基本信息"测度子因素中,将"公务员考试职位表公开"调整为"公务员招考信息公开",新增"政府主动信息公开完备程度"指标;（2）在"政务时效"测度子因素中,将"政府信息公开时效"调整为"政府主动信息公开时效",并新增"政府常务会议次数""政府常务会议公布时间""政府常务会议议题数量""政府信息公开年度报告时间"等四个指标。三是完善测度因素"乡村振兴效率"及所含指标:在"乡村产业"测度子因素中,将"农林牧渔总产值"调整为"第一产业增长率",将"粮食总产量"调整为"农民人均粮食产量",将"设施农业占地（水面）面积"调整为"粮食种植面积占比",并增加"新增高标准农田建设"指标（见附录1.3）。

此外,本书在调整、优化地方政府效率测度指标的基础上,进一步完善、更新测度指标数据来源（见附录2）。

2. 持续拓展研究样本范围

地级市政府所含的数量众多的区级政府是我国地方政府在经营、服务城市方面的重要代表,在新时代的城市现代化建设与高质量发展中发挥了重要作用。区级政府效率也是我国地方政府效率的重要代表,在一定程度上体现了我国地方政府的效率水平。为了增强地方政府效率研究的代表性、广泛性，本书第五次大幅拓展地方政府效率研究样本，将全国 333 个地级市所含的 902 个区级政府（具体名单见附录 3.4）纳入中国地方政府效率测度范围。然后参考地级市政府及县级政府效率的测度指标体系及权重，建立区级政府效率测度指标体系并赋权（见附录 1.4），运用地方政府效率测度思路及方法，定量评价、分析我国区级政府效率。这样，本书基本囊括了中国具有代表性的所有县级及以上地方政府（港、澳、台除外），研究样本数量多达 3132 个，包括 31 个省级政府、333 个地级市政府、1866 个县级政府、902 个区级政府，发布中国地方政府效率"十高省""百高市""百高县""百高区"等优秀榜单，有利于全面、系统、立体展示新时代中国地方政府效率水平及趋势，研究成果具有代表性、广泛性、典型性，有重要的学术价值及实践意义。

四　地方政府效率研究报告的贡献

地方政府是执行国家权力、管理社会公共事务的重要组织。政府组织及其政策的最终目的是增进国民的福祉①。地方政府效率如何，直接关系到我国经济社会发展质量及国际竞争力。连续出版、发布 12 年的《中国地方政府效率研究报告》在总结我国地方政府效率的提升实践与经验的基础上，揭示了各级地方政府在中国行政管理中的重要作用，阐明了提升地方政府效率对实现中华民族伟大复兴战略的关键意义。本书在吸收、借鉴、创新国内外评价成果的基础上，设计、完善了一套系统、科学评价地方政府效率的指标体系，比较全面地诠释了我国地方政府效率现状，论述了地方政府效率提升面临的困境与问题，阐明了提高我国地方政府效率的路径，对提高中国政府效率研究国际话语权具有重要参考作用，有助于持续加快我国政府职能转变与效率提升，持续营造法治化、专业化、国际化

---

① 陈刚、李树：《政府如何能够让人幸福？——政府质量影响居民幸福感的实证研究》，《管理世界》2012 年第 8 期。

营商环境，为建设更高质量的"有为政府"与"有效市场"贡献智慧，为全面开启社会主义现代化国家新征程、实现我国"第二个百年"奋斗目标提供参考。

（一）对学术研究的贡献

第一，进一步丰富地方政府效率研究理论，对发展新时代中国特色社会主义大国治理及公共管理理论具有比较重要的学术价值。目前学术界对地方政府效率的研究不多，相关评估样本数量较少，尤其缺乏超大样本的定量研究，政府效率测度指标体系及评价有待完善。同时，世界各国在政府治理问题上面临多中心性、治理对象的双重性等，这些挑战制约了政府治理效率的提升。对此，本书通过对地方政府效率评估的不断探索为后续研究提供参考，有助于促进中国地方政府治理现代化、提升中国地方政府治理效率、丰富新时代中国政府治理现代化及政府治理效率理论及实践。

第二，目前有关地方政府效率的研究不够深入，研究方法有待完善。本书通过广泛搜集中国地方政府官方信息及数据，在梳理政府效率测度模型与方法的基础上，建立、完善评价地方政府效率的指标体系，做到定量与定性相结合，考察中国多层级地方政府效率，这有助于完善我国地方政府效率评价研究。同时，本书在对地方政府效率进行评价的基础上还分析了影响地方政府效率的主要因素，并从基本公共服务、政务公开等重要维度论述了我国地方政府效率提升面临的困境与问题，有针对性地梳理总结了我国地方政府效率提升的实践经验。

（二）对优化政府治理的贡献

第一，本书为考核地方政府公共服务效率、政府职能履行质量、营商环境、公众满意度等提供依据，进一步促进政府组织结构和管理系统的优化，有利于纠正地方政府管理偏差，引导政府行为不断走向科学合理，持续提升政府治理能力及效率。政府提高自身的行政效率也能显著提升公众满意度，改善企业营商环境，回应居民对美好生活的期待。本书从宏观、中观及微观等三维层面诠释地方政府效率提高的实践及对策，为地方政府提升治理水平提供参考方案。同时，本书也为考核地方政府领导的工作业绩提供了科学依据，促使公务员在日常工作中合理配置资源，持续转变治理理念，提高执行力及工作效率。

第二，本书有助于提高政府社会反应能力。疫情防控时期，经济下滑风险增加，居民生活、就业面临新问题，各级地方政府的社会反应能力尤为重要。本书搜集公众关心的问题，反映公众呼声，了解社会动态和公众需求，发现各地方政府工作的不足，促进政府各部门之间、政府与企业之间、政府与公民之间的广泛沟通，改善政府部门与社会公众之间的互动关系，提升政府治理水平及效率。

第三，本书剖析政府运行效率及面临的主要问题，有利于政府实现高水平高质量统筹发展，更好促进疫情防控时期社会经济恢复与高质量发展。地方政府能否有效发挥资源配置作用取决于其效率的高低，统筹发展促使政府在更加全面、协调和可持续的意义上进行资源配置。本书通过梳理我国政府官方信息及数据，对地方政府效率定量分析，剖析政府效率提升存在的问题，有利于纵深推进"放管服"改革，发挥地方政府效率优秀榜单的示范作用，从总体上提高我国地方政府治理效率及水平。同时，持续评价我国地方政府效率，有益于鞭策各级政府在疫情防控时期持续降低政府成本，优化资源配置，实现高水平高质量的统筹发展。

第三章
2022年中国地方政府效率"十高省"

　　2022 年中国地方政府（含省级政府、地级市政府、县级政府、区级政府）效率测度指标数据及信息主要来源于四个方面：（1）相关省、市、县、区 2021 年国民经济和社会发展统计公报；（2）相关省、市、县、区关于 2021 年预算执行情况及 2022 年预算草案的报告、2022 年政府工作报告，以及关于 2021 年国民经济和社会发展计划执行情况和 2022 年国民经济和社会发展计划草案的报告；（3）2022 年地方政府网站政务公开等相关栏目内容或者政府官方媒体相关报道等；（4）《中国统计年鉴2021》及相关省、市、县、区 2021 年统计年鉴。

　　同时，2022 年中国地方政府效率测度指标数据来源及处理说明参见附录 2。

　　根据政府效率研究思路与方法，结合省级政府在政府公共服务、政府规模、居民经济福利、政务公开等方面的履职情况，基于完善后的测度指标体系及数据，《中国地方政府效率研究报告（2022）》继续定量评估我国省级政府效率相对水平，发布、分析 2022 年省级政府效率测度结果排在全国前 10 名的省级政府（简称为中国地方政府效率"十高省"）。2022 年省级政府效率测度指标体系及权重、测度指标数据来源及处理说明、测度样本名单参见附录 1.1、附录 2.1、附录 3.1。

一　效率"十高省"测度排名与分析

　　根据所完善的测度指标体系及方法，本书测度 2022 年我国 31 个省级

政府的效率水平，发布 2022 年中国地方政府效率"十高省"的标准化值
及排名（见表 3 - 1）。

表 3 - 1　2022 年中国地方政府效率"十高省"的标准化值及排名

省级政府	区域	标准化值	排名
上海市	华东	0.8774	1
北京市	华北	0.6155	2
浙江省	华东	0.4271	3
广东省	中南	0.4157	4
天津市	华北	0.3497	5
江苏省	华东	0.3154	6
四川省	西南	0.2919	7
海南省	中南	0.2772	8
湖北省	中南	0.2627	9
山东省	华东	0.2251	10

从表 3 - 1 可以看出，2022 年我国地方政府效率"十高省"分布具有
三个显著特征。

第一，省级政府效率标准化值排名总体上呈阶梯形分布。按照入围数
量，我国地方政府效率"十高省"的区域分布大致呈现"华东—中南—华
北—西南"的阶梯形分布趋势。政府效率"十高省"中，华东占有 4 席
（上海、浙江、江苏、山东）；中南占有 3 席（广东、海南、湖北）；华北
占有 2 席（北京、天津）；西南占有 1 席（四川）。华东地区的上海市政府
效率很高，不但居华东地区第 1 名，也居全国第 1 名。

第二，同一区域内不同省级政府效率排名存在明显差异。有的省级政
府效率排名明显低于同一区域内其他省级政府效率。例如，华东地区的上
海市政府效率排名全国第 1，而该地区的安徽等省却没有进入"十高省"
序列。又如，华北地区的北京市政府效率排名全国第 2，而同区域的内蒙
古等也未进入"十高省"序列。类似的情况还出现在中南和西北地区，由
此可见，同一地区的不同省级政府效率排名具有较大的差异性。究其原

因，是同一区域不同省级政府辖区的经济社会发展水平存在较大差异。例如，就华北地区的北京和内蒙古而言，一方面，北京是我国首都，其经济社会发展水平很高，政府执行力强，政府效率高；另一方面，内蒙古地广人稀，是我国资源富集区，但是经济发展水平、营商环境、政务基本信息公开等数据不佳，不利于该自治区经济高质量发展与政府高质量服务，最终导致其政府效率不高。又如，对比华东地区的上海和安徽，一方面，上海是我国的经济金融中心，其经济社会发展水平很高，政府公共服务及居民经济福利较优，政府治理现代化能力及效率很高；另一方面，安徽经济社会发展水平相对较低，政府公共服务、居民经济福利等指标表现欠佳，导致政府治理质量与效率不高。

第三，省级政府效率排名与区域经济社会高质量发展之间具有一定的正相关性。政府效率较高的省级政府辖区经济社会发展质量较高。例如，上海、北京、浙江、广东等政府治理水平与效率很高，其所辖区域经济社会发展质量也较优。反之，政府效率排名靠后的省级政府，其辖区经济社会发展质量欠佳。因此，政府效率是推动区域经济社会高质量发展的重要动力。确保区域经济社会持续高质量发展，省级政府需要不断提高自身治理现代化水平与效率。

政府公共服务、政府规模、居民经济福利、政务公开等是测度我国省级政府效率的4个因素，也是提升省级政府效率的重要路径，分析它们的排名及特征，有利于进一步提高省级政府效率。

二　效率"十高省"测度因素排名与分析

（一）2022年政府公共服务排名与分析

政府公共服务包括科教文卫服务等6个子因素，共42个指标，被赋予0.60的权重。它是影响省级政府效率最主要的因素，不但包含的指标数量多，而且体现了服务型政府的主要职能，是衡量省级政府效率的重要因素。2022 年省级政府公共服务全国前 10 名的标准化值及排名见表 3－2。

表 3－2　2022 年省级政府公共服务全国前 10 名的标准化值及排名

省级政府	区域	标准化值	排名
广东省	中南	0.5177	1
浙江省	华东	0.5005	2
江苏省	华东	0.3642	3
山东省	华东	0.3254	4
湖北省	中南	0.2621	5
上海市	华东	0.2212	6
北京市	华北	0.1808	7
海南省	中南	0.1723	8
河南省	中南	0.1066	9
四川省	西南	0.1049	10

　　比较表 3－2 及表 3－1 后可知，省级政府公共服务与政府效率排名的分布基本类似，具有两个特征。一是政府公共服务排名靠前的省级政府，其政府效率排名也相对靠前。例如，政府公共服务排前 10 名的省级政府，即广东、浙江、江苏、山东、湖北、上海、北京、海南、四川，其政府效率排名也比较靠前，是我国省级政府效率"十高省"。二是政府公共服务排名滞后的省级政府，其政府效率排名也不靠前。例如，政府公共服务排名未进入前 10 名的省级政府，如内蒙古、西藏、宁夏、云南、青海、甘肃、新疆等，其政府效率排名不靠前，没有进入政府效率"十高省"。

　　因此，政府公共服务排名基本反映了我国省级政府效率水平，这从侧面印证了我国服务型政府建设与政府效率水平的高度相关性。因此，进一步转变政府职能，深入推进公共服务高效化、便捷化，纵深推进"放管服"改革，加快营造市场化、法治化、国际化营商环境，建设"有为政府"与"有效市场"，不仅是提高公共服务质量的有效举措，也是实现政府治理能力现代化及提升政府效率的重要路径。

（二）2022年政府规模排名与分析

政府规模包括地方一般公共预算支出等3个指标，被赋予0.15的权重，反映了政府公职人员、政府消费的相对规模，直接体现政府效率水平。本书综合考虑地方政府所辖区域的总人口及总面积，使政府规模及其相关测度指标更加符合地方政府履职需要及政府规模的实际情况，更加科学地反映地方政府规模、政府成本及政府效率。2022年省级政府规模全国前10名的标准化值及排名见表3-3。

表3-3 2022年省级政府规模全国前10名的标准化值及排名

省级政府	区域	标准化值	排名
上海市	华东	3.2306	1
北京市	华北	2.0265	2
天津市	华北	1.6614	3
四川省	西南	0.6979	4
海南省	中南	0.4813	5
浙江省	华东	0.3468	6
江苏省	华东	0.1459	7
陕西省	西北	0.0701	8
湖北省	中南	-0.0234	9
广东省	中南	-0.1012	10

注：政府规模是测度政府效率的逆指标，本书已将其转换成正指标，即政府规模测度标准化值越大，政府规模越小、排名越靠前，政府效率越高。

通过分析表3-3数据，可以看出我国省级政府规模具有两个特征。

一是省级政府规模排名具有比较明显的区域性特征。比如，按照排名前后及数量多少，全国前10名的省级政府规模区域分布大致呈现"华东—华北—中南—西南—西北—东北"等阶梯形分布趋势，因为政府规模排名前10名的省级政府中，华东有3个（上海、浙江、江苏）；华北有2个（北京、天津）；中南有3个（海南、湖北、广东）；西南有1个（四川）；西北有 1 个（陕西）；东北没有省级政府进入全国前 10 名。

二是同一区域的省级政府规模排名差异仍然明显。以华东地区为例，上海市的政府规模排名最佳，为全国第 1 名，该地区的浙江和江苏的政府规模排名尽管也进入前 10 名，但和上海相比还存在一定差距，分别位居全国第 6、第 7。政府规模偏大成为一些省级政府推进"放管服"改革、提升公共服务效率的瓶颈。因此，倡导政府"过紧日子"，持续控制政府规模、压缩政府成本、加快职能转变仍然是实现地方政府治理能力现代化与提升治理效率的有效举措。

（三）2022年居民经济福利排名与分析

居民经济福利包括农村居民人均可支配收入、城镇居民人均可支配收入、居民消费价格上涨指数、城镇登记失业率以及月最低工资标准等 5 个指标，间接体现省级政府效率水平，被赋予 0.10 的权重。它不但表征省级政府辖区居民的生活水平，而且反映当地经济高质量发展程度，从侧面反映政府收益与产出，是衡量省级政府效率重要的外溢指标。2022 年省级政府居民经济福利全国前 10 名的标准化值及排名见表 3－4。

表 3－4　2022 年省级政府居民经济福利全国前 10 名的标准化值及排名

省级政府	区域	标准化值	排名
上海市	华东	1.9644	1
北京市	华北	1.8402	2
江苏省	华东	0.6636	3
浙江省	华东	0.3869	4
重庆市	西南	0.2712	5
广东省	中南	0.2275	6
海南省	中南	0.1678	7
福建省	华东	0.1169	8
天津市	华北	0.1027	9
四川省	西南	0.0955	10

表 3-4 揭示了我国省级政府居民经济福利排名具有如下两个明显的特征。

一是区域间差异明显。比如，居民经济福利全国前 10 名的省级政府基本来自华东、华北、中南和西南地区，而西北、东北地区没有省级政府进入全国前 10 名。同时，全国前 10 名的省级政府中，有 4 个来自华东地区（上海、江苏、浙江、福建），有 2 个来自中南地区（广东、海南），有 2 个来自华北地区（北京、天津），有 2 个来自西南地区（重庆、四川）。

二是区域内各省级政府之间的排名差异比较大。比如，华东 7 个省级政府的居民经济福利排名两极分化严重，上海排第 1 名，而江西、安徽却相对欠佳，未进入前 10 名。

比较表 3-1 及表 3-4，本书认为，居民经济福利对不同区域的省级政府效率具有双重影响。一方面，西北、东北地区经济发展欠佳，处于经济加速恢复增长阶段，居民经济福利水平的提高对政府效率的提高具有积极影响。加快当地经济社会发展，注重民生改善，不断提升居民经济福利，有利于提升政府效率。另一方面，高质量发展形势下，华东等经济相对发达的地区，在产业升级、环境保护等方面的风险防范压力较大，省级政府在居民经济福利上投入过多会扩大政府消费支出规模，增加公共服务供给成本，降低公共服务质量，进而对政府效率的提高产生不利影响。

因此，统筹区域经济社会发展与安全，在提高居民经济福利水平的同时，不断创新政府治理方式，控制政府过度消费，注意防范安全风险，有助于提升公共服务质量与政府效率。

（四）2022年政务公开排名与分析

政务公开包括政务基本信息、政务时效等 2 个子因素，共 16 个指标，是测度省级政府效率的重要指标，被赋予 0.15 的权重。2022 年省级政府政务公开全国前 10 名的标准化值及排名见表 3-5。

表3-5 2022年省级政府政务公开全国前10名的标准化值及排名

省级政府	区域	标准化值	排名
湖南省	中南	0.8276	1
四川省	西南	0.7648	2
重庆市	西南	0.6877	3
湖北省	中南	0.6736	4
广东省	中南	0.6502	5
辽宁省	东北	0.5939	6
山西省	华北	0.5648	7
海南省	中南	0.5624	8
贵州省	西南	0.5158	9
天津市	华北	0.4404	10

表3-5表明，我国省级政府政务公开的区域差异并不明显。一是区域间差异不明显。比如，我国中南、西南、华北、东北等地区都有位列政务公开全国前10名的省级政府。二是区域内差异不明显。以中南地区为例，中南地区的湖北省、广东省，分别位列全国第4、第5；同样，西南地区的四川省、重庆市分别位列全国第2、第3，其排名不仅比较接近，而且比较靠前。

三 效率"十高省"测度子因素排名与分析

（一）2022年科教文卫服务排名与分析

科教文卫服务包含科技支出占地方一般公共预算支出比例等9个指标，是省级政府效率测度因素政府公共服务的重要子因素，被赋予0.20的权重。2022年省级政府科教文卫服务全国前10名的标准化值及排名见表3-6。

表3-6 2022年省级政府科教文卫服务全国前10名的标准化值及排名

省级政府	区域	标准化值	排名
陕西省	西北	0.6611	1

省级政府	区域	标准化值	排名
北京市	华北	0.5933	2
浙江省	华东	0.5067	3
江苏省	华东	0.4785	4
广东省	中南	0.4233	5
河南省	中南	0.2672	6
四川省	西南	0.2129	7
湖北省	中南	0.1933	8
天津市	华北	0.1761	9
福建省	华东	0.1625	10

比较表3-1及表3-6，可以看出我国省级政府的科教文卫服务排名具有两个特点。一是科教文卫服务排名与政府效率排名具有一定的正相关性。比如，科教文卫服务测度结果全国排名居前、表现特别优秀的省级政府，如北京、浙江、江苏、广东等，其省级政府效率排名也比较靠前；而科教文卫服务测度结果排名相对欠佳的省级政府，如新疆、宁夏，其省级政府效率排名也较靠后，没有进入"十高省"榜单。二是除东北外，科教文卫服务测度结果排名基本均衡。比如，西北、华北、华东、中南、西南等地区都有进入全国前10名的省级政府，其中，华东地区有3个（浙江、江苏、福建），占华东省级政府效率测度样本总数的43%；中南地区有3个（广东、河南、湖北），占中南省级政府效率测度样本总数的50%。

因此，科教文卫服务测度结果的优劣不仅影响地方政府效率的高低，而且影响区域经济社会高质量发展水平的高低。矢志不渝地提高科技、教育、文化、医疗卫生等基本民生服务水平，不仅是促进区域经济社会高质量发展的前提，而且是推进科技创新、服务型政府建设及提升政府效率的有效举措。

（二）2022年公共安全服务排名与分析

公共安全服务包括生产安全事故死亡人数占年末常住人口的比例、统筹疫情防控与经济社会发展等 4 个指标，是省级政府公共服务的重要子因素，被赋予 0.15 的权重。2022 年省级政府公共安全服务全国前 10 名的标准化值及排名见表 3−7。

表 3−7　2022 年省级政府公共安全服务全国前 10 名的标准化值及排名

省级政府	区域	标准化值	排名
浙江省	华东	0.8593	1
山东省	华东	0.7178	2
上海市	华东	0.5344	3
黑龙江省	东北	0.5092	4
贵州省	西南	0.4964	5
天津市	华北	0.4946	6
江西省	华东	0.4512	7
吉林省	东北	0.4489	8
北京市	华北	0.4259	9
河北省	华北	0.4124	10

公共安全服务是政府公共服务的重要内容，旨在保障公众生产、生活安全，避免生产安全事故，减少生产安全损失，保证企业和个人安全健康的生产及生活环境，维护社会稳定。结合"十四五"规划，本书将省级政府落实总体国家安全观等指标纳入公共安全服务的测度与排名。

表 3−7 表明，2022 年省级政府公共安全服务排名呈现区域差异。从全国排名前 10 的省级政府数量占比看，公共安全服务排名呈现"东北—华北—华东—西南"的阶梯形分布趋势。例如，公共安全服务全国排名前 10 的省级政府，东北地区有 2 个（黑龙江、吉林），占东北地区省级政府效率测度样本总数的 67%；华北地区有 3 个（天津、北京、河北），占华北地区省级政府效率测度样本总数的 60%；华东地区有 4 个（浙江、山东、上海、江西），占华东地区省级政府效率测度样本总数的 57%；西南地区有 1 个（贵州），占西南地区省级政府效率测度样本总数的 20%。即东北地区公共安全服务表现较好，华北、华东、西南地区次之，中南、西

北地区公共安全服务形势不容乐观。尽管广东、江苏等省级政府辖区经济社会发展水平及政府效率较高，但是其公共安全服务表现相对欠佳，存在安全风险。

因此，不断改善公共安全服务不仅是各地省级政府加快政府职能转变、建立服务型政府的迫切要求，而且是提升政府效率的有效举措。

（三）2022年社会保障服务排名与分析

社会保障服务包括社会保障和就业支出占地方一般公共预算支出比例、新增城镇就业、新增转移农村劳动力等5个指标，是政府公共服务的重要子因素，被赋予0.15的权重。2022年省级政府社会保障服务全国前10名的标准化值及排名见表3-8。

表3-8　2022年省级政府社会保障服务全国前10名的标准化值及排名

省级政府	区域	标准化值	排名
江苏省	华东	0.9313	1
辽宁省	东北	0.9225	2
黑龙江省	东北	0.5394	3
河南省	中南	0.4205	4
山东省	华东	0.4099	5
吉林省	东北	0.3971	6
广东省	中南	0.3382	7
浙江省	华东	0.2650	8
陕西省	西北	0.2630	9
湖北省	中南	0.2198	10

通过表3-8可以看出，2022年省级政府社会保障服务测度排名呈现区域差异。例如，社会保障服务全国排名前10的辽宁、黑龙江、吉林等省级政府属于我国经济欠发达、产业升级比较缓慢的地区；同时，部分经济比较发达的省级政府，如北京、上海等，社会保障服务排名欠佳，没有进入全国10名。这表明，在全面开启社会主义现代化建设新征程中，我国经

济社会发展还存在一些短板：区域经济增长与社会发展不协调，经济发展与社会保障服务不同步，各地省级政府社会保障服务发展不平衡，政府社会保障服务及民生改善职能亟须加强。

（四）2022年经济发展服务排名与分析

经济发展服务包括旅客周转量等 11 个指标，是省级政府公共服务的重要子因素，被赋予 0.30 的权重。2022 年省级政府经济发展服务全国前 10 名的标准化值及排名见表 3 - 9。

表 3 - 9   2022 年省级政府经济发展服务全国前 10 名的标准化值及排名

省级政府	区域	标准化值	排名
海南省	中南	1.1783	1
广东省	中南	1.0292	2
浙江省	华东	0.6273	3
湖北省	中南	0.5719	4
江苏省	华东	0.5622	5
上海市	华东	0.5393	6
北京市	华北	0.5240	7
山东省	华东	0.2242	8
福建省	华东	0.1754	9
湖南省	中南	0.1747	10

分析表 3 - 9 可以发现，广东、浙江、上海、北京等来自中南、华东、华北等地区的省级政府，其经济发达、经济总量大并非偶然，而是与当地重视提高政府效率与优化经济发展服务有关。同时，一些来自我国经济不够发达地区的省级政府，以海南省为例，由于国家重视海南自由贸易港建设，同时，海南省自身也重视政府职能转变和优化发展环境，其经济发展服务水平也比较高，居全国第 1 名。这是我国区域经济社会高质量发展的亮丽风景线，也是推进服务型政府建设及政府效率提升的优秀代表。

（五）2022年乡村振兴服务排名与分析

全面实施乡村振兴战略需要地方政府重视乡村振兴服务。因此本书在政府效率测度中增加乡村振兴服务的权重，赋予其0.10的权重，其包括乡村振兴政策、乡村振兴效果、农民人均粮食产量、农民人均肉产量、第一产业增长率、新增高标准农田建设以及粮食种植面积占比等7个指标，反映省级政府脱贫攻坚后对接乡村振兴战略的实施效率。2022年省级政府乡村振兴服务全国前10名的标准化值及排名见表3-10。

表3-10　2022年省级政府乡村振兴服务全国前10名的标准化值及排名

省级政府	区域	标准化值	排名
黑龙江省	东北	1.0691	1
安徽省	华东	0.7210	2
吉林省	东北	0.6789	3
河南省	中南	0.5276	4
湖北省	中南	0.5158	5
湖南省	中南	0.4773	6
山东省	华东	0.4286	7
辽宁省	东北	0.3463	8
广东省	中南	0.3425	9
四川省	西南	0.2837	10

分析表3-10发现，我国省级政府乡村振兴服务前10名的区域分布具有两大特点。其一，东北地区表现突出。东北三省黑龙江、吉林、辽宁全部进入乡村振兴服务全国前10名，分别位列第1、第3和第8。这是因为东北三省凭借其得天独厚的地理优势和肥沃的黑土地，粮食产量一直位居全国前列。其二，经济发展质量较高的华东地区，其省级政府乡村振兴服务排名比较靠后，比如，上海、浙江等，究其原因是位于东部沿海地区的省级政府可能优先发展工业和服务业，对第一产业的重视程度相对不够，其乡村振兴服务面临较大的提升压力。

全面实施乡村振兴、提高乡村振兴服务水平有利于逐步解决城乡发展不平衡、乡村发展不充分等问题，进而从整体上提升我国乡村振兴质量，更好为实现农业农村现代化提供坚实基础和有力支撑。乡村振兴应该落在实处。近年来，粮食安全受到高度关注。习近平总书记在 2020 年 5 月看望参加全国政协十三届三次会议的经济界委员并参加联组会时强调："对我们这样一个有着十四亿人口的大国来说，农业基础地位任何时候都不能忽视和削弱，手中有粮、心中不慌在任何时候都是真理。"① 在如今疫情防控、世界格局紧张的背景下，保障粮食安全和供应稳定不仅是农业发展、乡村振兴的重要前提，更是国家安全稳定、实现伟大复兴的重要保障。

（六）2022年营商环境排名与分析

改善营商环境是我国省级政府的重要职能，其包括权责清单等 6 个指标，是省级政府公共服务的重要子因素，被赋予 0.10 的权重。2022 年省级政府营商环境全国前 10 名的标准化值及排名见表 3-11。

表 3-11　2022 年省级政府营商环境全国前 10 名的标准化值及排名

省级政府	区域	标准化值	排名
浙江省	华东	0.9573	1
上海市	华东	0.8599	2
海南省	中南	0.7713	3
山东省	华东	0.7642	4
北京市	华北	0.4944	5
湖北省	中南	0.4716	6
广东省	中南	0.3891	7
福建省	华东	0.2825	8
天津市	华北	0.2332	9
江西省	华东	0.1973	10

---

① 习近平：《论把握新发展阶段、贯彻新发展理念、构建新发展格局》，中央文献出版社，2021，第 353～354 页。

对比表3-1和表3-11，可以看出我国省级政府的营商环境排名具有两个特征。一是区域差异较大。从营商环境排名全国前10的省级政府数量来看，华东地区数量最多，有5个（浙江、上海、山东、福建、江西）；中南地区次之，有3个（海南、湖北、广东），华北地区再次之，有2个（北京、天津）。二是营商环境优越，即营商环境排名全国前10的省级政府，大部分是位于经济较为发达的东部沿海省份，如浙江、山东、福建等。因此，营商环境服务排名较后的省份，可以借鉴东部沿海省级政府的优秀经验，共造一流营商环境。

党中央、国务院高度重视纵深推进"放管服"改革、持续优化营商环境工作。打造最优的营商环境是我国省级政府提升政府效率的关键。换言之，改善营商环境是各地促进经济社会高质量发展、建设服务型效率型政府的重要标准。

（七）2022年政务基本信息排名与分析

省级政府的政务基本信息包括政府联系方式公开、政府新媒体公开、三公经费公开、工作报告公开、预算报告公开、计划报告公开、统计公报公开、公务员招考信息公开、"十四五"规划公开、政府主动信息公开完备程度等10个指标，是政务公开最主要的子因素，被赋予0.80的权重。政务基本信息是省级政府网站公布的最基础的信息，能够大致反映政府执行力及运行效率。2022年省级政府政务基本信息全国前10名的标准化值及排名见表3-12。

表3-12　2022年省级政府政务基本信息全国前10名的标准化值及排名

省级政府	区域	标准化值	排名
湖南省	中南	0.7131	1
四川省	西南	0.5655	2
湖北省	中南	0.5021	3
辽宁省	东北	0.4709	4

省级政府	区域	标准化值	排名
重庆市	西南	0.4251	5
山西省	华北	0.4217	6
海南省	中南	0.3839	7
上海市	华东	0.2969	8
天津市	华北	0.2585	9
贵州省	西南	0.2214	10

政务基本信息是政务公开的主要内容，是测度政府效率的重要子因素，直接反映省级政府的执行力及效率。表 3 – 12 中的数据表明，我国省级政府的政务基本信息公开具有两个明显特征。一是总体效果较好，比如，除西北地区外，中南、西南、东北、华北、华东等地区都有进入全国前 10 名的省级政府；二是经济发展欠佳的西北地区的省级政府（比如甘肃等）及部分经济发达地区的省级政府（如浙江、江苏等），其政务基本信息排名靠后，未能进入全国前 10 名。

实际上，这揭示了我国省级政府在政务基本信息公开方面的不足，因为政务基本信息指标的测度内容基本来自省级政府 2021 年底或者 2022 年初召开地方两会时，省级政府的主要负责人在地方两会上向两会代表及委员所作的报告或者通报的数据，按理都应该及时在其官方网站上公开。但事与愿违，尽管中办、国办早在 2016 年 2 月 17 日就颁布《关于全面推进政务公开工作的意见》，但是如今，我国很多省级政府并没有及时公开这些基本的、简单的政务信息，或者公开不完全。

（八）2022 年政务时效排名与分析

政务时效包括政府主动信息公开时效、政府办事时效、政府常务会议次数、政府常务会议公布时间、政府常务会议议题数量和政府信息公开年度报告时间等 6 个指标，是政务公开的重要子因素，直接体现省级政府效率，被赋予 0.20 的权重。2022 年省级政府政务时效全国前 10 名的标准化值及排名见表 3 - 13。

表 3 - 13　2022 年省级政府政务时效全国前 10 名的标准化值及排名

省级政府	区域	标准化值	排名
广东省	中南	2.6165	1
山东省	华东	1.8993	2
陕西省	西北	1.7820	3
重庆市	西南	1.7379	4
云南省	西南	1.7209	5
贵州省	西南	1.6936	6
四川省	西南	1.5622	7
福建省	华东	1.5263	8
安徽省	华东	1.5239	9
河南省	中南	1.4844	10

从表 3 - 13 可以看出，省级政府的政务时效排名既有各地排名比较均衡、集中度比较高的特点，又存在区域间排名差异较大的现象。比如，全国排名前 10 的省级政府中，排名分布比较集中，西南地区有 4 个（重庆、云南、贵州、四川），且排名分别为第 4、第 5、第 6、第 7；又如，华东地区有 3 个（山东、福建、安徽），排名分别为第 2、第 8、第 9；中南地区有 2 个（广东、河南），排名分别为第 1、第 10；西北地区的陕西省排第 3 名。同时，东北地区省级政府的政务时效排名比较靠后，没有进入全国前 10 名。

这既反映了我国大多省级政府重视政务时效，又表明各地省级政府对政务时效的重视程度有所差异。

第四章
2022年中国地方政府效率"百高市"

本书将我国 31 个省级政府所管辖的 333 个地级行政区作为地级市政府效率研究样本，包括 293 个地级市、7 个地区、30 个自治州、3 个盟，简称为"地级市政府"。它们来自我国六大地区，其中华东地区有 76 个、中南地区有 83 个、西南地区有 53 个、西北地区有 51 个、华北地区有 34 个、东北地区有 36 个。2021 年地级市政府效率测度指标体系及权重、指标数据来源及处理说明、测度样本参见附录 1.2、附录 2.2、附录 3.2。

本章公布政府效率测度结果排在全国前 100 名的地级市政府，简称为中国地方政府效率"百高市"，按照华东、中南、西南、西北、华北、东北等六个区域予以分析。

一 效率"百高市"测度排名与分析

根据本书的研究思路及方法，本节公布、分析 2022 年中国地方政府效率"百高市"的标准化值及排名（见表 4-1）。

表 4-1 2022 年中国地方政府效率"百高市"的标准化值及排名

地级市政府	标准化值	地区排名	全国排名	地级市政府	标准化值	地区排名	全国排名
华东地区							
南京市	0.6270	1	3	厦门市	0.5890	3	6
杭州市	0.6005	2	4	无锡市	0.5825	4	7

续表

地级市政府	标准化值	地区排名	全国排名	地级市政府	标准化值	地区排名	全国排名
苏州市	0.5040	5	11	扬州市	0.2251	21	39
南通市	0.4493	6	16	淄博市	0.2155	22	43
金华市	0.4468	7	18	常州市	0.1938	23	48
青岛市	0.3999	8	20	新余市	0.1912	24	49
芜湖市	0.3441	9	24	徐州市	0.1892	25	50
绍兴市	0.3301	10	25	衢州市	0.1862	26	51
宁波市	0.3153	11	26	舟山市	0.1841	27	53
湖州市	0.2953	12	27	三明市	0.1807	28	54
嘉兴市	0.2897	13	28	烟台市	0.1659	29	62
温州市	0.2775	14	30	潍坊市	0.1508	30	65
南昌市	0.2755	15	32	泉州市	0.1229	31	72
合肥市	0.2715	16	33	日照市	0.1186	32	76
威海市	0.2607	17	34	滨州市	0.1185	33	77
济南市	0.2598	18	35	马鞍山市	0.1066	34	86
泰州市	0.2568	19	36	台州市	0.1041	35	89
福州市	0.2529	20	37				
中南地区							
珠海市	1.1027	1	1	湘潭市	0.1511	15	64
广州市	0.6494	2	2	惠州市	0.1483	16	66
深圳市	0.5970	3	5	南阳市	0.1209	17	74
三亚市	0.5609	4	8	潮州市	0.1153	18	80
鄂州市	0.5052	5	9	郑州市	0.1115	19	81
东莞市	0.5050	6	10	漯河市	0.1094	20	83
武汉市	0.4780	7	14	云浮市	0.1078	21	84
海口市	0.4648	8	15	荆州市	0.1028	22	91
中山市	0.4490	9	17	韶关市	0.0987	23	93
佛山市	0.4160	10	19	阳江市	0.0978	24	95
汕尾市	0.3603	11	23	十堰市	0.0949	25	97
汕头市	0.2814	12	29	南宁市	0.0938	26	99
长沙市	0.2241	13	40	襄阳市	0.0934	27	100
鹤壁市	0.2169	14	42				

续表

地级市政府	标准化值	地区排名	全国排名	地级市政府	标准化值	地区排名	全国排名
西南地区							
成都市	0.4877	1	13	遂宁市	0.1288	9	69
拉萨市	0.2770	2	31	广安市	0.1287	10	70
宜宾市	0.2237	3	41	昆明市	0.1277	11	71
德阳市	0.2110	4	44	雅安市	0.1200	12	75
广元市	0.2088	5	45	资阳市	0.1101	13	82
自贡市	0.1972	6	46	内江市	0.1035	14	90
铜仁市	0.1843	7	52	泸州市	0.0981	15	94
贵阳市	0.1730	8	57				
西北地区							
兰州市	0.3839	1	21	西安市	0.1587	6	63
铜川市	0.3746	2	22	宝鸡市	0.1345	7	68
嘉峪关市	0.2521	3	38	咸阳市	0.1229	8	72
西宁市	0.1696	4	59	张掖市	0.1158	9	79
金昌市	0.1658	5	61	延安市	0.0989	10	92
华北地区							
乌海市	0.4930	1	12	大同市	0.1698	4	58
石家庄市	0.1944	2	47	邯郸市	0.1075	5	85
太原市	0.1790	3	55	呼和浩特市	0.0942	6	98
东北地区							
大连市	0.1733	1	56	沈阳市	0.1045	5	87
盘锦市	0.1656	2	62	长春市	0.1036	6	89
本溪市	0.1389	3	67	佳木斯市	0.0960	7	96
七台河市	0.1182	4	78				

通过分析表4-1，可以看出我国地方政府效率"百高市"分布具有以下四个特征。

第一，总体上看，我国六大地区之间的地级市政府效率差异比较明显。其中，华东、中南地区的地级市政府效率较高。比如，政府效率排名前30名的地级市政府中，华东地区有南京市等14个地级市政府、中南地区有珠海市等 12 个地级市政府、西南地区有成都市 1 个地级市政府、西北地区有兰州市等 2 个地级市政府、华北地区有乌海市 1 个地级市政府,而东北地区没有地级市政府进入全国前 30 名。又如,政府效率排名前 100 名的地级市政府中,华东有南京市等 35 个地级市政府,约占华东地区 76 个地级市政府的 46%;中南有珠海市等 27 个地级市政府,约占中南地区 83 个地级市政府的 33%;西南有成都市等 15 个地级市政府,约占西南地区 53 个地级市政府的 28%;西北有兰州市等 10 个地级市政府,约占西北地区 51 个地级市政府的 20%;华北有乌海市等 6 个地级市政府,约占华北地区 34 个地级市政府的 18%;东北有大连市等 7 个地级市政府,约占东北地区 36 个地级市政府的 19%。

第二,同一区域内不同地级市政府之间的政府效率差异非常突出。比如,在华东地区,排在全国第 3 名的南京市与排在全国第 89 名的台州市之间的差距十分明显,二者相差 86 名;南京市政府效率标准化值(0.6270)约是台州市政府效率标准化值(0.1041)的 6 倍。又如,在中南地区,同属广东省的汕尾市与云浮市,其 GDP 大致相当,但是其政府效率差距很大;排在全国第 1 名的珠海市与排在全国第 100 名的襄阳市,二者排名相差 99 名,珠海市政府效率标准化值(1.1027)是襄阳市政府效率标准化值(0.0934)近 12 倍。另外,西南地区的成都市(全国排第 13 名)与泸州市(全国排第 94 名)之间,西北地区的兰州市(全国排第 21 名)与延安市(全国排第 92 名)之间、华北地区的乌海市(全国排第 12 名)与呼和浩特市(全国排第 98 名)之间、东北地区的大连市(全国排第 56 名)与佳木斯市(全国排第 96 名)之间的差距也异常明显。

第三,虽然东北地区地级市政府效率总体偏低,但大连市政府效率却比较高,其政府效率标准化值为 0.1733,排全国第 56 名。其不仅优于本地区其他地级市政府,而且优于经济比较发达的华东地区和中南地区的很多地级市政府。比如,大连市政府效率排名不仅高于本地区的省会城市长春市(标准化值 0.1036,全国排第 89 名),而且高于华东地区的烟台市

（标准化值 0.1659，全国排第 62 名），还高于中南地区的湘潭市（标准化值 0.1511，全国排第 64 名）等。

第四，区域之间地市级政府效率排名与经济社会发展质量之间存在一定的正相关性。比如，总体上，经济社会发展质量较优的华东、中南地区地级市政府效率高于经济社会发展质量欠佳的东北、西南、西北地区；同时，在华东、中南、西南等地区内部之间，不同地级市之间政府效率水平相差悬殊。因此，各地区地级市政府在追求经济社会发展质量的同时，需要持续深化行政体制及"放管服"改革，全面实行政务公开，重视提升政府执行力与效率。

2022 年地级市政府效率测度指标体系由政府公共服务、政府规模、居民经济福利、政务公开等 4 个因素以及 8 个子因素和 62 个指标构成（见附录 1.2）。下面将具体分析地级市政府效率测度因素及子因素排在全国前100 名的情况。

二　效率"百高市"测度因素排名与分析

（一）2022年政府公共服务排名与分析

1. 地级市政府公共服务简介

政府公共服务（0.60）[1] 反映了地级市政府提供基本公共服务的数量和质量，表示地级市政府产出及收益，是测度政府效率的主要因素（一级指标），下设 6 个子因素（二级指标）和 38 个三级指标。6 个子因素分别是科教文卫服务（0.20）、公共安全服务（0.15）、社会保障服务（0.15）、经济发展服务（0.30）、乡村振兴服务（0.10）和营商环境（0.10）（见附录 1.2）。

---

[1]　本书政府效率测度因素或子因素后括号里的数字表示其权重，下同。

2. 地级市政府公共服务全国前 100 名分析

2022 年地级市政府公共服务全国前 100 名的标准化值及排名见表 4 - 2。

表 4 - 2　2022 年地级市政府公共服务全国前 100 名的标准化值及排名

地级市政府	标准化值	地区排名	全国排名	地级市政府	标准化值	地区排名	全国排名
华东地区							
杭州市	0.7439	1	2	潍坊市	0.2473	16	37
南京市	0.7394	2	3	绍兴市	0.2455	17	38
无锡市	0.5615	3	6	宁波市	0.2425	18	39
苏州市	0.5523	4	7	滨州市	0.2350	19	43
南通市	0.4814	5	10	金华市	0.2210	20	46
青岛市	0.4044	6	14	烟台市	0.2199	21	47
芜湖市	0.3884	7	15	三明市	0.2043	22	54
合肥市	0.3693	8	17	新余市	0.1809	23	61
威海市	0.3433	9	20	扬州市	0.1787	24	63
泰州市	0.3412	10	21	徐州市	0.1703	25	70
福州市	0.3301	11	22	湖州市	0.1649	26	71
南昌市	0.2941	12	28	厦门市	0.1462	27	82
淄博市	0.2804	13	30	菏泽市	0.1367	28	85
温州市	0.2675	14	31	嘉兴市	0.1030	29	98
济南市	0.2610	15	32	泉州市	0.0981	30	100
中南地区							
广州市	0.7328	1	4	鄂州市	0.1986	12	59
武汉市	0.5801	2	5	新乡市	0.1865	13	60
深圳市	0.5446	3	8	襄阳市	0.1785	14	65
东莞市	0.4264	5	13	十堰市	0.1722	15	68
海口市	0.4691	4	11	汕尾市	0.1627	16	75
佛山市	0.3789	6	16	长沙市	0.1476	17	80
南阳市	0.2588	8	33	云浮市	0.1154	18	91
三亚市	0.2832	7	29	南宁市	0.1108	19	94
郑州市	0.2422	9	40	鹤壁市	0.1095	20	95
荆州市	0.2039	10	55	咸宁市	0.1009	21	99
汕头市	0.1989	11	58				

续表

地级市政府	标准化值	地区排名	全国排名	地级市政府	标准化值	地区排名	全国排名
西南地区							
成都市	0.8054	1	1	玉溪市	0.1748	8	66
拉萨市	0.5115	2	9	贵阳市	0.1523	9	77
铜仁市	0.4576	3	12	资阳市	0.1404	10	84
宜宾市	0.2580	4	34	自贡市	0.1358	11	86
德阳市	0.2186	5	48	内江市	0.1265	12	88
林芝市	0.2181	6	49	阿里地区	0.1234	13	89
广元市	0.1792	7	62	南充市	0.1051	14	96
西北地区							
兰州市	0.3631	1	18	西宁市	0.2122	9	50
天水市	0.3561	2	19	伊犁哈萨克自治州	0.2111	10	51
嘉峪关市	0.3158	3	23	庆阳市	0.2052	11	53
宝鸡市	0.3072	4	24	乌鲁木齐市	0.1644	12	72
张掖市	0.2969	5	26	延安市	0.1637	13	73
金昌市	0.2969	6	27	酒泉市	0.1567	14	76
铜川市	0.2388	7	41	哈密市	0.1317	15	87
咸阳市	0.2324	8	44	西安市	0.1206	16	90
华北地区							
石家庄市	0.2567	1	35	张家口市	0.1634	8	74
大同市	0.2477	2	36	沧州市	0.1473	9	81
邯郸市	0.2364	3	42	朔州市	0.1405	10	83
阿拉善盟	0.2017	4	56	晋中市	0.1148	11	92
太原市	0.2007	5	57	唐山市	0.1140	12	93
运城市	0.1786	6	64	乌海市	0.1050	13	97
晋城市	0.1728	7	67				
东北地区							
大连市	0.3056	1	25	延边朝鲜族自治州	0.1707	4	69
白城市	0.2237	2	45	佳木斯市	0.1514	5	78
长春市	0.2077	3	52	沈阳市	0.1504	6	79

由表4-2可知，地级市政府公共服务全国前100名区域分布具有三个明显特征。

第一，我国六大地区的地级市政府公共服务水平总体较高。比如，全国排名前100的地级市政府中，华东地区有30个地级市政府，约占华东地区76个地级市政府的39%；中南地区有21个地级市政府，约占中南地区83个地级市政府的25%；西南地区有14个地级市政府，约占西南地区53个地级市政府的26%；西北地区有16个地级市政府，约占西北地区51个地级市政府的31%；华北地区有13个地级市政府，约占华北地区34个地级市政府的38%；东北地区有6个地级市政府，约占东北地区36个地级市政府的17%。由此可见，我国每个地区至少有17%及以上的地级市政府效率位居全国前100。因此，各地区的地级市政府公共服务水平总体较高。

第二，各地区的地级市政府公共服务水平仍然存在一定差距。比如，华东有18个地级市政府（约占该地区地级市政府样本总数的24%）进入全国前40名；中南有9个地级市政府（约占该地区地级市政府样本总数的11%）进入全国前40名；西北有6个地级市政府（约占该地区地级市政府样本总数的12%）进入全国前40名；西南、华北、东北地区分别有4个、2个、1个地级市政府进入全国前40名，分别约占各地区地级市政府总数的8%、6%、3%，这一比例与华东地区之间的差距较明显。可见，各地区地级市政府在公共服务方面存在较大差距。

第三，我国部分地区的公共服务水平较高、且提升迅速。比如，中南地区、西北地区和华北地区，与2021年相比，中南地区和西北地区2022年均新增3个地级市政府进入全国前100名，华北地区新增5个地级市政府进入全国前100名，这是该地区地级市政府特别重视优化公共服务的结果。又如，2021年西南地区第1名拉萨市位列全国第7，2022年西南地区第1名成都市位列全国第1。西南地区公共服务水平较高、发展速度惊人是该地区高效践行中央政策、高质量建设有为的服务型政府的表现。政府公共服务是区域经济社会发展的基础，优良的政府公共服务是欠发达地区全面实施乡村振兴战略及开启全面建设社会主义现代化新征程的重要保障。

由此证明，中央政府近年来持续推进的加快政府职能转变、建设有为的公共服务型政府的政策在多数地级市政府得以有效落实，成为地方政府效率提升与区域经济社会高质量发展的新动能。

（二）2022年政府规模排名与分析

1. 地级市政府规模简介

政府规模反映政府消费的相对规模，表征了政府成本，直接体现了政府效率。政府规模是测度政府效率的主要因素，被赋予0.15的权重，其下设3个指标（见附录1.2）。虽然其指标数量不多，但其指标是构成政府成本的主要方面，对地级市政府效率影响较大。

2. 地级市政府规模全国前100名分析

2022年地级市政府规模全国前100名的标准化值及排名见表4-3。

表4-3　2022年地级市政府规模全国前100名的标准化值及排名

地级市政府	标准化值	地区排名	全国排名	地级市政府	标准化值	地区排名	全国排名
华东地区							
厦门市	2.6462	1	4	湖州市	0.2944	14	51
镇江市	1.4848	2	12	扬州市	0.2884	15	52
铜陵市	1.3906	3	13	淮南市	0.2572	16	54
金华市	0.9597	4	17	淮安市	0.2184	17	59
淮北市	0.6410	5	22	南京市	0.2140	18	60
新余市	0.6351	6	23	青岛市	0.2127	19	61
马鞍山市	0.5096	7	31	蚌埠市	0.2116	20	62
黄山市	0.4906	8	33	景德镇市	0.2083	21	64
萍乡市	0.4416	9	35	无锡市	0.1979	22	65
莆田市	0.4176	10	38	常州市	0.1728	23	69
衢州市	0.4098	11	39	南通市	0.1254	24	79
池州市	0.3595	12	44	三明市	0.1176	25	81
嘉兴市	0.3490	13	47	宿迁市	0.0985	26	87

续表

地级市政府	标准化值	地区排名	全国排名	地级市政府	标准化值	地区排名	全国排名
芜湖市	0.0848	27	89	泉州市	0.0281	29	99
丽水市	0.0736	28	92				
中南地区							
珠海市	6.1864	1	1	云浮市	0.3125	19	49
鄂州市	2.6980	2	3	焦作市	0.3106	20	50
三亚市	2.1421	3	5	河源市	0.2488	21	55
三沙市	2.0037	4	6	濮阳市	0.2427	22	56
中山市	1.6767	5	9	佛山市	0.2224	23	57
深圳市	1.5240	6	10	阳江市	0.2210	24	58
汕尾市	1.0520	7	14	湘西土家族苗族自治州	0.2103	25	63
鹤壁市	0.9923	8	15	随州市	0.1736	26	68
漯河市	0.8052	9	19	湛江市	0.1580	27	73
潮州市	0.7139	10	20	咸宁市	0.1573	28	74
汕头市	0.6207	11	27	韶关市	0.1265	29	78
黄石市	0.5987	12	28	武汉市	0.1083	30	82
海口市	0.5978	13	29	荆门市	0.1076	31	83
湘潭市	0.4946	14	32	肇庆市	0.1058	32	84
北海市	0.4336	15	36	岳阳市	0.0985	33	86
东莞市	0.4239	16	37	广州市	0.0764	34	91
儋州市	0.3605	17	43	孝感市	0.0521	35	96
防城港市	0.3544	18	46	开封市	0.0236	36	100
西南地区							
自贡市	0.3786	1	42	资阳市	0.1559	4	75
遂宁市	0.1773	2	67	广安市	0.1340	5	77
安顺市	0.1593	3	72	攀枝花市	0.0505	6	97
西北地区							
铜川市	1.7523	1	8	嘉峪关市	0.6347	4	24
兰州市	1.4892	2	11	克拉玛依市	0.5636	5	30
石嘴山市	0.7080	3	21	黄南藏族自治州	0.4075	6	40

地级市政府	标准化值	地区排名	全国排名	地级市政府	标准化值	地区排名	全国排名
金昌市	0.3924	7	41	固原市	0.0972	9	88
西宁市	0.1594	8	71	安康市	0.0665	10	93
华北地区							
乌海市	2.8095	1	2	太原市	0.0558	4	94
阳泉市	0.6239	2	26	衡水市	0.0315	5	98
朔州市	0.1181	3	80				
东北地区							
七台河市	1.8852	1	7	伊春市	0.2667	8	53
盘锦市	0.9890	2	16	双鸭山市	0.1931	9	66
吉林市	0.8804	3	18	鹤岗市	0.1655	10	70
辽源市	0.6304	4	25	鞍山市	0.1367	11	76
辽阳市	0.4522	5	34	鸡西市	0.1047	12	85
本溪市	0.3570	6	45	通化市	0.0785	13	90
锦州市	0.3282	7	48	白山市	0.0525	14	95

由表 4-3 可知，我国地级市政府规模前 100 名的区域分布具有以下两个特点。

一方面，我国不同地区地级市政府规模相对均衡。比如，从政府规模排在全国前 30 名的地级市政府的区域分布看，我国华东地区有厦门市等 6个地级市政府，约占华东地区 76 个地级市政府的 8%；中南地区有珠海市、鄂州市等 13 个地级市政府，约占中南地区 83 个地级市政府的 16%；西北地区有铜川市等 5 个地级市政府，约占西北地区 51 个地级市政府的 10%；华北地区有乌海市和阳泉市 2 个地级市政府，约占华北地区 34 个地级市政府的 6%；东北地区有七台河市等 4 个地级市政府，约占东北地区 36 个地级市政府的 11%。不难看出，除中南地区和西南地区外，我国华东等地区的地级市政府规模排名差异不大，表现比较均衡。

另一方面，我国不同地区地级市政府规模表现出最优、较优、一般等三级分布特征。比如，从政府规模排全国前 100 名的地级市政府的区域分布看，华东地区有 29 个地级市政府，约占华东地区地级市政府总数的 38%；中南地区有 36 个地级市政府，约占中南地区地级市政府总数的 43%；西南地区有 6 个地级市政府，约占西南地区地级市政府总数的 11%；西北地区有 10 个地级市政府，约占西北地区地级市政府总数的 20%；华北地区有 5 个地级市政府，约占华北地区地级市政府总数的 15%；东北地区有 14 个地级市政府，约占东北地区地级市政府总数的 39%。由此可见，我国中南、东北、华东等地区的地级市政府规模表现最优，西北、华北等地区的地级市政府规模较优，而西南地区的地级市政府规模表现一般。

（三）2022年居民经济福利排名与分析

1. 地级市政府居民经济福利简介

居民经济福利因素由农村居民人均可支配收入等 5 个指标组成，体现了政府民生改善及服务水平，间接反映政府运行质量和效率，被赋予 0.10 的权重。

2. 地级市政府居民经济福利全国前 100 名分析

2022 年地级市政府居民经济福利全国前 100 名的标准化值及排名见表 4-4。

表 4-4　2022 年地级市政府居民经济福利全国前 100 名的标准化值及排名

地级市政府	标准化值	地区排名	全国排名	地级市政府	标准化值	地区排名	全国排名
华东地区							
金华市	2.2491	1	1	常州市	1.8230	9	10
苏州市	2.0965	2	2	宁波市	1.7725	10	11
杭州市	2.0806	3	3	湖州市	1.6997	11	12
舟山市	1.9847	4	4	温州市	1.4516	12	15
绍兴市	1.9000	5	6	台州市	1.1888	13	19
嘉兴市	1.8721	6	7	青岛市	1.1876	14	20
南京市	1.8661	7	8	泰州市	1.1336	15	21
无锡市	1.8324	8	9	南通市	1.1036	16	22

续表

地级市政府	标准化值	地区排名	全国排名	地级市政府	标准化值	地区排名	全国排名
衢州市	0.9693	17	24	连云港市	0.4463	33	51
丽水市	0.8369	18	26	淄博市	0.4197	34	55
济南市	0.8225	19	27	泰安市	0.4104	35	57
扬州市	0.8125	20	28	济宁市	0.4082	36	58
厦门市	0.7869	21	29	芜湖市	0.4035	37	60
烟台市	0.7414	22	31	宣城市	0.3902	38	63
徐州市	0.7344	23	32	宿迁市	0.3714	39	64
威海市	0.7105	24	33	三明市	0.3171	40	73
东营市	0.6766	25	35	滨州市	0.2916	41	76
泉州市	0.6173	26	39	南昌市	0.2869	42	78
潍坊市	0.5989	27	40	新余市	0.2418	43	86
日照市	0.5737	28	42	临沂市	0.2185	44	91
福州市	0.5045	29	44	枣庄市	0.2013	45	93
镇江市	0.4653	30	46	景德镇市	0.1937	46	95
合肥市	0.4564	31	47	池州市	0.1866	47	98
盐城市	0.4563	32	48	吉安市	0.1856	48	99
中南地区							
广州市	1.9173	1	5	江门市	0.4166	13	56
东莞市	1.6943	2	13	钦州市	0.4052	14	59
中山市	1.4127	3	16	海口市	0.4029	15	61
佛山市	1.3428	4	17	防城港市	0.3980	16	62
珠海市	1.3381	5	18	岳阳市	0.3449	17	69
长沙市	0.9785	6	23	益阳市	0.3362	18	71
黄冈市	0.9091	7	25	北海市	0.2977	19	75
株洲市	0.7733	8	30	深圳市	0.2426	20	85
漯河市	0.7047	9	34	湛江市	0.2374	21	87
武汉市	0.6351	10	38	许昌市	0.2188	22	90
惠州市	0.5739	11	41	汕头市	0.1972	23	94
三亚市	0.5068	12	43	韶关市	0.1833	24	100

地级市政府	标准化值	地区排名	全国排名	地级市政府	标准化值	地区排名	全国排名
西南地区							
成都市	0.6595	1	36	绵阳市	0.3097	7	74
那曲市	0.6399	2	37	林芝市	0.2780	8	80
乐山市	0.4303	3	53	眉山市	0.2315	9	89
遂宁市	0.4198	4	54	广安市	0.2057	10	92
日喀则市	0.3684	5	65	德阳市	0.1927	11	96
泸州市	0.3375	6	70				
西北地区							
嘉峪关市	0.4901	1	45	克拉玛依市	0.2473	4	84
博尔塔拉蒙古自治州	0.3600	2	67	酒泉市	0.1918	5	97
乌鲁木齐市	0.2484	3	83				
华北地区							
乌海市	0.4561	1	49	鄂尔多斯市	0.2874	6	77
廊坊市	0.4489	2	50	锡林郭勒盟	0.2851	7	79
包头市	0.3656	3	66	石家庄市	0.2548	8	82
阿拉善盟	0.3584	4	68	呼和浩特市	0.2371	9	88
秦皇岛市	0.3237	5	72				
东北地区							
本溪市	1.6211	1	14	大连市	0.2649	3	81
葫芦岛市	0.4320	2	52				

居民经济福利表征了居民生活水平，从侧面反映出政府的收益与产出，是衡量政府效率的重要外溢指标。分析表4-4发现，我国地级市居民经济福利前100名区域分布呈现以下三个显著特征。

第一，我国不同地区的地级市排名差异明显，呈现多级分布态势。华东地区居民经济福利最佳，中南地区较好，东北地区一般，西南、西北和华北地区欠佳。从居民经济福利最优（排在全国前30名）地级市的区域分布数量看，华东地区有金华市等21个地级市政府，约占华东地区地级市政府总数的28%；中南地区有广州市等8个地级市政府，约占中南地区地级市政府总数的 10%；东北地区有本溪市等 1 个地级市政府，约占东北地区地级市政府总数的 3%；而西南、西北、华北地区则没有地级市政府进入全国前 30 名。

第二，不同地区的地级市政府居民经济福利存在最优、较优、一般等三级分布的特点。其中，华东地区地级市表现最优，为一级；中南、华北、西南地区地级市表现较优，为二级；西北、东北地区地级市表现一般，为三级。从全国前 100 名地级市政府的区域分布数量看，华东地区有 48 个地级市政府，约占华东地区地级市政府总数的 63%；中南地区有 24 个地级市政府，约占中南地区地级市政府总数的 29%；华北地区有 9 个地级市政府，约占华北地区地级市政府总数的 26%；西南地区有 11 个地级市政府，约占西南地区地级市政府总数的 21%；西北地区有 5 个地级市政府，约占西北地区地级市政府总数的 10%；东北地区有 3 个地级市政府，约占东北地区地级市政府总数的 8%。

第三，地级市居民经济福利排名与经济社会高质量发展水平之间存在一定的正相关性。比如，全国前 10 名中，经济社会发展质量较高的华东地区便占据了 9 个席位，而经济社会发展质量较高的中南地区也占了 1 席（广州）。同时，在华东、中南、西南等地区内部，不同地级市居民经济福利水平相差悬殊。因此，坚持"以人民为中心"，不断增进地方政府辖区的居民经济福利始终是地方政府促进经济社会高质量发展、提升政府效率的重要举措。

（四）2022年政务公开排名与分析

1. 地级市政府政务公开简介

政务公开是体现地级市政府效率的重要因素，能够直接反映地方政府的执行力与效率，被赋予 0.15 的权重。其包括政务基本信息和政务时效等 2 个子因素，以及政府联系方式公开等 16 个三级指标。

2. 地级市政府政务公开全国前 100 名分析

2022 年地级市政府政务公开全国前 100 名的标准化值及排名见表 4-5。

表4-5 2022年地级市政府政务公开全国前100名的标准化值及排名

地级市政府	标准化值	地区排名	全国排名	地级市政府	标准化值	地区排名	全国排名
华东地区							
南昌市	0.5608	1	7	聊城市	0.3752	16	44
龙岩市	0.5536	2	8	宁德市	0.3262	17	54
日照市	0.5223	3	12	淮北市	0.2663	18	72
淮南市	0.4787	4	19	菏泽市	0.2574	19	75
南平市	0.4553	5	20	连云港市	0.2509	20	77
宿州市	0.4431	6	24	马鞍山市	0.2220	21	86
黄山市	0.4374	7	25	无锡市	0.2175	22	89
蚌埠市	0.4027	8	29	临沂市	0.2094	23	90
阜阳市	0.3962	9	30	徐州市	0.2090	24	91
安庆市	0.3933	10	33	南通市	0.2085	25	93
盐城市	0.3923	11	34	九江市	0.2073	26	94
六安市	0.3913	12	36	滁州市	0.2057	27	95
芜湖市	0.3864	13	38	宿迁市	0.1875	28	97
枣庄市	0.3782	14	41	常州市	0.1814	29	98
济宁市	0.3781	15	42				
中南地区							
汕尾市	0.6252	1	5	中山市	0.3242	14	56
郴州市	0.5209	2	13	梅州市	0.3204	15	58
洛阳市	0.4207	3	27	南宁市	0.3020	16	59
永州市	0.3944	4	31	十堰市	0.2959	17	61
平顶山市	0.3938	5	32	荆州市	0.2942	18	63
邵阳市	0.3919	6	35	惠州市	0.2905	19	66
益阳市	0.3813	7	39	茂名市	0.2777	20	68
湘潭市	0.3784	8	40	湘西土家族苗族自治州	0.2662	21	73
海口市	0.3559	9	46	湛江市	0.2316	22	84
珠海市	0.3539	10	47	娄底市	0.2265	23	85
武汉市	0.3349	11	50	江门市	0.2192	24	88
长沙市	0.3310	12	51	阳江市	0.1804	25	99
汕头市	0.3283	13	53				

续表

地级市政府	标准化值	地区排名	全国排名	地级市政府	标准化值	地区排名	全国排名
西南地区							
昆明市	0.7748	1	1	六盘水市	0.3472	15	48
广元市	0.7174	2	2	绵阳市	0.3420	16	49
贵阳市	0.6898	3	3	黔西南布依族苗族自治州	0.3288	17	52
巴中市	0.6537	4	4	攀枝花市	0.2951	18	62
德阳市	0.5726	5	6	安顺市	0.2919	19	65
雅安市	0.5504	6	9	南充市	0.2701	20	70
广安市	0.5270	7	10	毕节市	0.2667	21	71
泸州市	0.5269	8	11	丽江市	0.2563	22	76
怒江傈僳族自治州	0.4795	9	17	内江市	0.2446	23	79
大理白族自治州	0.4472	10	22	遵义市	0.2345	24	82
眉山市	0.4463	11	23	黔南布依族苗族自治州	0.2086	25	92
宜宾市	0.4115	12	28	楚雄彝族自治州	0.2054	26	96
达州市	0.3777	13	43	黔东南苗族侗族自治州	0.1799	27	100
自贡市	0.3650	14	45				
西北地区							
安康市	0.5085	1	14	武威市	0.2932	4	64
西安市	0.5013	2	16	银川市	0.2580	5	74
乌鲁木齐市	0.4303	3	26	延安市	0.2317	6	83
华北地区							
鄂尔多斯市	0.3255	1	55	通辽市	0.2402	5	80
大同市	0.2985	2	60	乌兰察布市	0.2391	6	81
呼伦贝尔市	0.2796	3	67	太原市	0.2195	7	87
呼和浩特市	0.2767	4	69				

地级市政府	标准化值	地区排名	全国排名	地级市政府	标准化值	地区排名	全国排名
东北地区							
黑河市	0.5046	1	15	丹东市	0.3897	4	37
沈阳市	0.4788	2	18	绥化市	0.3237	5	57
齐齐哈尔市	0.4548	3	21	锦州市	0.2500	6	78

由表4-5可知，我国地级市政府政务公开前100名的区域分布呈现以下特征。

第一，同一区域内不同地级市之间政务公开排名差异明显。比如，在华东地区，排在全国第7名的南昌市与排在全国第98名的常州市差距十分明显，二者排名相差91位；又如，在中南地区，同属广东省的汕尾市、阳江市，经济发展水平相当，但是其政务公开标准化值差距很大。排在全国第5名的汕尾市与排在全国第99名的阳江市，二者排名相差94位。另外，西南地区的昆明市（全国第1名）与黔东南苗族侗族自治州（全国第100名）之间、东北地区的黑河市（全国第15名）与锦州市（全国第78名）之间的政务公开标准化值差距也极其明显。

第二，政务公开与经济发展水平负相关。比如，政务公开标准化值排在全国前5名的地级市政府分别是西南地区的昆明市、广元市（第2名）、贵阳市（第3名）、巴中市（第4名）和中南地区的汕尾市（第5名），这些地区经济发展水平不高；但是经济比较发达的华东等地区却没有地级市进入前5名。可见，政务公开程度比较高的地级市多数来自经济欠发达、工商业产值不高、区位优势不够突出的地区，而经济发达、工商业产值较高和区位优势比较突出的华东、华北等地区的地级市政务公开程度却不够。因此，建设透明政府、全面实现政务公开是我国经济欠发达、区位优势不够突出的地级市政府减少市场交易成本、实现高质量跨越发展、建设有为政府及有效市场的有效措施。

三 效率"百高市"测度子因素排名与分析

（一）2022年科教文卫服务排名与分析

科教文卫服务是地级市政府公共服务的重要子因素（二级指标），被赋予0.20的权重，包括科技支出占地方一般公共预算支出比例等8个指标（见附录1.2）。2022年地级市政府科教文卫服务全国前100名的标准化值及排名见表4-6。

表4-6 2022年地级市政府科教文卫服务全国前100名的标准化值及排名

地级市政府	标准化值	地区排名	全国排名	地级市政府	标准化值	地区排名	全国排名
华东地区							
滨州市	1.0646	1	6	淄博市	0.2707	14	59
合肥市	1.0487	2	7	龙岩市	0.2474	15	67
杭州市	0.9538	3	8	扬州市	0.2449	16	69
南京市	0.9279	4	9	潍坊市	0.2220	17	74
萍乡市	0.5933	5	23	福州市	0.1890	18	82
衢州市	0.4690	6	32	绍兴市	0.1871	19	84
济南市	0.4488	7	33	青岛市	0.1806	20	86
芜湖市	0.3936	8	39	台州市	0.1757	21	87
无锡市	0.3305	9	47	抚州市	0.1534	22	97
丽水市	0.3263	10	48	景德镇市	0.1495	23	98
湖州市	0.3044	11	51	淮安市	0.1495	24	99
温州市	0.3024	12	54	新余市	0.1487	25	100
舟山市	0.2901	13	57				
中南地区							
三沙市	0.8347	1	12	海口市	0.5754	5	24
东莞市	0.7911	2	16	南阳市	0.5382	6	26
武汉市	0.6644	3	18	鹤壁市	0.5122	7	28
三亚市	0.6108	4	21	郑州市	0.4882	8	30

续表

地级市政府	标准化值	地区排名	全国排名	地级市政府	标准化值	地区排名	全国排名
梅州市	0.4140	9	34	安阳市	0.3006	17	55
洛阳市	0.4086	10	36	佛山市	0.2963	18	56
怀化市	0.3955	11	37	广州市	0.2794	19	58
湘西土家族苗族自治州	0.3719	12	41	恩施土家族苗族自治州	0.2683	20	60
新乡市	0.3706	13	42	濮阳市	0.1923	21	80
黄石市	0.3569	14	43	湘潭市	0.1833	22	85
十堰市	0.3317	15	46	韶关市	0.1726	23	88
三门峡市	0.3039	16	52				
西南地区							
拉萨市	1.6792	1	1	广元市	0.3033	11	53
那曲市	1.1667	2	3	泸州市	0.2598	12	63
阿里地区	1.1648	3	4	宜宾市	0.2590	13	64
成都市	0.8580	4	11	南充市	0.2468	14	68
甘孜藏族自治州	0.8011	5	14	林芝市	0.2382	15	70
山南市	0.6557	6	19	内江市	0.2257	16	72
昌都市	0.5142	7	27	黔西南布依族苗族自治州	0.2225	17	73
雅安市	0.4119	8	35	凉山彝族自治州	0.1995	18	79
乐山市	0.3944	9	38	铜仁市	0.1699	19	89
自贡市	0.3115	10	49	贵阳市	0.1548	20	94
西北地区							
铜川市	1.1037	1	5	天水市	0.5497	6	25
张掖市	0.8317	2	13	武威市	0.5110	7	29
伊犁哈萨克自治州	0.7985	3	15	咸阳市	0.3791	8	40
吴忠市	0.7150	4	17	兰州市	0.3442	9	44
金昌市	0.6075	5	22	克孜勒苏柯尔克孜自治州	0.3325	10	45

续表

地级市政府	标准化值	地区排名	全国排名	地级市政府	标准化值	地区排名	全国排名
平凉市	0.3091	11	50	商洛市	0.2041	17	78
酒泉市	0.2614	12	62	石嘴山市	0.1909	18	81
宝鸡市	0.2564	13	65	嘉峪关市	0.1666	19	92
西安市	0.2512	14	66	海东市	0.1576	20	93
西宁市	0.2211	15	75	汉中市	0.1540	21	95
海北藏族自治州	0.2122	16	77				
华北地区							
阿拉善盟	1.6597	1	2	衡水市	0.1876	5	83
唐山市	0.4699	2	31	石家庄市	0.1695	6	90
晋城市	0.2615	3	61	沧州市	0.1671	7	91
兴安盟	0.2361	4	71				
东北地区							
延边朝鲜族自治州	0.9243	1	10	通化市	0.2132	3	76
丹东市	0.6295	2	20	松原市	0.1535	4	96

分析表4-6可知，我国地级市政府科教文卫服务排名的区域分布具有三个特征。

第一，我国地级市政府科教文卫服务排名的区域分布呈现最优、次优、一般等三级态势。其中，中南、西南、西北等地区属于一级，其科教文卫服务表现最优；华东地区属于二级，其科教文卫服务次优；东北、华北地区属于三级，其科教文卫服务一般。比如，从科教文卫服务标准化值排全国前30位的地级市政府分布看，中南地区有三沙市等8个地级市政府，西南地区有拉萨市等7个地级市政府，西北地区有铜川市等7个地级市政府；华东地区有滨州市等5个地级市政府；东北地区有延边朝鲜族自治州等2个地级市政府，华北地区仅有阿拉善盟1个地级市政府。

第二，除东北地区外，我国大部分地区的地级市政府科教文卫服务表现比较均等。从排全国前100名的地级市政府数量分布看，华东地区有25

个，约占华东地区地级市政府样本总数的33%；中南地区有23个，约占中南地区地级市政府样本总数的28%；西南地区有20个，约占西南地区地级市政府样本总数的38%；西北地区有21个，约占西北地区地级市政府样本总数的41%；华北地区有7个，约占华北地区地级市政府样本总数的21%；东北地区有4个，约占东北地区地级市政府样本总数的11%。

第三，科教文卫服务全国排名居前的地级市政府往往是知名度高、经济社会发展质量较高的区域中心城市（如省会城市、枢纽城市等）。例如，全国排名靠前、华东地区排前5名的地级市政府为滨州市、合肥市、杭州市、南京市、萍乡市，其中合肥市、杭州市、南京市均为省会城市。又如，全国排名居前、中南地区排前5名的地级市政府为三沙市、东莞市、武汉市、三亚市、海口市，其中武汉市、海口市均为省会城市。再如，全国排名前列、西南地区排前5名的地级市政府为拉萨市、那曲市、阿里地区、成都市、甘孜藏族自治州；位居全国前列、西北地区前5名的地级市政府为铜川市、张掖市、伊犁哈萨克自治州、吴忠市、金昌市。它们都是当地经济社会发展质量较高的地级市政府。总之，就经济社会发展质量较高地区而言，当地地级市政府具有比较雄厚的财力保障对科教文卫服务的投入力度。当然，其标准化值高低还与相关地级市政府是否重视科教文卫服务、是否有效贯彻实施科技创新发展战略等理念有关。

（二）2022年公共安全服务排名与分析

公共安全服务是地级市政府公共服务的重要子因素，被赋予0.15的权重，包括生产安全事故死亡人数占年末常住人口的比例等4个指标。2022年地级市政府公共安全服务全国前100名的标准化值及排名见表4－7。

表4－7　2022年地级市政府公共安全服务全国前100名的标准化值及排名

地级市政府	标准化值	地区排名	全国排名	地级市政府	标准化值	地区排名	全国排名
华东地区							
芜湖市	0.8162	1	4	吉安市	0.7816	2	8

续表

地级市政府	标准化值	地区排名	全国排名	地级市政府	标准化值	地区排名	全国排名
鹰潭市	0.7078	3	17	新余市	0.4454	15	53
南京市	0.6396	4	19	菏泽市	0.4079	16	65
威海市	0.6235	5	21	济宁市	0.4069	17	66
安庆市	0.5292	6	30	温州市	0.3701	18	75
泰州市	0.5002	7	33	赣州市	0.3401	19	82
泉州市	0.4910	8	37	杭州市	0.3376	20	84
上饶市	0.4871	9	38	淄博市	0.3325	21	86
六安市	0.4827	10	40	宁波市	0.3287	22	88
潍坊市	0.4783	11	41	阜阳市	0.3002	23	91
嘉兴市	0.4719	12	44	宜春市	0.2969	24	93
徐州市	0.4709	13	45	临沂市	0.2751	25	98
抚州市	0.4656	14	46				
中南地区							
黄冈市	0.7400	1	13	揭阳市	0.3842	9	72
汕头市	0.5641	2	27	漯河市	0.3809	10	73
驻马店市	0.5119	3	31	周口市	0.3457	11	81
荆州市	0.4916	4	36	荆门市	0.3396	12	83
东莞市	0.4780	5	42	潮州市	0.3333	13	85
汕尾市	0.4773	6	43	广州市	0.3012	14	90
郑州市	0.3883	7	70	新乡市	0.2864	15	95
梅州市	0.3850	8	71	黄石市	0.2728	16	99
西南地区							
成都市	0.7855	1	7	贵阳市	0.4506	7	52
昆明市	0.7199	2	16	宜宾市	0.4411	8	55
凉山彝族自治州	0.6924	3	18	德阳市	0.4252	9	59
遂宁市	0.5106	4	32	广元市	0.4175	10	63
拉萨市	0.4848	5	39	攀枝花市	0.3893	11	69
雅安市	0.4595	6	48				
西北地区							
乌鲁木齐市	0.7400	1	14	宝鸡市	0.6362	2	20

续表

地级市政府	标准化值	地区排名	全国排名	地级市政府	标准化值	地区排名	全国排名
西安市	0.5743	3	25	张掖市	0.4201	10	62
兰州市	0.5423	4	29	阿克苏地区	0.3941	11	68
延安市	0.4970	5	34	甘南藏族自治州	0.3759	12	74
天水市	0.4556	6	51	庆阳市	0.3483	13	80
铜川市	0.4422	7	54	西宁市	0.2984	14	92
咸阳市	0.4265	8	57	金昌市	0.2768	15	97
渭南市	0.4258	9	58	银川市	0.2707	16	100
华北地区							
大同市	0.8496	1	1	赤峰市	0.4929	10	35
承德市	0.8271	2	3	通辽市	0.4572	11	49
呼和浩特市	0.8108	3	5	长治市	0.4572	12	50
石家庄市	0.7460	4	12	运城市	0.4083	13	64
邯郸市	0.7389	5	15	晋城市	0.3511	14	79
太原市	0.5899	6	23	沧州市	0.3121	15	89
呼伦贝尔市	0.5815	7	24	锡林郭勒盟	0.2902	16	94
衡水市	0.5704	8	26	阿拉善盟	0.2790	17	96
乌海市	0.5565	9	28				
东北地区							
佳木斯市	0.8357	1	2	哈尔滨市	0.4250	9	60
吉林市	0.8018	2	6	长春市	0.4232	10	61
四平市	0.7736	3	9	丹东市	0.4050	11	67
伊春市	0.7631	4	10	盘锦市	0.3700	12	76
葫芦岛市	0.7504	5	11	辽阳市	0.3693	13	77
沈阳市	0.5983	6	22	牡丹江市	0.3654	14	78
锦州市	0.4620	7	47	鞍山市	0.3321	15	87
齐齐哈尔市	0.4375	8	56				

分析表4-7可以发现，地级市政府公共安全服务全国前100名的区域分布呈现两个特点。

第一，地级市政府公共安全服务的标准化值区域差异较大。其中华北、东北、华东、西北等地区地级市政府公共安全服务很好，但是西南、中南地区地级市政府公共安全服务一般。比如，公共安全服务排在全国前100名的地级市政府中，华北地区有17个，占该地区地级市政府样本总数的50%；东北地区有15个，占该地区地级市政府样本总数的42%；华东地区有25个，占该地区地级市政府样本总数的33%；西北地区有16个，占该地区地级市政府样本总数的31%；西南地区有11个，占该地区地级市政府样本总数的21%；中南地区有16个，占该地区地级市政府样本总数的19%。

第二，公共安全服务排在全国前10名的地级市政府分别是：华北地区的大同市（第1名）、承德市（第3名）、呼和浩特市（第5名）；东北地区的佳木斯市（第2名）、吉林市（第6名）、四平市（第9名）、伊春市（第10名）；华东地区的芜湖市（第4名）、吉安市（第8名），西南地区的成都市（第7名）。而中南、西北地区无地级市政府入选。可见，公共安全服务特别优异的地级市多数来自经济欠发达、工商业产值较低和人口比较稀少的地区，尤其是华北地区和东北地区；而经济较发达、工商业产值较高和人口密度较大的地区，如中南地区，其公共安全服务的潜在风险较大。因此，经济比较发达、人口比较稠密的地区只有高度重视预防公共安全服务存在的风险，提升公共安全服务质量与效率，才能统筹区域经济社会发展与公共安全，实现区域发展质量提升与社会稳定双目标。

（三）2022年社会保障服务排名与分析

社会保障服务是地级市政府公共服务的重要子因素，被赋予0.15的权重，包括社会保障和就业支出占地方一般公共预算支出比例等5个指标。2022年地级市政府社会保障服务全国前100名的标准化值及排名见表4－8。

表 4 – 8　2022 年地级市政府社会保障服务全国前 100 名的标准化值及排名

地级市政府	标准化值	地区排名	全国排名	地级市政府	标准化值	地区排名	全国排名
华东地区							
杭州市	1.9869	1	2	金华市	0.4443	12	57
南京市	1.5158	2	3	济南市	0.3744	13	65
苏州市	1.1562	3	6	连云港市	0.3666	14	68
绍兴市	1.0640	4	10	常州市	0.3648	15	69
泰州市	0.9175	5	16	马鞍山市	0.3572	16	71
无锡市	0.7584	6	22	厦门市	0.3070	17	75
淮安市	0.7474	7	25	盐城市	0.2060	18	84
青岛市	0.6617	8	33	宁波市	0.1721	19	90
南通市	0.6066	9	36	淮北市	0.1675	20	92
福州市	0.5835	10	41	温州市	0.1247	21	98
滁州市	0.4964	11	50				
中南地区							
广州市	1.2489	1	5	潮州市	0.4944	12	51
云浮市	0.8769	2	18	安阳市	0.3676	13	67
南阳市	0.7916	3	20	梅州市	0.3619	14	70
柳州市	0.7099	4	27	东莞市	0.3283	15	73
永州市	0.6963	5	29	揭阳市	0.3069	16	76
湛江市	0.6897	6	30	新乡市	0.2216	17	82
茂名市	0.6712	7	32	黄石市	0.1857	18	86
武汉市	0.5813	8	42	清远市	0.1786	19	87
平顶山市	0.5579	9	44	郑州市	0.1703	20	91
商丘市	0.5267	10	46	荆州市	0.1406	21	96
韶关市	0.5266	11	47				
西南地区							
内江市	1.0235	1	12	楚雄彝族自治州	0.5913	5	39
资阳市	0.9131	2	17	玉溪市	0.3802	6	63
成都市	0.8109	3	19	毕节市	0.2614	7	79
曲靖市	0.7057	4	28	丽江市	0.1271	8	97

续表

地级市政府	标准化值	地区排名	全国排名	地级市政府	标准化值	地区排名	全国排名
西北地区							
喀什地区	1.5068	1	4	西宁市	0.4225	13	59
天水市	1.1206	2	7	西安市	0.3751	14	64
宝鸡市	1.0845	3	8	果洛藏族自治州	0.3243	15	74
嘉峪关市	0.9446	4	14	定西市	0.2724	16	78
陇南市	0.9444	5	15	伊犁哈萨克自治州	0.2549	17	80
兰州市	0.7552	6	24	酒泉市	0.2105	18	83
延安市	0.6261	7	35	固原市	0.2034	19	85
商洛市	0.6061	8	37	临夏回族自治州	0.1782	20	89
海东市	0.6018	9	38	中卫市	0.1674	21	93
张掖市	0.5146	10	48	榆林市	0.1609	22	95
石嘴山市	0.4995	11	49	武威市	0.1220	23	99
庆阳市	0.4866	12	52	咸阳市	0.1201	24	100
华北地区							
临汾市	0.6770	1	31	大同市	0.4441	5	58
邯郸市	0.5496	2	45	运城市	0.2830	6	77
保定市	0.4781	3	54	包头市	0.2473	7	81
朔州市	0.4498	4	56				
东北地区							
松原市	2.1868	1	1	辽源市	0.5900	9	40
双鸭山市	1.0742	2	9	大连市	0.5772	10	43
本溪市	1.0441	3	11	绥化市	0.4836	11	53
七台河市	0.9496	4	13	通化市	0.4591	12	55
鸡西市	0.7769	5	21	沈阳市	0.4206	13	60
哈尔滨市	0.7558	6	23	大兴安岭地区	0.4132	14	61
牡丹江市	0.7351	7	26	长春市	0.3958	15	62
鹤岗市	0.6267	8	34	盘锦市	0.3702	16	66

地级市政府	标准化值	地区排名	全国排名	地级市政府	标准化值	地区排名	全国排名
吉林市	0.3555	17	72	齐齐哈尔市	0.1650	19	94
阜新市	0.1783	18	88				

由表4-8可知，地级市政府社会保障服务全国前100名的区域分布具有两个特点。

第一，从各地区拥有全国前100名地级市数量占比看，地级市政府社会保障服务从高到低呈现"东北—西北—华东—中南—华北—西南"的分布态势。比如，社会保障服务全国排名前100名的地级市政府中，东北地区有19个，占该地区地级市政府样本总数的53%；西北地区有24个，占该地区地级市政府样本总数的47%；华东地区有21个，占该地区地级市政府样本总数的28%；中南地区有21个，占该地区地级市政府样本总数的25%；华北地区有7个，占该地区地级市政府样本总数的21%；西南地区有8个，占该地区地级市政府样本总数的15%。由此可见，社会保障服务标准化值高的地区基本上是我国国有传统老重工业基地所在地，如东北地区。由于产业转型升级，这些地区的国有工业企业职工权益面临调整，只有加强社会保障服务，才能维持当地社会稳定与百姓安居乐业。这在某种程度上提升了当地的社会保障服务水平与效率。与此相比，我国华东沿海地区作为改革开放的前沿阵地，较早建设了现代市场经济体系，民营及外资企业发展迅猛，面临产业转型升级的压力较小，对社会保障服务的需求不如东北、西北地区的地级市政府强烈，这些地区的地级市政府社会保障服务水平滞后于经济社会发展水平，其社会保障服务水平相对较低。

第二，我国地级市政府的社会保障服务不但要提高总体水平，而且要协调区域经济社会发展质量。部分地级市政府社会保障服务水平及效率不高在一定程度上成为其经济社会高质量发展的短板。如果不提高社会保障服务水平及效率，则会严重阻碍当地产业转型升级及经济社会高质量发展。

（四）2022年经济发展服务排名与分析

经济发展服务是衡量地级市政府公共服务与政府效率的重要子因素，被赋予0.30的权重，由全年社会消费品零售总额增长率等8个指标构成。2022年地级市政府经济发展服务全国前100名的标准化值及排名见表4-9。

表4-9　2022年地级市政府经济发展服务全国前100名的标准化值及排名

地级市政府	标准化值	地区排名	全国排名	地级市政府	标准化值	地区排名	全国排名
华东地区							
苏州市	1.6018	1	2	南昌市	0.5162	21	39
无锡市	1.2102	2	6	盐城市	0.5096	22	41
南通市	1.1296	3	7	常州市	0.4987	23	42
厦门市	0.8783	4	13	宁德市	0.4725	24	44
南京市	0.8609	5	14	扬州市	0.4430	25	48
三明市	0.8597	6	15	绍兴市	0.4405	26	49
杭州市	0.8258	7	16	新余市	0.4196	27	54
镇江市	0.7709	8	18	舟山市	0.4066	28	56
青岛市	0.7606	9	19	烟台市	0.4052	29	57
宁波市	0.7037	10	21	丽水市	0.3799	30	60
芜湖市	0.6851	11	22	淄博市	0.3760	31	63
威海市	0.6650	12	24	济南市	0.3695	32	64
泉州市	0.6502	13	26	嘉兴市	0.3495	33	69
温州市	0.6501	14	27	潍坊市	0.3399	34	70
金华市	0.6118	15	29	宣城市	0.3242	35	75
东营市	0.6049	16	30	池州市	0.2701	36	84
合肥市	0.6019	17	31	莆田市	0.2679	37	85
泰州市	0.5988	18	32	徐州市	0.2344	38	95
福州市	0.5783	19	33	九江市	0.2312	39	96
湖州市	0.5228	20	37	滨州市	0.2093	40	97
中南地区							
深圳市	2.0200	1	1	广州市	1.4896	2	3

续表

地级市政府	标准化值	地区排名	全国排名	地级市政府	标准化值	地区排名	全国排名
佛山市	0.9513	3	10	鄂州市	0.4367	12	50
海口市	0.9390	4	11	珠海市	0.4266	13	51
武汉市	0.9037	5	12	荆门市	0.3796	14	61
长沙市	0.7333	6	20	十堰市	0.3764	15	62
三亚市	0.6825	7	23	湘潭市	0.3617	16	67
襄阳市	0.6477	8	28	东莞市	0.3359	17	72
中山市	0.5699	9	34	北海市	0.2991	18	78
咸宁市	0.5217	10	38	荆州市	0.2941	19	81
惠州市	0.4609	11	47	梧州市	0.2662	20	88
西南地区							
铜仁市	1.4226	1	4	六盘水市	0.3389	7	71
成都市	1.3775	2	5	遵义市	0.2982	8	79
林芝市	1.0633	3	9	绵阳市	0.2861	9	82
玉溪市	0.4983	4	43	拉萨市	0.2757	10	83
德阳市	0.4685	5	45	阿里地区	0.2667	11	87
宜宾市	0.4173	6	55				
西北地区							
哈密市	1.1272	1	8	博尔塔拉蒙古自治州	0.3678	7	66
金昌市	0.6592	2	25	西宁市	0.3307	8	73
嘉峪关市	0.5625	3	35	酒泉市	0.2677	9	86
克拉玛依市	0.5154	4	40	铜川市	0.2056	10	98
汉中市	0.3836	5	58	伊犁哈萨克自治州	0.1991	11	100
庆阳市	0.3694	6	65				
华北地区							
包头市	0.5291	1	36	廊坊市	0.3501	6	68
张家口市	0.4630	2	46	鄂尔多斯市	0.3286	7	74
朔州市	0.4264	3	52	太原市	0.3197	8	76
唐山市	0.4223	4	53	吕梁市	0.3081	9	77
晋城市	0.3824	5	59	锡林郭勒盟	0.2968	10	80

续表

地级市政府	标准化值	地区排名	全国排名	地级市政府	标准化值	地区排名	全国排名
石家庄市	0.2605	11	89	晋中市	0.2353	14	93
运城市	0.2583	12	90	呼和浩特市	0.2344	15	94
沧州市	0.2572	13	91	乌海市	0.2052	16	99
东北地区							
大连市	0.8128	1	17	长春市	0.2476	2	92

由表 4-9 可知，2022 年地级市政府经济发展服务全国前 100 名的区域分布呈现两个特征。

第一，从各地区地级市政府经济发展服务全国前 100 名数量和占比看，华东、华北地区地级市政府经济发展服务水平最高，而中南、西北、西南地区地级市政府经济发展服务水平较高，并基本相当，东北地区地级市政府经济发展服务水平一般。比如，华东地区有 40 个地级市政府，占该地区地级市政府样本总数的 53%；华北地区有 16 个，占该地区地级市政府样本总数的 47%；中南地区有 20 个，占该地区地级市政府样本总数的 24%；西北地区有 11 个，占该地区地级市政府样本总数的 22%；西南地区有 11 个，占该地区地级市政府样本总数的 21%；东北地区有 2 个，占该地区地级市政府样本总数的 6%。可见，我国地级市政府经济发展服务水平大致呈现最高、较高、一般等三级分布态势。

第二，我国同一地区内的不同地级市政府经济发展服务水平差异较大。比如，华东地区的苏州市（全国第 2 名）与滨州市（全国第 97 名）的排名相差 95 位；中南地区的深圳市（全国第 1 名）与梧州市（全国第 88 名）的排名相差 87 位；西南地区的铜仁市（全国第 4 名）与阿里地区（全国第 87 名）的排名相差 83 位；西北地区的哈密市（全国第 8 名）与伊犁哈萨克自治州（全国第 100 名）的排名相差 92 位；华北地区的包头市（全国第 36 名）与乌海市（全国第 99 名）的排名相差 63 位；东北地区的大连市（全国第 17 名）与长春市（全国第 92 名）的排名相差 75 位。

可见，不仅不同地区地级市政府经济发展服务之间存在差距，同一地区内部也存在明显差异。因此，进一步深化行政体制改革、纵深推进"放管服"改革、不断加强作风建设、继续优化经济发展服务是我国地级市政府提升政府效率、全面开启社会主义现代化建设新征程的重要举措。

（五）2022年乡村振兴服务排名与分析

乡村振兴服务是地级市政府公共服务的重要子因素，被赋予0.10的权重，包括乡村振兴政策等7个三级指标。2022年地级市政府乡村振兴服务全国前100名的标准化值及排名见表4-10。

表4-10　2022年地级市政府乡村振兴服务全国前100名的标准化值及排名

地级市政府	标准化值	地区排名	全国排名	地级市政府	标准化值	地区排名	全国排名
华东地区							
南昌市	1.1066	1	4	萍乡市	0.4429	13	42
亳州市	0.7757	2	11	德州市	0.3650	14	49
菏泽市	0.6891	3	17	淄博市	0.3635	15	52
赣州市	0.6098	4	22	济宁市	0.3327	16	54
宿州市	0.5959	5	23	芜湖市	0.3293	17	55
镇江市	0.5853	6	24	枣庄市	0.3173	18	57
三明市	0.5405	7	27	淮安市	0.3159	19	59
聊城市	0.5268	8	30	临沂市	0.2323	20	79
蚌埠市	0.4801	9	35	合肥市	0.2073	21	87
盐城市	0.4715	10	39	扬州市	0.2067	22	88
南平市	0.4570	11	40	上饶市	0.1962	23	91
连云港市	0.4493	12	41	淮南市	0.1579	24	100
中南地区							
汕尾市	0.8851	1	6	鹤壁市	0.6686	6	18
周口市	0.8433	2	7	荆州市	0.5589	7	25
驻马店市	0.8407	3	8	海口市	0.5587	8	26
鄂州市	0.7477	4	12	邵阳市	0.5313	9	28
商丘市	0.7042	5	14	潮州市	0.5299	10	29

续表

地级市政府	标准化值	地区排名	全国排名	地级市政府	标准化值	地区排名	全国排名
湘西土家族苗族自治州	0.5112	11	32	云浮市	0.2988	22	64
中山市	0.5077	12	33	惠州市	0.2794	23	68
南宁市	0.4919	13	34	武汉市	0.2531	24	74
开封市	0.4753	14	37	随州市	0.2446	25	77
汕头市	0.4735	15	38	肇庆市	0.2239	26	81
焦作市	0.4425	16	43	贺州市	0.2218	27	82
江门市	0.4096	17	46	湛江市	0.2191	28	83
许昌市	0.3644	18	51	平顶山市	0.2028	29	89
益阳市	0.3525	19	53	佛山市	0.1728	30	95
荆门市	0.3163	20	58	玉林市	0.1635	31	98
新乡市	0.3102	21	62	来宾市	0.1604	32	99
西南地区							
广安市	0.8034	1	10	达州市	0.2670	10	70
保山市	0.7118	2	13	安顺市	0.2626	11	72
临沧市	0.6425	3	19	大理白族自治州	0.2499	12	75
南充市	0.6365	4	20	广元市	0.2316	13	80
自贡市	0.6319	5	21	内江市	0.2133	14	84
宜宾市	0.5218	6	31	丽江市	0.2021	15	90
西双版纳傣族自治州	0.3124	7	60	铜仁市	0.1920	16	92
德阳市	0.3107	8	61	拉萨市	0.1904	17	93
泸州市	0.3092	9	63	黔东南苗族侗族自治州	0.1668	18	97
西北地区							
渭南市	0.4203	1	45	吴忠市	0.2445	4	78
中卫市	0.2847	2	66	陇南市	0.1900	5	94
安康市	0.2482	3	76	石嘴山市	0.1703	6	96
华北地区							
沧州市	0.4781	1	36	保定市	0.2889	2	65

续表

地级市政府	标准化值	地区排名	全国排名	地级市政府	标准化值	地区排名	全国排名
衡水市	0.2646	3	71	邯郸市	0.2121	5	85
呼伦贝尔市	0.2550	4	73				
东北地区							
吉林市	1.2772	1	1	佳木斯市	0.4091	9	47
绥化市	1.1993	2	2	四平市	0.3921	10	48
鸡西市	1.1664	3	3	大庆市	0.3645	11	50
鹤岗市	1.0424	4	5	铁岭市	0.3279	12	56
黑河市	0.8346	5	9	七台河市	0.2810	13	67
齐齐哈尔市	0.6947	6	15	白城市	0.2782	14	69
双鸭山市	0.6895	7	16	辽源市	0.2089	15	86
大兴安岭地区	0.4208	8	44				

分析表4-10发现，乡村振兴服务全国前100名的区域分布具有两个显著特点。

第一，我国地级市乡村振兴服务排名呈现最优、次优、一般等三级态势，即东北地区属于一级，其乡村振兴服务最优；中南、西南、华东地区属于二级，其乡村振兴服务次优；华北、西北地区属于三级，其乡村振兴服务一般。比如，乡村振兴服务排在全国前100名的地级市政府中，东北地区有15个，占该地区地级市政府样本总数的42%；中南地区有32个，占该地区地级市政府样本总数的39%；西南地区有18个，占该地区地级市政府样本总数的34%；华东地区有24个，占该地区地级市政府样本总数的32%；华北地区有5个，占该地区地级市政府样本总数的15%；西北地区有6个，占该地区地级市政府样本总数的12%。

第二，我国同一地区内部的不同地级市乡村振兴服务水平差距很大。比如，华东地区的南昌市（全国第4名）与淮南市（全国第100名）的排名相差96位；中南地区的汕尾市（全国第6名）与来宾市（全国第99名）的排名相差93位；西南地区的广安市（全国第10名）与黔东南苗族侗族自治州（全国第 97 名）的排名相差 87 位；西北地区的渭南市（全国第 45 名）与石嘴山市（全国第 96 名）的排名相差 51 位；华北地区的沧州市（全国第 36 名）与邯郸市（全国第 85 名）的排名相差 49 位；东北地区的吉林市（全国第 1 名）与辽源市（全国第 86 名）的排名相差 85 位。因此，缩小区域内部乡村振兴服务差距，切实优化区域内部不同地级市的乡村振兴服务，不仅是提高地方政府公共服务水平、提升政府效率的有效措施，而且是全面落实乡村振兴战略、促进农业农村现代化的必然选择。

（六）2022 年营商环境排名与分析

营商环境是测度地级市政府公共服务的子因素。良好的营商环境有利于激发市场主体活力、吸引优质企业投资，进一步提高当地经济社会发展质量，因此营商环境是影响地级市政府效率的重要指标，被赋予 0.10 的权重，包括权责清单等 6 个指标。2022 年地级市政府营商环境全国前 100 名的标准化值及排名见表 4 – 11。

表 4 – 11　2022 年地级市政府营商环境全国前 100 名的标准化值及排名

地级市政府	标准化值	地区排名	全国排名	地级市政府	标准化值	地区排名	全国排名
华东地区							
莆田市	0.6429	1	6	济宁市	0.4699	11	23
漳州市	0.5880	2	7	宁德市	0.4629	12	24
聊城市	0.5840	3	8	潍坊市	0.4540	13	25
临沂市	0.5539	4	10	赣州市	0.4496	14	26
淄博市	0.5296	5	11	南平市	0.4363	15	28
厦门市	0.5264	6	12	烟台市	0.4347	16	29
宁波市	0.5139	7	13	枣庄市	0.3975	17	30
威海市	0.5053	8	14	上饶市	0.3940	18	32
济南市	0.4729	9	20	日照市	0.3891	19	33
菏泽市	0.4729	9	20	南昌市	0.3887	20	34

续表

地级市政府	标准化值	地区排名	全国排名	地级市政府	标准化值	地区排名	全国排名
德州市	0.3861	21	35	滨州市	0.2556	28	62
龙岩市	0.3505	22	40	南京市	0.2323	29	75
无锡市	0.3448	23	41	宜春市	0.2123	30	85
苏州市	0.3397	24	42	东营市	0.2096	31	88
青岛市	0.3150	25	46	常州市	0.2033	32	89
泰安市	0.3124	26	47	徐州市	0.2004	33	91
南通市	0.3095	27	48				
中南地区							
阳江市	0.7294	1	4	云浮市	0.2883	18	55
深圳市	0.6753	2	5	北海市	0.2801	19	56
三沙市	0.5583	3	9	鄂州市	0.2637	20	60
儋州市	0.4945	4	15	焦作市	0.2599	21	61
珠海市	0.4928	5	17	新乡市	0.2402	22	70
东莞市	0.4846	6	18	漯河市	0.2341	23	74
三亚市	0.4740	7	19	揭阳市	0.2311	24	76
武汉市	0.4728	8	22	崇左市	0.2253	25	80
汕头市	0.4481	9	27	恩施土家族苗族自治州	0.2222	26	83
海口市	0.3947	10	31	江门市	0.2010	27	90
湛江市	0.3658	11	37	中山市	0.1836	28	93
佛山市	0.3289	12	43	黄石市	0.1683	29	95
南宁市	0.3228	13	44	郴州市	0.1675	30	96
鹤壁市	0.2971	14	51	随州市	0.1653	31	97
郑州市	0.2947	15	52	肇庆市	0.1590	32	98
惠州市	0.2946	16	53	潮州市	0.1544	33	100
广州市	0.2891	17	54				
西南地区							
迪庆藏族自治州	2.6394	1	2	怒江傈僳族自治州	0.2665	4	58
德阳市	0.3155	2	45	贵阳市	0.2546	5	63
宜宾市	0.2679	3	57	攀枝花市	0.2541	6	64

续表

地级市政府	标准化值	地区排名	全国排名	地级市政府	标准化值	地区排名	全国排名
乐山市	0.2477	7	65	南充市	0.2352	13	73
眉山市	0.2463	8	66	遂宁市	0.2287	14	78
资阳市	0.2437	9	67	广元市	0.2277	15	79
泸州市	0.2411	10	68	达州市	0.2228	16	82
昆明市	0.2407	11	69	德宏傣族景颇族自治州	0.1572	17	99
自贡市	0.2368	12	71				
西北地区							
兰州市	1.1487	1	3	酒泉市	0.2105	3	86
嘉峪关市	0.3003	2	50	咸阳市	0.1941	4	92
华北地区							
太原市	0.3643	1	38	忻州市	0.2152	4	84
临汾市	0.3637	2	39	大同市	0.2099	5	87
石家庄市	0.2364	3	72				
东北地区							
白城市	2.8271	1	1	沈阳市	0.2645	5	59
黑河市	0.4943	2	16	朝阳市	0.2294	6	77
长春市	0.3676	3	36	哈尔滨市	0.2236	7	81
延边朝鲜族自治州	0.3050	4	49	七台河市	0.1784	8	94

由表4－11可知，2022年地级市政府营商环境全国前100名的区域分布具有两个特点。

第一，从各地区地级市数量及占比看，营商环境呈现最优、次优、一般等三级分布趋势。其中，华东和中南地区地级市政府营商环境最优，西南和东北等地区地级市政府营商环境次优，而华北和西北地区地级市政府营商环境一般。例如，从营商环境排全国前100名的地级市政府的区域分布看，华东地区有33个，占该地区地级市政府样本总数的43%；中南地区有33个，占该地区地级市政府样本总数的40%；西南地区有17个，占该地区地级市政府样本总数的32%；东北地区有8个，占该地区地级市政府样本总数的22%；华北地区有5个，占该地区地级市政府样本总数的15%；西北地区有4个，占该地区地级市政府样本总数的8%。

第二，同一地区内部不同地级市政府营商环境标准化值排名差异较大。例如，华东地区的莆田市（全国第6名）与徐州市（全国第91名）的排名相差85位；中南地区的阳江市（全国第4名）与潮州市（全国第100名）的排名相差96位；西南地区的迪庆藏族自治州（全国第2名）与德宏傣族景颇族自治州（全国第99名）的排名相差97位；东北地区的白城市（全国第1名）与七台河市（全国第94名）的排名相差93位；西北地区的兰州市（全国第3名）与咸阳市（全国第92名）的排名相差89位；华北地区的太原市（全国第38名）与大同市（全国第87名）的排名相差49位。

可见，我国不同地区地级市政府营商环境存在明显差异，而同一地区内部不同地级市政府营商环境差异更加显著。因此，纵深推进"放管服"改革，打造法治化、国际化、便利化的营商环境是我国各地级市政府提升政府效率及经济社会发展质量的首要任务。

（七）2022年政务基本信息排名与分析

政务基本信息是政务公开的重要子因素，被赋予0.80的权重，包括政府联系方式公开等10个指标。地级市政府政务基本信息可以比较客观地反映地级市政府信息公开程度。2022年地级市政府政务基本信息全国前100名的标准化值及排名见表4－12。

表4－12　2022年地级市政府政务基本信息全国前100名的标准化值及排名

地级市政府	标准化值	地区排名	全国排名	地级市政府	标准化值	地区排名	全国排名
华东地区							
龙岩市	0.5848	1	13	芜湖市	0.5628	3	16
蚌埠市	0.5788	2	14	南昌市	0.5628	3	16

续表

地级市政府	标准化值	地区排名	全国排名	地级市政府	标准化值	地区排名	全国排名
淮南市	0.5307	5	19	黄山市	0.3879	17	50
枣庄市	0.5017	6	25	济宁市	0.3849	18	51
日照市	0.4617	7	29	滁州市	0.3730	19	53
安庆市	0.4585	8	30	马鞍山市	0.3724	20	54
宁德市	0.4558	9	31	六安市	0.3373	21	72
淮北市	0.4458	10	34	菏泽市	0.3186	22	79
宿州市	0.4453	11	35	临沂市	0.2709	23	88
南平市	0.4421	12	36	合肥市	0.2674	24	90
阜阳市	0.4397	13	37	池州市	0.2627	25	93
聊城市	0.4397	13	37	宿迁市	0.2189	26	98
盐城市	0.4270	15	41	南通市	0.2152	27	99
连云港市	0.4029	16	46				
中南地区							
汕尾市	0.5863	1	12	益阳市	0.3447	16	70
梅州市	0.5267	2	20	十堰市	0.3365	17	73
汕头市	0.5177	3	21	湛江市	0.3346	18	74
珠海市	0.5167	4	22	长沙市	0.3298	19	76
平顶山市	0.5052	5	24	中山市	0.3245	20	77
永州市	0.4879	6	27	河源市	0.3125	21	80
邵阳市	0.4626	7	28	惠州市	0.2924	22	83
海口市	0.4491	8	33	怀化市	0.2862	23	84
洛阳市	0.4397	9	37	江门市	0.2862	23	84
荆州市	0.4060	10	45	深圳市	0.2764	25	86
湘西土家族苗族自治州	0.3790	11	52	武汉市	0.2641	26	92
湘潭市	0.3631	12	60	茂名市	0.2463	27	95
郴州市	0.3517	13	62	东莞市	0.2253	28	97
阳江市	0.3517	13	62	韶关市	0.2089	29	100
南宁市	0.3488	15	65				
西南地区							
昆明市	0.9329	1	1	贵阳市	0.8325	2	2

续表

地级市政府	标准化值	地区排名	全国排名	地级市政府	标准化值	地区排名	全国排名
广安市	0.7639	3	3	宜宾市	0.3682	15	55
巴中市	0.7609	4	4	玉溪市	0.3681	16	56
雅安市	0.6766	5	5	黔东南苗族侗族自治州	0.3680	17	57
泸州市	0.6448	6	6	丽江市	0.3570	18	61
广元市	0.6315	7	8	黔西南布依族苗族自治州	0.3494	19	64
大理白族自治州	0.6036	8	11	毕节市	0.3484	20	68
怒江傈僳族自治州	0.5139	9	23	自贡市	0.3461	21	69
德阳市	0.4889	10	26	绵阳市	0.3327	22	75
六盘水市	0.4256	11	42	攀枝花市	0.3092	23	81
安顺市	0.4186	12	43	达州市	0.3057	24	82
眉山市	0.3999	13	47	南充市	0.2698	25	89
遵义市	0.3949	14	49	昭通市	0.2660	26	91
西北地区							
西安市	0.6050	1	10	武威市	0.3648	5	59
安康市	0.5724	2	15	延安市	0.3485	6	67
乌鲁木齐市	0.5438	3	18	咸阳市	0.2404	7	96
银川市	0.4136	4	44				
华北地区							
通辽市	0.4525	1	32	大同市	0.3400	5	71
乌兰察布市	0.4352	2	40	鄂尔多斯市	0.2733	6	87
呼伦贝尔市	0.3965	3	48	唐山市	0.2464	7	94
呼和浩特市	0.3652	4	58				
东北地区							
齐齐哈尔市	0.6382	1	7	沈阳市	0.3487	3	66
黑河市	0.6213	2	9	绥化市	0.3225	4	78

政务基本信息是政务公开的一项重要内容，是地级市政府应该公布的最简单、最基本的信息，其数据来自各地级市政府网站。分析表 4 - 12，可以得出三个基本结论。

第一，同一区域内地级市政府政务基本信息排名差距较大。比如，华东地区的龙岩市（全国第 13 名）与南通市（全国第 99 名）的排名相差 86 位；中南地区的汕尾市（全国第 12 名）与韶关市（全国第 100 名）的排名相差 88 位；西南地区的昆明市（全国第 1 名）与昭通市（全国第 91 名）的排名相差 90 位；西北地区的西安市（全国第 10 名）与咸阳市（全国第 96 名）的排名相差 86 位；华北地区的通辽市（全国第 32 名）与唐山市（全国第 94 名）的排名相差 62 位；东北地区的齐齐哈尔市（全国第 7 名）与绥化市（全国第 78 名）的排名相差 71 位。

第二，各地经济发展质量和政务基本信息排名不匹配。经济发展质量较高的部分地级市政府的政务基本信息排名比较靠后，如武汉市排全国第 92 名；而经济发展质量不高的部分地级市政府排名却相对靠前，如巴中市排在全国第 4 名。

第三，不少地级市的政务基本信息公开不及时。本书涉及的政务基本信息都是地级市政府应依法公开的最简单、最基本的信息，主要是地方两会召开时公开的信息，从理论上来说都应及时在地级市政府网站公开，但实际上并非如此，部分地级市政府网站及其相关网页显示无法访问此类信息。可见，我国地级市政府实现政务基本信息完全公开面临较大困难。

（八）2022 年政务时效排名与分析

政务时效是政府网站回应公众咨询及为居民办事的时效，反映居民或企业所体验的政府服务的质量与效果，直接体现地级市政府效率。政务时效是政务公开的主要子因素，被赋予 0.20 的权重，包括政府主动信息公开时效等 6 个指标。2022 年地级市政府政务时效全国前 100 名的标准化值及排名见表 4 - 13。

表 4 – 13 2022 年地级市政府政务时效全国前 100 名的标准化值及排名

地级市政府	标准化值	地区排名	全国排名	地级市政府	标准化值	地区排名	全国排名
华东地区							
湖州市	0.8756	1	10	龙岩市	0.4285	16	47
日照市	0.7647	2	13	滨州市	0.3872	17	50
东营市	0.6657	3	15	扬州市	0.3870	18	51
黄山市	0.6355	4	20	徐州市	0.3804	19	53
福州市	0.6324	5	21	淮安市	0.3648	20	57
六安市	0.6074	6	25	济宁市	0.3511	21	60
南昌市	0.5527	7	28	金华市	0.3496	22	62
厦门市	0.5437	8	30	无锡市	0.3464	23	64
南平市	0.5083	9	34	常州市	0.3214	24	77
景德镇市	0.5042	10	35	淮南市	0.2708	25	89
苏州市	0.4851	11	36	盐城市	0.2535	26	91
宜春市	0.4778	12	38	宣城市	0.2530	27	92
鹰潭市	0.4738	13	39	衢州市	0.2483	28	95
宿州市	0.4344	14	45	亳州市	0.2311	29	99
吉安市	0.4329	15	46				
中南地区							
郴州市	1.1974	1	2	宜昌市	0.3416	13	68
汕尾市	0.7810	2	12	长沙市	0.3358	14	70
鹤壁市	0.7539	3	14	肇庆市	0.3338	15	71
武汉市	0.6180	4	23	岳阳市	0.3244	16	73
益阳市	0.5277	5	33	中山市	0.3230	17	74
郑州市	0.4819	6	37	周口市	0.3127	18	79
随州市	0.4660	7	40	娄底市	0.3023	19	82
湘潭市	0.4397	8	44	惠州市	0.2830	20	84
茂名市	0.4027	9	49	儋州市	0.2824	21	85
开封市	0.3503	10	61	三门峡市	0.2530	22	92
株洲市	0.3485	11	63	衡阳市	0.2417	23	97
洛阳市	0.3447	12	65	焦作市	0.2298	24	100

续表

地级市政府	标准化值	地区排名	全国排名	地级市政府	标准化值	地区排名	全国排名
西南地区							
黔南布依族苗族自治州	1.1701	1	3	绵阳市	0.3793	10	54
广元市	1.0608	2	6	林芝市	0.3418	11	66
德阳市	0.9072	3	9	怒江傈僳族自治州	0.3417	12	67
达州市	0.6657	4	15	遂宁市	0.3221	13	75
临沧市	0.6420	5	18	楚雄彝族自治州	0.3141	14	78
内江市	0.6364	6	19	乐山市	0.3083	15	81
眉山市	0.6318	7	22	南充市	0.2716	16	88
宜宾市	0.5848	8	27	黔西南布依族苗族自治州	0.2464	17	96
自贡市	0.4403	9	43	攀枝花市	0.2385	18	98
西北地区							
昌吉回族自治州	0.6458	1	17	克拉玛依市	0.3761	3	55
喀什地区	0.5452	2	29	安康市	0.2530	4	92
华北地区							
太原市	0.8143	1	11	秦皇岛市	0.3546	6	58
运城市	0.6090	2	24	晋中市	0.3363	7	69
鄂尔多斯市	0.5345	3	32	沧州市	0.3014	8	83
衡水市	0.4639	4	41	保定市	0.2674	9	90
张家口市	0.3862	5	52				
东北地区							
辽阳市	1.3639	1	1	盘锦市	0.5351	7	31
丹东市	1.1531	2	4	锦州市	0.4529	8	42
本溪市	1.0926	3	5	阜新市	0.4163	9	48
沈阳市	0.9988	4	7	佳木斯市	0.3742	10	56
白城市	0.9178	5	8	鞍山市	0.3519	11	59
长春市	0.5953	6	26	绥化市	0.3285	12	72

地级市政府	标准化值	地区排名	全国排名	地级市政府	标准化值	地区排名	全国排名
铁岭市	0.3217	13	76	白山市	0.2816	15	86
哈尔滨市	0.3120	14	80	朝阳市	0.2770	16	87

分析表4－13可以发现，政务时效排全国前100名的地级市政府的区域分布具有两个特点。

第一，同一地区内部不同地级市政府政务时效差异较大。例如，华东地区的湖州市（全国第10名）与亳州市（全国第99名）的排名相差89位；中南地区的郴州市（全国第2名）与焦作市（全国第100名）的排名相差98位；西南地区的黔南布依族苗族自治州（全国第3名）与攀枝花市（全国第98名）的排名相差95位；西北地区的昌吉回族自治州（全国第17名）与安康市（全国第92名）的排名相差75位；华北地区的太原市（全国第11名）与保定市（全国第90名）的排名相差79位；东北地区的辽阳市（全国第1名）与朝阳市（全国第87名）的排名相差86位。

第二，各地经济社会发展质量和政务时效排名不同步。即政务时效排名靠前的地级市政府，其辖区经济社会发展质量并不高；而经济社会发展质量较高的地级市政府，其政务时效排名却不靠前，甚至有些经济比较发达的地级市政府政务时效排名不在全国前100。

第五章
2022年中国地方政府效率"百高县"

县级政府（不含市辖区）的基础地位及特殊地位导致县级政府效率直接影响我国地方政府效率整体水平。根据县级政府网站及其公布信息的完全性、及时性，本书将 31 个省（区、市）所辖的县级政府（不含市辖区，共 1866 个）纳入政府效率评价样本，包括 1419 个县、394 个县级市、49 个旗、3 个自治旗、1 个县级特区。它们来自我国六大地区，其中，华东地区有 356 个县级政府、中南地区有 395 个县级政府、西南地区有 390 个县级政府、西北地区有 289 个县级政府、华北地区有 289 个县级政府、东北地区有 147 个县级政府。2022 年县级政府效率测度指标体系及权重、指标数据来源及处理说明、测度样本名单见附录 1.3、附录 2.3、附录 3.3。

一 效率"百高县"测度排名与分析

县级政府效率测度样本较多，为了相互学习与借鉴，本书只公布政府效率较高、测度结果排在全国同类样本中前 100 名的县级政府（以下简称"中国地方政府效率'百高县'"），并按照华东、中南、西南、西北、华北、东北等六大地区予以分析。

根据地方政府效率测度思路与方法，本书测度 2022 年我国 1866 个县级政府效率，发布 2022 年中国地方政府效率"百高县"的标准化值及具体排名，见表 5-1。

表 5 - 1　2022 年中国地方政府效率"百高县"的标准化值及排名

县级政府	标准化值	地区排名	全国排名	县级政府	标准化值	地区排名	全国排名
华东地区							
嵊泗县	3.5193	1	1	德清县	0.7039	30	34
昆山市	1.2763	2	3	诸暨市	0.6973	31	35
义乌市	1.2136	3	4	晋江市	0.6685	32	36
江阴市	1.1097	4	5	永康市	0.6622	33	37
太仓市	1.0181	5	7	宁海县	0.6527	34	38
慈溪市	0.9910	6	8	胶州市	0.6519	35	39
玉环市	0.9392	7	10	桐庐县	0.6490	36	40
扬中市	0.9152	8	11	溧阳市	0.6308	37	43
嘉善县	0.9118	9	12	石狮市	0.6142	38	46
乐清市	0.9079	10	13	建德市	0.6098	39	48
岱山县	0.9065	11	14	缙云县	0.6049	40	50
灌南县	0.8957	12	15	海宁市	0.6028	41	51
余姚市	0.8779	13	16	滕州市	0.5968	42	52
海盐县	0.8550	14	17	嵊州市	0.5735	43	53
安吉县	0.8362	15	18	新昌县	0.5702	44	55
常熟市	0.8086	16	19	桓台县	0.5637	45	56
张家港市	0.8027	17	20	泰兴市	0.5528	46	58
桐乡市	0.7923	18	22	启东市	0.5499	47	59
平湖市	0.7830	19	23	如东县	0.5389	48	61
温岭市	0.7785	20	24	海安市	0.5360	49	62
瑞安市	0.7766	21	25	宁国市	0.5334	50	63
平潭县	0.7648	22	26	东台市	0.5200	51	66
象山县	0.7533	23	27	武义县	0.5180	52	67
临海市	0.7393	24	28	平阳县	0.5055	53	70
靖江市	0.7390	25	29	阜宁县	0.4979	54	71
长兴县	0.7363	26	30	肥西县	0.4955	55	72
宜兴市	0.7344	27	31	江山市	0.4926	56	73
东阳市	0.7246	28	32	龙港市	0.4921	57	75
丹阳市	0.7161	29	33	曲阜市	0.4857	58	78

续表

县级政府	标准化值	地区排名	全国排名	县级政府	标准化值	地区排名	全国排名
兴化市	0.4836	59	79	莘县	0.4249	66	93
昌邑市	0.4775	60	81	利津县	0.4086	67	95
云和县	0.4769	61	82	遂昌县	0.4038	68	96
如皋市	0.4521	62	87	仙居县	0.4038	69	97
浦江县	0.4400	63	89	樟树市	0.4024	70	98
肥东县	0.4385	64	90	安丘市	0.3906	71	99
青州市	0.4367	65	91				
中南地区							
南澳县	2.5030	1	2	义马市	0.5140	6	68
长沙县	0.6285	2	44	津市市	0.4543	7	86
韶山市	0.5730	3	54	济源市	0.4435	8	88
巩义市	0.5426	4	60	荔浦市	0.4232	9	94
浏阳市	0.5216	5	65				
西南地区							
麻江县	0.6402	1	41	泸县	0.4923	4	74
绵竹市	0.6253	2	45	安岳县	0.3895	5	100
岑巩县	0.5324	3	64				
西北地区							
阿拉山口市	1.0995	1	6	喀什市	0.5084	5	69
吴堡县	0.6340	2	42	昌吉市	0.4902	6	77
阿克塞哈萨克族自治县	0.6135	3	47	神木市	0.4780	7	80
伊宁市	0.5560	4	57	麟游县	0.4322	8	92
华北地区							
容城县	0.7958	1	21	固阳县	0.4639	4	83
大厂回族自治县	0.6072	2	49	侯马市	0.4623	5	84
土默特左旗	0.4919	3	76	迁安市	0.4622	6	85
东北地区							
长海县	0.9474	1	9				

根据表 5－1 可知，中国地方政府效率"百高县"的区域分布具有三个显著特点。

第一，我国县级政府效率区域分布呈现最优、次优、一般等三级趋势。一方面，政府效率排名全国前 30 的县级政府中，华东地区有嵊泗县、昆山市、义乌市等 26 个县级政府，其数量占绝对优势，该区域的县级政府效率为一级，即最优；中南、西北、华北、东北地区有个别县级政府进入全国前 30 名，比如，中南地区有南澳县、西北地区有阿拉山口市、华北地区有容城县、东北地区有长海县，因此，这些区域县级政府效率属于二级，即次优；西南地区属于三级，县级政府效率一般，没有县级政府进入全国前 30 名。另一方面，从县级政府效率全国前 100 名的区域分布看，也存在三级趋势。其中，华东地区表现最优，为一级，该地区有 71 个县级政府进入全国前 100 名，约占该地区测度样本总数（356 个县级政府）的 19.94%。中南、西北、华北地区表现次优，为二级，因为中南地区有 9 个县级政府进入全国前 100 名，约占该地区测度样本总数（395 个县级政府）的 2.28%；西北地区有 8 个县级政府进入全国前 100 名，约占该地区测度样本总数（289 个县级政府）的 2.77%；华北地区有 6 个县级政府进入全国前 100 名，约占该地区测度样本总数（289 个县级政府）的 2.08%。西南、东北地区表现一般，为三级，因为西南地区有 5 个县级政府进入全国前 100 名，约占该地区测度样本总数（390 个县级政府）的 1.28%；东北地区有 1 个县级政府进入全国前 100 名，约占该地区测度样本总数（147 个县级政府）的 0.68%。

第二，中南、西北、华北及东北地区的个别县级政府效率表现突出，排名不仅高于本地区其他县级政府，也高于华东地区大部分县级政府。例如，中南地区的南澳县，其政府效率水平较高，位居全国第 2。又如，西北地区的阿拉山口市（全国第 6 名）、华北地区的容城县（全国第 21 名）、东北地区的长海县（全国第 9 名），其政府效率排名也高于其他地区的大多数县级政府。这些经济欠发达地区县级政府提升政府效率的实践经验，值得其他县级政府借鉴。

第三，县级政府效率水平与区域经济社会发展质量具有一定的正相关性。政府效率较高（全国排名居前）的县级政府，其辖区经济社会发展质量较高；经济社会发展质量较高的地区，其县级政府效率也较高。因此，提升县域经济社会发展质量有助于提高县级政府效率，较高的政府效率也会促进县域经济社会发展。

二 效率"百高县"测度因素排名与分析

（一）2022年政府公共服务排名与分析

1. 县级政府公共服务简介

政府公共服务是县级政府效率测度因素（一级指标），被赋予0.55的权重，下设4个子因素（二级指标）：科教文卫服务、社会保障服务、经济发展服务和营商环境。该指标情况、指标数据来源及处理说明详见附录1.3、附录2.3。

2. 县级政府公共服务前100名分析

2022年县级政府公共服务全国前100名的标准化值及排名见表5-2。

表5-2 2022年县级政府公共服务全国前100名的标准化值及排名

县级政府	标准化值	地区排名	全国排名	县级政府	标准化值	地区排名	全国排名
华东地区							
昆山市	1.6360	1	1	常熟市	0.8612	9	18
灌南县	1.4527	2	2	余姚市	0.8535	10	20
江阴市	1.3207	3	5	嘉善县	0.8253	11	21
义乌市	1.2677	4	6	安吉县	0.8193	12	23
慈溪市	1.1758	5	7	瑞安市	0.8148	13	24
太仓市	1.1695	6	8	温岭市	0.8140	14	25
张家港市	1.0708	7	9	玉环市	0.7870	15	27
乐清市	0.9017	8	16	临海市	0.7837	16	28

续表

县级政府	标准化值	地区排名	全国排名	县级政府	标准化值	地区排名	全国排名
桐乡市	0.7659	17	30	宁国市	0.5923	38	64
海盐县	0.7368	18	32	嵊州市	0.5842	39	67
长兴县	0.7171	19	34	宁海县	0.5773	40	68
靖江市	0.7118	20	35	丹阳市	0.5762	41	69
象山县	0.7112	21	36	建德市	0.5751	42	70
宜兴市	0.7086	22	37	新昌县	0.5718	43	71
肥东县	0.7083	23	38	东台市	0.5517	44	74
永康市	0.7015	24	39	缙云县	0.5277	45	76
晋江市	0.6957	25	41	武义县	0.5230	46	77
莘县	0.6877	26	43	平阳县	0.5126	47	79
嵊泗县	0.6663	27	46	遂昌县	0.5008	48	82
平潭县	0.6651	28	48	昌邑市	0.4986	49	83
宜丰县	0.6482	29	49	德清县	0.4932	50	84
东阳市	0.6285	30	51	青州市	0.4918	51	85
肥西县	0.6249	31	52	泰兴市	0.4883	52	88
平湖市	0.6236	32	54	海安市	0.4853	53	89
胶州市	0.6197	33	55	滕州市	0.4848	54	90
诸暨市	0.6139	34	56	如东县	0.4806	55	91
阜宁县	0.6120	35	58	启东市	0.4755	56	95
溧阳市	0.5999	36	62	岱山县	0.4648	57	97
桐庐县	0.5958	37	63	曲阜市	0.4562	58	100
中南地区							
巩义市	0.9926	1	12	宜都市	0.5465	6	75
荔浦市	0.7540	2	31	麻城市	0.4913	7	86
长沙县	0.7192	3	33	古丈县	0.4786	8	92
济源市	0.6894	4	42	兴山县	0.4761	9	94
慈利县	0.6654	5	47	浏阳市	0.4639	10	98
西南地区							
岑巩县	0.9785	1	13	麻江县	0.8585	3	19
绵竹市	0.9020	2	15	泸县	0.7983	4	26

续表

县级政府	标准化值	地区排名	全国排名	县级政府	标准化值	地区排名	全国排名
安岳县	0.6397	5	50	仁怀市	0.5061	9	80
福泉市	0.5879	6	66	大理市	0.5012	10	81
通海县	0.5539	7	73	彭州市	0.4740	11	96
江油市	0.5216	8	78	峨山彝族自治县	0.4582	12	99
西北地区							
阿拉山口市	1.3806	1	3	神木市	0.6783	8	44
阿克塞哈萨克族自治县	1.0177	2	10	碌曲县	0.6675	9	45
昌吉市	0.9966	3	11	曲麻莱县	0.6122	10	57
沙雅县	0.9531	4	14	塔城市	0.6099	11	60
肃北蒙古族自治县	0.8229	5	22	麟游县	0.5882	12	65
霍城县	0.7777	6	29	景泰县	0.5570	13	72
皋兰县	0.6964	7	40	疏附县	0.4775	14	93
华北地区							
容城县	1.3725	1	4	迁安市	0.6112	4	59
固阳县	0.8810	2	17	达尔罕茂明安联合旗	0.6090	5	61
土默特左旗	0.6237	3	53				
东北地区							
汤旺县	0.4905	1	87				

政府公共服务反映了县级政府提供基本公共服务的数量及质量，表征了县级政府效益，是体现政府效率的重要指标。分析表 5-2 可以发现，我国县级政府公共服务前 100 名分布具有两个特点。

第一，县级政府公共服务表现为最优、次优、一般三级分布态势，区域之间存在明显差异。其中，华东地区县级政府公共服务最优，东北地区一般，其他地区次优。一方面，政府公共服务全国前 30 名的县级政府分布情况可以印证此分布态势。华东地区县级政府数量最多，有昆山市、灌南县等 17 个县级政府；西北地区次优，有阿拉山口市等 6 个县级政府；西南地区有岑巩县等 4 个县级政府；华北地区有容城县等 2 个县级政府；中南地区有巩义市 1 个县级政府；东北地区没有县级政府进入全国前 30 名。另一方面，政府公共服务全国前 100 名的县级政府中，不同区域的数量占该地区样本总数的比例也存在较大差异。其中，华东地区有 58 个县级政府，约占该地区样本总数（356 个县级政府）的 16.29%；中南地区有 10 个县级政府，约占该地区样本总数（395 个县级政府）的 2.53%；西南地区 12 个县级政府，约占该地区样本总数（390 个县级政府）的 3.08%；西北地区有 14 个县级政府，约占该地区样本总数（289 个县级政府）的 4.84%；华北地区有 5 个县级政府，约占该地区样本总数（289 个县级政府）的 1.73%；东北地区有 1 个县级政府，约占该地区样本总数（147 个县级政府）的 0.68%。

第二，经济发展欠佳、区域经济增长压力较大的西南、西北等地区，其县级政府公共服务总体保持较高水平。这表明，在开启全面建设社会主义现代化国家新征程中，我国西部地区地方政府积极有为，加大力度补齐公共服务短板，纵深推进"放管服"改革，更重视服务型政府建设，加快政府职能转变，不断提供高质量的公共服务，以满足当地居民的更高需求，促进地方政府效率提升及地方治理现代化发展。

（二）2022年政府规模排名与分析

1. 县级政府规模简介

政府规模反映了县级政府消费的相对规模，表征政府成本，直接体现政府效率。政府规模包含地方一般公共预算支出、非税收入占地方一般公共预算收入比例、新增公务员人数 3 个指标（详见附录 1.3）。该因素虽然所含指标数量不多，却反映了政府成本的主要方面，对县级政府效率影响较大，被赋予 0.15 的权重。

2. 县级政府规模全国前 100 名分析

2022 年县级政府规模全国前 100 名的标准化值及排名见表 5-3。

表 5 - 3 2022 年县级政府规模全国前 100 名的标准化值及排名

县级政府	标准化值	地区排名	全国排名	县级政府	标准化值	地区排名	全国排名
华东地区							
嵊泗县	17.5823	1	1	太仓市	0.8811	19	52
岱山县	2.6483	2	9	龙游县	0.8443	20	53
扬中市	2.6381	3	10	桓台县	0.7977	21	58
共青城市	1.7331	4	17	樟树市	0.7619	22	64
东山县	1.7121	5	18	横峰县	0.7354	23	69
柘荣县	1.6815	6	19	磐安县	0.7271	24	70
金门县	1.4871	7	22	松阳县	0.7086	25	73
龙港市	1.3202	8	24	昆山市	0.6963	26	76
平潭县	1.2567	9	28	海宁市	0.6952	27	77
玉环市	1.2562	10	29	资溪县	0.6948	28	78
嘉善县	1.1480	11	32	邹平市	0.6745	29	84
石狮市	1.1320	12	33	嘉祥县	0.6651	30	86
景宁畲族自治县	1.0461	13	39	德清县	0.6554	31	87
平湖市	1.0425	14	41	桐乡市	0.6486	32	92
海盐县	1.0038	15	43	湖口县	0.6344	33	95
常山县	0.9357	16	44	义乌市	0.6343	34	96
靖江市	0.8969	17	49	金湖县	0.6314	35	97
云和县	0.8906	18	51	靖安县	0.6305	36	99
中南地区							
南澳县	13.5786	1	2	团风县	0.6845	9	81
义马市	3.7722	2	5	舞钢市	0.6748	10	83
韶山市	1.2801	3	26	台前县	0.6709	11	85
合山市	1.0925	4	35	嘉鱼县	0.6534	12	88
津市市	1.0722	5	37	慈利县	0.6534	13	89
新乡县	0.7419	6	67	古丈县	0.6498	14	91
陵水黎族自治县	0.7157	7	72	澄迈县	0.6464	15	93
冷水江市	0.6985	8	75	凭祥市	0.6313	16	98

县级政府	标准化值	地区排名	全国排名	县级政府	标准化值	地区排名	全国排名
西南地区							
曲水县	1.1712	1	30	水富市	0.7758	4	63
玉屏侗族自治县	0.8919	2	50	墨竹工卡县	0.6854	5	80
曲松县	0.7985	3	57				
西北地区							
阿拉山口市	3.4782	1	6	泽普县	1.0662	12	38
吴堡县	2.9634	2	7	崇信县	1.0430	13	40
伊宁市	2.6891	3	8	五家渠市	0.9328	14	45
喀什市	2.3864	4	11	三原县	0.8037	15	55
北屯市	1.9621	5	13	黄陵县	0.7916	16	59
临夏市	1.8252	6	16	奎屯市	0.7789	17	62
长武县	1.6177	7	20	潼关县	0.7215	18	71
佛坪县	1.5435	8	21	伊宁县	0.7030	19	74
泾源县	1.2974	9	25	兴平市	0.6511	20	90
昆玉市	1.1229	10	34	石泉县	0.6415	21	94
留坝县	1.0921	11	36	宁陕县	0.6297	22	100
华北地区							
大厂回族自治县	3.7790	1	4	河曲县	0.8216	9	54
侯马市	1.9813	2	12	容城县	0.7999	10	56
高邑县	1.8455	3	15	柏乡县	0.7892	11	60
大宁县	1.2737	4	27	新绛县	0.7858	12	61
新河县	1.1628	5	31	邱县	0.7600	13	65
孟村回族自治县	1.0342	6	42	曲沃县	0.7388	14	68
满洲里市	0.9262	7	47	娄烦县	0.6918	15	79
深泽县	0.9131	8	48	偏关县	0.6774	16	82
东北地区							
长海县	5.8228	1	3	绥芬河市	0.9313	4	46
依兰县	1.8868	2	14	克东县	0.7436	5	66
调兵山市	1.3753	3	23				

据表 5 - 3 分析，县级政府规模全国前 100 名的区域分布具有两个典型特征。

第一，从政府规模全国前 50 名县级政府的区域分布看，我国县级政府规模区域分布呈最优、次优、一般三级态势，区域之间具有不平衡性。比如，华东、西北地区县级政府规模优于其他地区，为最优级；华北、东北地区位居其后，为次优级；中南、西南地区次之，为一般级。华东地区有嵊泗县等 17 个县级政府，约占华东地区样本总数的 4.78%；西北地区有阿拉山口市等 14 个县级政府，约占西北地区样本总数的 4.84%；华北地区有大厂回族自治县等 8 个县级政府，约占华北地区样本总数的 2.77%；东北地区有长海县等 4 个县级政府，约占东北地区样本总数的 2.72%；中南地区有南澳县等 5 个县级政府，约占中南地区样本总数的 1.27%；西南地区有曲水县等 2 个县级政府，约占西南地区样本总数的 0.51%。

第二，我国部分地区的县级政府规模表现相对均衡。比如，中南、东北等地区进入县级政府规模全国前 100 名的数量占该地区样本数量的比例相差不大。其中，中南地区有 16 个县级政府，约占中南地区样本总数的 4.05%；东北地区有 5 个县级政府，约占东北地区样本总数的 3.40%。因此，我国中南、东北等地区县级政府规模排全国前 100 名的比例基本相当、分布相对均衡。

综上，自国务院深化行政体制改革、持续推进"放管服"改革以来，我国各地县级政府积极推进，取得了较好成效，提升了基层政府治理能力及效率，有助于实现县域经济社会高质量发展。

（三）2022年居民经济福利排名与分析

1. 县级政府居民经济福利简介

居民经济福利包括农村居民人均可支配收入、城镇居民人均可支配收入、城镇登记失业率、月最低工资标准 4 个指标，间接反映服务型政府运行质量和效率，被赋予 0.10 的权重。

2. 县级政府居民经济福利全国前 100 名分析

2022 年县级政府居民经济福利全国前 100 名的标准化值及排名见表 5 - 4。

表 5 - 4 2022 年县级政府居民经济福利全国前 100 名的标准化值及排名

县级政府	标准化值	地区排名	全国排名	县级政府	标准化值	地区排名	全国排名
华东地区							
义乌市	3.3490	1	1	石狮市	2.3171	26	26
玉环市	3.1466	2	2	永康市	2.2965	27	27
昆山市	3.1153	3	3	临海市	2.2785	28	28
太仓市	3.0512	4	4	宜兴市	2.2770	29	29
诸暨市	3.0158	5	5	嵊州市	2.2295	30	30
江阴市	2.8610	6	6	扬中市	2.2061	31	31
德清县	2.8444	7	7	嘉善县	2.1389	32	32
温岭市	2.8294	8	8	桐庐县	2.1216	33	33
海盐县	2.7911	9	9	新昌县	2.1060	34	34
常熟市	2.7738	10	10	丹阳市	2.0791	35	35
平湖市	2.7592	11	11	启东市	2.0594	36	36
乐清市	2.7005	12	12	建德市	1.9360	37	38
宁海县	2.6842	13	13	龙口市	1.8806	38	39
长兴县	2.6580	14	14	南安市	1.7815	39	40
桐乡市	2.6561	15	15	句容市	1.7475	40	41
慈溪市	2.5819	16	16	三门县	1.7162	41	42
瑞安市	2.5614	17	17	海安市	1.7067	42	43
海宁市	2.5512	18	18	晋江市	1.6742	43	44
余姚市	2.5469	19	19	胶州市	1.6678	44	45
嵊泗县	2.5159	20	20	龙港市	1.6577	45	46
岱山县	2.4762	21	21	江山市	1.6426	46	48
东阳市	2.4746	22	22	青田县	1.6391	47	49
安吉县	2.4678	23	23	寿光市	1.6254	48	50
象山县	2.4280	24	24	莱州市	1.6167	49	51
溧阳市	2.3683	25	25	如东县	1.6097	50	52

续表

县级政府	标准化值	地区排名	全国排名	县级政府	标准化值	地区排名	全国排名
如皋市	1.6011	51	54	海阳市	1.2957	69	74
平阳县	1.5795	52	55	张家港市	1.2772	70	76
靖江市	1.5754	53	56	桓台县	1.2757	71	77
荣成市	1.5522	54	57	肥城市	1.2704	72	80
诸城市	1.5381	55	58	龙游县	1.2670	73	81
天台县	1.4730	56	59	兰溪市	1.2602	74	82
龙泉市	1.4507	57	60	武义县	1.2530	75	84
招远市	1.4448	58	61	广饶县	1.2193	76	86
东台市	1.4433	59	62	平潭县	1.2154	77	87
兴化市	1.4387	60	63	云和县	1.2095	78	89
仙居县	1.4290	61	64	苍南县	1.1819	79	90
浦江县	1.4109	62	66	青州市	1.1803	80	91
泰兴市	1.4056	63	67	南昌县	1.1607	81	93
缙云县	1.3968	64	68	滕州市	1.1464	82	94
惠安县	1.3875	65	69	东山县	1.1282	83	96
淳安县	1.3822	66	70	景宁畲族自治县	1.1250	84	97
仪征市	1.3520	67	72	福清市	1.1184	85	98
闽侯县	1.3010	68	73	松阳县	1.1152	86	99
中南地区							
浏阳市	2.0200	1	37	韶山市	1.6043	2	53
西南地区							
忠县	1.2404	1	85				
西北地区							
阿克塞哈萨克族自治县	1.6429	1	47				
华北地区							
锡林浩特市	1.4178	1	65	阿巴嘎旗	1.2815	3	75
二连浩特市	1.3578	2	71	东乌珠穆沁旗	1.2741	4	78

续表

县级政府	标准化值	地区排名	全国排名	县级政府	标准化值	地区排名	全国排名
西乌珠穆沁旗	1.2735	5	79	准格尔旗	1.1672	8	92
阿拉善右旗	1.2579	6	83	迁安市	1.1320	9	95
伊金霍洛旗	1.2143	7	88	三河市	1.1143	10	100

表5-4表明，县级政府居民经济福利全国前100名的区域分布呈现如下显著特征。

县级政府居民经济福利全国前100名区域分布呈现高、一般两级趋势。其中，华东地区居民经济福利最高，为一级；其他地区居民经济福利一般，为二级。比如，居民经济福利全国前30名县级政府均来自华东地区，而中南、西南、华北、西北和东北地区没有县级政府进入居民经济福利全国前30名。从全国前100名的县级政府区域分布看，华东地区有86个，约占华东地区样本总数（356个县级政府）的24.16%；华北地区有10个，约占华北地区样本总数（289个县级政府）的3.46%；中南地区有2个，约占中南地区样本总数（395个县级政府）的0.51%；西南地区有1个，约占西南地区样本总数（390个县级政府）的0.26%；西北地区有1个，约占西北地区样本总数（289个县级政府）的0.35%；而东北地区没有县级政府进入我国县级政府居民经济福利前100名。这表明，尽管相关个税、医疗等改革惠民政策有利于提高县级政府辖区的居民经济福利水平，提高县级政府效率，但是居民经济福利水平两极分化问题仍然突出，促进区域之间居民经济福利水平均衡提升的任务十分繁重。

（四）2022年政务公开排名与分析

1. 县级政务公开简介

政务公开是县级政府效率测度因素（一级指标），直接影响县级政府效率水平，被赋予0.10的权重，下设政务基本信息、政务时效2个子因素（二级指标），包括领导信息公开等15个三级指标。

2. 县级政务公开全国前 100 名分析

2022 年县级政府政务公开全国前 100 名的标准化值及排名见表 5 - 5。

表 5 - 5　2022 年县级政府政务公开全国前 100 名的标准化值及排名

县级政府	标准化值	地区排名	全国排名	县级政府	标准化值	地区排名	全国排名
华东地区							
平阴县	1.0285	1	1	平邑县	0.7058	25	39
莒南县	0.9777	2	2	梁山县	0.7031	26	40
歙县	0.9313	3	3	金寨县	0.7028	27	41
太湖县	0.9225	4	4	永安市	0.6951	28	46
潜山市	0.9143	5	5	灵璧县	0.6874	29	53
邹平市	0.8920	6	6	金乡县	0.6828	30	55
泾县	0.8768	7	8	缙云县	0.6802	31	56
宿松县	0.8609	8	9	义乌市	0.6776	32	57
胶州市	0.8371	9	10	无为市	0.6775	33	58
莱阳市	0.8346	10	11	余姚市	0.6676	34	62
绩溪县	0.8333	11	12	冠县	0.6673	35	63
舒城县	0.8238	12	14	广德市	0.6637	36	67
祁门县	0.8095	13	16	兴化市	0.6631	37	68
东至县	0.8089	14	17	怀宁县	0.6628	38	69
建瓯市	0.7818	15	20	汶上县	0.6584	39	71
宁国市	0.7752	16	23	安丘市	0.6577	40	72
泗水县	0.7598	17	24	上高县	0.6500	41	73
象山县	0.7474	18	26	休宁县	0.6481	42	74
濉溪县	0.7440	19	27	古田县	0.6368	43	77
凤阳县	0.7435	20	28	定远县	0.6326	44	80
太和县	0.7362	21	31	平原县	0.6321	45	81
商河县	0.7332	22	32	桓台县	0.6285	46	82
海阳市	0.7265	23	33	昌乐县	0.6219	47	85
高密市	0.7208	24	34	嘉善县	0.6111	48	88

续表

县级政府	标准化值	地区排名	全国排名	县级政府	标准化值	地区排名	全国排名
高邮市	0.6093	49	90	高青县	0.6046	52	94
旌德县	0.6082	50	92	利津县	0.6031	53	97
铜鼓县	0.6056	51	93				
中南地区							
长沙县	0.8085	1	18	潜江市	0.6444	5	75
汉寿县	0.7142	2	35	鹤山市	0.6187	6	86
利川市	0.6938	3	48	广水市	0.6090	7	91
天门市	0.6914	4	51				
西南地区							
贵定县	0.8855	1	7	射洪市	0.6712	14	60
锦屏县	0.8327	2	13	麻江县	0.6657	15	64
雷山县	0.8118	3	15	蓬安县	0.6649	16	65
南华县	0.7842	4	19	祥云县	0.6638	17	66
荥经县	0.7779	5	21	石林彝族自治县	0.6360	18	78
永仁县	0.7527	6	25	平塘县	0.6336	19	79
瓮安县	0.7403	7	29	永德县	0.6265	20	83
桐梓县	0.7382	8	30	凤冈县	0.6264	21	84
姚安县	0.7112	9	36	万源市	0.6155	22	87
开阳县	0.7106	10	37	剑阁县	0.6096	23	89
册亨县	0.7073	11	38	绥阳县	0.6043	24	95
苍溪县	0.7004	12	43	三都水族自治县	0.6041	25	96
元谋县	0.6920	13	50	秀山土家族苗族自治县	0.5960	26	100
西北地区							
绥德县	0.7770	1	22	黄陵县	0.6935	5	49
宜君县	0.7025	2	42	洋县	0.6911	6	52
汉阴县	0.6963	3	44	延川县	0.6833	7	54
靖边县	0.6940	4	47	紫阳县	0.6400	8	76

续表

县级政府	标准化值	地区排名	全国排名	县级政府	标准化值	地区排名	全国排名
东北地区							
依安县	0.6952	1	45	东港市	0.6595	4	70
朝阳县	0.6742	2	59	克山县	0.6002	5	98
阜新蒙古族自治县	0.6677	3	61	彰武县	0.5964	6	99

政务公开是体现政府效率的重要因素，其数据来源于各县级政府官方网站公布的基本信息，能够直接反映县级政府的执行力与效率。分析表5－5可知，我国县级政府政务公开前100名区域分布具有三个特点。

第一，县级政府政务公开区域分布呈现最优、次优、一般三级特征。其中，华东、西南地区的县级政务公开优于其他地区，为最优级；中南、西北地区的县级政务公开为次优级；华北、东北地区的县级政务公开为一般级。比如，政务公开全国前30名的县级政府中，有20个来自华东地区，有8个来自西南地区；中南、西北地区分别仅有1个县级政府进入政务公开全国前30名；而华北、东北地区没有县级政府进入政务公开全国前30名。

第二，我国县级政府政务公开存在比较明显的区域差异。从政务公开全国前100名的县级政府分布情况来看，华东及西南地区县级政府数量最多，政务公开最优；中南、西北、东北地区的数量较少，表现一般。县级政府政务公开全国前100名的占比也存在明显差距。其中，华东地区有53个县级政府，约占华东地区县级政府样本总数的14.89%；西南地区有26个县级政府，约占西南地区县级政府样本总数的6.67%；东北地区有6个县级政府，约占东北地区县级政府样本总数的4.08%；西北地区有8个县级政府，约占西北地区县级政府样本总数的2.77%；中南地区有7个县级政府，约占中南地区县级政府样本总数的1.77%；华北地区没有县级政府进入政务公开全国前100名。这就表明，县级政务公开不足、政府透明度不高仍然是影响县级政府效率提高的重要因素。

第三，我国县级政府政务公开披露不充分。比如，部分县级政府官方网站没有公开其最基本的政务信息、经济社会发展统计数据等。测度结果表明，即使党中央、国务院多次要求地方政府依法全面公开政务信息、提升县级政府工作的透明度，但部分县级政府仍然没有及时、完整公开其最基本的政务信息。

由此可见，政务公开程度低是影响我国县级政府效率提升的最大因素。实现县级政务全面公开、提高县级政府工作的透明度、统筹推进政务服务体系建设、扩大政务开放参与等，是各县级政府深化行政审批体制改革、提升政府效率的重要举措。

（五）2022年乡村振兴效率排名与分析

1. 县级政府乡村振兴效率简介

乡村振兴效率被赋予0.10的权重，下设乡村振兴服务、乡村产业、村治水平3个子因素，以及乡村振兴政策等8个三级指标。

2. 县级政府乡村振兴效率全国前100名分析

2022年县级政府乡村振兴效率全国前100名，即乡村振兴效率"百高县"的标准化值及排名见表5–6。

表5–6　2022年县级政府乡村振兴效率全国前100名的标准化值及排名

县级政府	标准化值	地区排名	全国排名	县级政府	标准化值	地区排名	全国排名
华东地区							
嵊泗县	2.1601	1	3	郓城县	0.9074	9	23
滕州市	1.8568	2	6	灵璧县	0.9036	10	24
嘉祥县	1.4252	3	10	曲阜市	0.8921	11	26
高青县	1.2266	4	14	利津县	0.8824	12	27
明溪县	1.0668	5	16	金溪县	0.8629	13	29
濉溪县	1.0126	6	18	商河县	0.8618	14	31
扬中市	0.9773	7	20	东海县	0.8516	15	32
莱阳市	0.9556	8	22	仙游县	0.8488	16	33

续表

县级政府	标准化值	地区排名	全国排名	县级政府	标准化值	地区排名	全国排名
禹城市	0.8172	17	35	平度市	0.6940	27	61
凤阳县	0.7989	18	38	宁津县	0.6739	28	65
泗县	0.7852	19	39	金乡县	0.6698	29	66
邹城市	0.7813	20	40	萧县	0.6617	30	67
丹阳市	0.7515	21	42	明光市	0.6305	31	72
平潭县	0.7427	22	46	庆云县	0.6109	32	77
天长市	0.7277	23	51	泰兴市	0.5972	33	79
宁都县	0.7239	24	52	安福县	0.5714	34	86
凤台县	0.7117	25	54	新干县	0.5656	35	90
临泉县	0.7008	26	56	宁化县	0.5590	36	93
中南地区							
南澳县	3.7020	1	2	睢县	0.6338	15	71
英德市	1.7676	2	7	蕉岭县	0.6233	16	75
宜城市	0.9575	3	21	滑县	0.5974	17	78
广水市	0.9016	4	25	洞口县	0.5839	18	83
新郑市	0.8221	5	34	延津县	0.5749	19	84
确山县	0.8114	6	36	长沙县	0.5709	20	88
随县	0.8045	7	37	孟州市	0.5681	21	89
隆回县	0.7501	8	43	安化县	0.5630	22	91
岳阳县	0.7355	9	48	鹿寨县	0.5601	23	92
淇县	0.7301	10	49	蕲春县	0.5468	24	95
罗田县	0.7146	11	53	宁明县	0.5467	25	96
天等县	0.7059	12	55	商水县	0.5427	26	98
叶县	0.6957	13	58	武冈市	0.5392	27	99
天门市	0.6941	14	60				
西南地区							
麻江县	1.2418	1	13	南华县	0.6756	4	64
施秉县	0.7455	2	44	紫云苗族布依族自治县	0.6132	5	76
纳雍县	0.6860	3	62	个旧市	0.5435	6	97

续表

县级政府	标准化值	地区排名	全国排名	县级政府	标准化值	地区排名	全国排名
安龙县	0.5382	7	100				
西北地区							
吴堡县	1.5131	1	8	通渭县	0.6947	7	59
铁门关市	0.8806	2	28	同心县	0.6270	8	73
临泽县	0.8619	3	30	山丹县	0.6257	9	74
平罗县	0.7657	4	41	陇西县	0.5845	10	82
民乐县	0.7430	5	45	大荔县	0.5745	11	85
五家渠市	0.7384	6	47	博乐市	0.5710	12	87
华北地区							
莫力达瓦达斡尔族自治旗	2.1255	1	4	满洲里市	0.5523	3	94
交口县	0.5933	2	81				
东北地区							
饶河县	4.6966	1	1	新民市	0.7299	9	50
通榆县	1.9249	2	5	伊通满族自治县	0.6992	10	57
长海县	1.4778	3	9	朝阳县	0.6803	11	63
舒兰市	1.4186	4	11	洮南市	0.6573	12	68
友谊县	1.2449	5	12	依兰县	0.6549	13	69
梨树县	1.0693	6	15	富锦市	0.6478	14	70
大安市	1.0337	7	17	兰西县	0.5933	15	80
阜新蒙古族自治县	0.9963	8	19				

　　县级政府乡村振兴效率能够反映县级政府履行乡村振兴服务职能的质量与效果，其数据来自各县级政府网站发布的相关报道、统计年鉴等基本信息。分析表5-6可知，我国乡村振兴效率"百高县"的区域分布具有两个特点。

　　第一，我国不少地区的县级政府乡村振兴效率表现相对均衡。比如，华东和东北地区、中南和西北地区进入县级政府乡村振兴效率"百高县"

的比例基本相当。其中，华东地区有 36 个县级政府进入乡村振兴效率"百高县"，占该地区样本总数的 10.11%；东北地区有 15 个县级政府，占该地区样本总数的 10.20%；中南地区有 27 个县级政府，占该地区样本总数的 6.84%；西北地区有 12 个县级政府，占该地区样本总数的 4.15%。可见，我国华东及东北地区县级政府进入乡村振兴效率"百高县"的比例都很高，并基本相同；中南、西北地区县级政府进入乡村振兴效率"百高县"的比例也基本相当。

第二，部分地区县级政府乡村振兴效率表现欠佳，提升压力较大。比如西南、华北地区县级政府进入乡村振兴效率"百高县"的比例较低，表明其乡村振兴效率不高。原因可能在于现代农业的发展程度和农业现代化水平都较低，没有形成规模效应；受到自然环境制约，农业结构不合理、农业发展基础欠佳。因此，促进西南、华北地区县级政府乡村振兴效率提升的形势比较严峻。

三　效率"百高县"测度子因素排名与分析

（一）2022 年科教文卫服务排名与分析

科教文卫服务是县级政府公共服务的重要子因素（二级指标），被赋予 0.25 的权重，包括科技支出占地方一般公共预算支出比例等 9 个指标。2022 年县级政府科教文卫服务全国前 100 名的标准化值及排名见表 5 - 7。

表 5 - 7　2022 年县级政府科教文卫服务全国前 100 名的标准化值及排名

县级政府	标准化值	地区排名	全国排名	县级政府	标准化值	地区排名	全国排名
华东地区							
昆山市	2.0403	1	1	新昌县	1.3819	4	16
太仓市	1.8942	2	4	永康市	1.2267	5	24
平潭县	1.4547	3	13	桐庐县	1.1917	6	25

续表

县级政府	标准化值	地区排名	全国排名	县级政府	标准化值	地区排名	全国排名
嵊州市	1.1415	7	28	乐清市	0.7822	22	74
慈溪市	1.1312	8	29	龙泉市	0.7720	23	76
海盐县	1.1226	9	30	泗阳县	0.7505	24	79
缙云县	1.0965	10	31	平湖市	0.7471	25	81
德清县	1.0643	11	38	长兴县	0.7460	26	82
嘉善县	1.0636	12	39	肥东县	0.7430	27	83
宁国市	1.0450	13	41	玉环市	0.7375	28	84
武义县	0.9683	14	48	云和县	0.7196	29	85
宁海县	0.8818	15	58	临海市	0.7177	30	86
安吉县	0.8741	16	60	扬中市	0.7142	31	87
宜丰县	0.8534	17	62	郎溪县	0.7062	32	90
瑞安市	0.8190	18	68	绩溪县	0.6990	33	92
宜兴市	0.8025	19	70	张家港市	0.6884	34	93
象山县	0.7993	20	72	温岭市	0.6751	35	97
余姚市	0.7849	21	73				
中南地区							
荔浦市	1.4632	1	12	新丰县	0.8002	5	71
巩义市	1.1543	2	27	高州市	0.6786	6	96
慈利县	0.9726	3	47	淇县	0.6745	7	98
神农架林区	0.8799	4	59				
西南地区							
得荣县	1.9642	1	3	洛扎县	1.2857	10	22
琼结县	1.8122	2	7	吉隆县	1.0872	11	33
定结县	1.8013	3	8	白玉县	1.0821	12	34
巴塘县	1.7255	4	9	萨嘎县	1.0816	13	35
岗巴县	1.6837	5	10	加查县	1.0595	14	40
理塘县	1.6249	6	11	色达县	1.0161	15	43
稻城县	1.3782	7	17	朗县	0.9865	16	45
革吉县	1.3527	8	18	噶尔县	0.9751	17	46
措勤县	1.3454	9	19	石林彝族自治县	0.9628	18	51

县级政府	标准化值	地区排名	全国排名	县级政府	标准化值	地区排名	全国排名
聂拉木县	0.9271	19	53	康定市	0.7713	24	77
康马县	0.9025	20	54	马尔康市	0.7500	25	80
石渠县	0.8981	21	55	曲水县	0.7107	26	89
彭州市	0.8364	22	65	改则县	0.6677	27	99
乡城县	0.7767	23	75				
西北地区							
疏附县	1.9709	1	2	阿克陶县	0.9647	14	50
碌曲县	1.8559	2	6	两当县	0.9535	15	52
英吉沙县	1.4389	3	14	迭部县	0.8965	16	56
霍城县	1.3097	4	20	昭苏县	0.8885	17	57
和田县	1.3074	5	21	河南蒙古族自治县	0.8614	18	61
天峻县	1.2655	6	23	岳普湖县	0.8509	19	63
肃北蒙古族自治县	1.1679	7	26	巩留县	0.8294	20	66
乌兰县	1.0903	8	32	曲麻莱县	0.8033	21	69
成县	1.0732	9	36	宜君县	0.7529	22	78
肃南裕固族自治县	1.0694	10	37	海晏县	0.7108	23	88
乌苏市	1.0312	11	42	阿克塞哈萨克族自治县	0.6994	24	91
拜城县	1.0149	12	44	沙湾市	0.6838	25	94
阿瓦提县	0.9658	13	49	沙雅县	0.6654	26	100
华北地区							
固阳县	1.4175	1	15	岢岚县	0.6808	2	95
东北地区							
通化县	1.8714	1	5	汪清县	0.8191	3	67
建昌县	0.8460	2	64				

　　科教文卫服务作为县级政府提供的基础公共服务，在很大程度上反映了县级政府提供的基本公共服务的数量及质量，是体现县级政府效率的重

要指标。分析表 5 - 7 可以发现,我国县级政府科教文卫服务前 100 名的区域分布具有三个特征。

第一,从数量来看,华东、西南、西北地区县级政府表现最优。在全国前 100 名的县级政府中,华东地区有 35 个县级政府、西南地区有 27 个县级政府、西北地区有 26 个县级政府,其数量明显多于其他地区(中南地区有 7 个县级政府、东北地区有 3 个县级政府、华北地区有 2 个县级政府)。

第二,从科教文卫服务全国前 30 名县级政府数量占样本总数的比例看,华东、西南、西北地区的县级政府比例相对平均,其科教文卫服务水平基本相当。例如,科教文卫服务全国前 30 名的县级政府中,华东地区有昆山市等 9 个县级政府,约占该地区样本总数(356 个县级政府)的 2.53%,西南地区有得荣县等 10 个县级政府,约占该地区样本总数(390 个县级政府)的 2.56%;西北地区有疏附县等 7 个县级政府,约占该地区样本总数(289 个县级政府)的 2.42%。

第三,东北、华北地区的县级政府科教文卫服务表现一般。比如,东北有 3 个县级政府、华北有 2 个县级政府进入全国前 100 名,反映了当地县级政府科教文卫服务存在短板,既不利于提高公共服务水平及政府效率,也不利于区域科技创新及人才集聚,会制约当地经济社会高质量发展。

(二)2022年社会保障服务排名与分析

社会保障服务是政府公共服务的重要子因素,被赋予 0.15 的权重,包括社会保障和就业支出占地方一般公共预算支出比例等 5 个指标。2022 年县级政府社会保障服务全国前 100 名的标准化值及排名见表 5 - 8。

表 5 - 8 2022 年县级政府社会保障服务全国前 100 名的标准化值及排名

县级政府	标准化值	地区排名	全国排名	县级政府	标准化值	地区排名	全国排名
华东地区							
义乌市	3.0928	1	3	泰兴市	1.9230	3	11
慈溪市	2.0179	2	10	诸暨市	1.5777	4	16

续表

县级政府	标准化值	地区排名	全国排名	县级政府	标准化值	地区排名	全国排名
东台市	1.3663	5	26	栖霞市	0.9279	19	73
肥东县	1.3064	6	31	平湖市	0.9254	20	74
界首市	1.2954	7	32	庐江县	0.9123	21	76
余姚市	1.2469	8	34	肥西县	0.9059	22	77
滕州市	1.2169	9	36	东阳市	0.8959	23	78
巢湖市	1.2124	10	38	玉环市	0.8888	24	80
曲阜市	1.2090	11	40	象山县	0.8762	25	83
涡阳县	1.2051	12	42	宜兴市	0.8659	26	86
莱州市	1.1669	13	47	利辛县	0.8386	27	92
桐乡市	1.1404	14	51	溧阳市	0.8383	28	93
蒙城县	1.1258	15	53	武义县	0.8349	29	94
江阴市	1.0484	16	59	晋江市	0.8318	30	95
张家港市	1.0132	17	62	枞阳县	0.8317	31	96
沂水县	0.9836	18	66				

中南地区

县级政府	标准化值	地区排名	全国排名	县级政府	标准化值	地区排名	全国排名
竹溪县	1.3511	1	27	老河口市	0.9777	8	67
东安县	1.2362	2	35	台山市	0.8697	9	85
封丘县	1.2143	3	37	东方市	0.8624	10	88
清丰县	1.2088	4	41	公安县	0.8458	11	90
监利市	1.1488	5	50	宾阳县	0.8387	12	91
宜章县	1.1188	6	54	镇平县	0.8189	13	97
郧西县	1.0998	7	55				

西南地区

县级政府	标准化值	地区排名	全国排名	县级政府	标准化值	地区排名	全国排名
安岳县	3.4902	1	2	个旧市	1.7498	8	14
岑巩县	2.9640	2	4	荣县	1.5317	9	18
泸县	2.6807	3	5	南江县	1.3759	10	25
富顺县	2.4550	4	6	叙永县	1.3096	11	30
平昌县	2.2488	5	9	乐至县	1.2107	12	39
江油市	1.8579	6	12	古蔺县	1.1887	13	45
合江县	1.8031	7	13	云县	1.0393	14	60

续表

县级政府	标准化值	地区排名	全国排名	县级政府	标准化值	地区排名	全国排名
澄江市	0.9682	15	68	云阳县	0.8155	17	98
永德县	0.9380	16	71				
西北地区							
大通回族土族自治县	1.2619	1	33	海原县	0.9923	6	65
天峻县	1.1847	2	46	五家渠市	0.9302	7	72
民和回族土族自治县	1.0922	3	56	民乐县	0.8640	8	87
吉木萨尔县	1.0714	4	57	成县	0.8552	9	89
喀什市	1.0013	5	64				
华北地区							
商都县	1.6993	1	15	平遥县	0.8727	5	84
土默特左旗	1.5662	2	17	杭锦后旗	0.8141	6	99
达尔罕茂明安联合旗	1.4174	3	22	土默特右旗	0.8118	7	100
五原县	1.1646	4	48				
东北地区							
汤旺县	3.7728	1	1	临江市	1.1494	13	49
肇东市	2.3122	2	7	庆安县	1.1261	14	52
铁力市	2.2773	3	8	木兰县	1.0635	15	58
依安县	1.5313	4	19	密山市	1.0212	16	61
榆树市	1.4546	5	20	阜新蒙古族自治县	1.0031	17	63
公主岭市	1.4230	6	21	巴彦县	0.9639	18	69
大箐山县	1.3888	7	23	德惠市	0.9602	19	70
海伦市	1.3802	8	24	穆棱市	0.9204	20	75
和龙市	1.3378	9	28	建昌县	0.8950	21	79
安达市	1.3253	10	29	宾县	0.8786	22	81
望奎县	1.1917	11	43	绥棱县	0.8763	23	82
海林市	1.1889	12	44				

　　社会保障服务反映了县级政府提供的基本社会保障服务的数量及质

量，是体现县级政府效率的重要指标。分析表5-8可以发现，我国县级政府社会保障服务前100名的区域分布具有两个特点。

第一，从区域分布占比看，东北及华东地区的县级政府社会保障服务水平较高，明显优于我国其他地区。社会保障服务全国前100名的县级政府中，东北地区有23个县级政府，占东北地区样本总数（147个县级政府）的15.65%；华东地区有31个县级政府，占华东地区样本总数（356个县级政府）的8.71%；西南地区有17个县级政府，占西南地区样本总数（390个县级政府）的4.36%；中南地区有13个县级政府，占中南地区样本总数（395个县级政府）的3.29%；西北地区有9个县级政府，占西北地区样本总数（289个县级政府）的3.11%；华北地区有7个县级政府，占华北地区样本总数（289个县级政府）的2.42%。

第二，从全国前30名的区域分布来看，西南、东北地区表现最佳，西北、中南地区欠佳。比如，县级政府社会保障服务全国前30名的县级政府中，西南地区有11个，东北地区有10个，中南地区有1个，西北地区没有县级政府进入全国前30名。

（三）2022年经济发展服务排名与分析

经济发展服务是政府公共服务的重要子因素，被赋予0.45的权重，包括全年社会消费品零售总额增长率等9个指标。2022年县级政府经济发展服务全国前100名的标准化值及排名见表5-9。

表5-9　2022年县级政府经济发展服务全国前100名的标准化值及排名

县级政府	标准化值	地区排名	全国排名	县级政府	标准化值	地区排名	全国排名
华东地区							
灌南县	3.0175	1	2	嵊泗县	1.7200	5	10
江阴市	2.6785	2	4	乐清市	1.2690	6	16
昆山市	2.4458	3	6	义乌市	1.2596	7	17
张家港市	1.7305	4	9	岱山县	1.1474	8	24

县级政府	标准化值	地区排名	全国排名	县级政府	标准化值	地区排名	全国排名
慈溪市	1.1161	9	25	象山县	0.8805	25	57
宜兴市	1.1016	10	27	丹阳市	0.8478	26	64
溧阳市	1.0920	11	28	昌邑市	0.8474	27	65
安吉县	1.0837	12	29	阜宁县	0.8232	28	71
太仓市	1.0743	13	31	海安市	0.8174	29	72
启东市	1.0449	14	36	肥西县	0.8172	30	73
如东县	1.0268	15	37	建德市	0.8051	31	75
温岭市	1.0020	16	38	青州市	0.7854	32	78
玉环市	0.9953	17	41	平潭县	0.7836	33	80
宜丰县	0.9943	18	42	桐乡市	0.7683	34	84
靖江市	0.9828	19	45	崇义县	0.7590	35	86
临海市	0.9811	20	46	遂昌县	0.7526	36	88
常熟市	0.9781	21	47	瑞安市	0.7504	37	91
嘉善县	0.9688	22	48	宁国市	0.7353	38	96
胶州市	0.9335	23	53	荣成市	0.7315	39	97
余姚市	0.8882	24	56				
中南地区							
巩义市	1.2575	1	18	仁化县	0.7844	11	79
宜都市	1.2380	2	20	远安县	0.7772	12	81
兴山县	1.0686	3	33	栾川县	0.7709	13	83
长沙县	1.0532	4	34	浏阳市	0.7630	14	85
济源市	0.9954	5	40	凤山县	0.7510	15	90
慈利县	0.9874	6	44	始兴县	0.7415	16	93
赤壁市	0.9685	7	49	田东县	0.7405	17	94
荔浦市	0.8436	8	67	嘉鱼县	0.7388	18	95
麻城市	0.8134	9	74	南澳县	0.7301	19	98
五峰土家族 自治县	0.8045	10	76				
西南地区							
麻江县	1.6749	1	11	绵竹市	1.5992	2	12

续表

县级政府	标准化值	地区排名	全国排名	县级政府	标准化值	地区排名	全国排名
福泉市	1.0511	3	35	通海县	0.8524	7	63
孟连傣族拉祜族佤族自治县	0.8971	4	55	峨边彝族自治县	0.7897	8	77
仁怀市	0.8701	5	58	峨山彝族自治县	0.7725	9	82
岑巩县	0.8626	6	61	澄江市	0.7231	10	100
西北地区							
阿拉山口市	2.8620	1	3	新源县	0.9510	11	50
昌吉市	2.5842	2	5	霍城县	0.9410	12	51
阿克塞哈萨克族自治县	1.9940	3	7	焉耆回族自治县	0.9118	13	54
沙雅县	1.8153	4	8	石河子市	0.8695	14	59
皋兰县	1.5706	5	13	麟游县	0.8677	15	60
肃北蒙古族自治县	1.4088	6	14	茫崖市	0.8461	16	66
神木市	1.3803	7	15	墨玉县	0.8322	17	69
曲麻莱县	1.2422	8	19	府谷县	0.7499	18	92
塔城市	1.2260	9	21	瓜州县	0.7256	19	99
景泰县	1.0782	10	30				
华北地区							
容城县	3.4439	1	1	阿巴嘎旗	0.9373	8	52
沁水县	1.1845	2	22	土默特左旗	0.8529	9	62
鄂托克旗	1.1690	3	23	宁武县	0.8380	10	68
雄县	1.1118	4	26	乐亭县	0.8313	11	70
固阳县	1.0687	5	32	保德县	0.7528	12	87
河曲县	1.0012	6	39	泽州县	0.7516	13	89
伊金霍洛旗	0.9942	7	43				

经济发展服务是我国县级政府履职的重要内容，优化经济发展服务既是培育有效市场、发挥市场对资源配置决定性作用的重要举措，又是提升

政府效率、做好"六稳六保"工作的主要抓手。分析表5-9可以发现，我国县级政府经济发展服务前100名的区域分布具有三个特点。

第一，从区域分布数量来看，华东地区县级政府经济发展服务具有绝对优势，明显优于其他地区。在全国前100名的县级政府中，来自华东地区的有39个，其数量明显多于其他地区；而中南及西北地区各有19个，华北地区有13个，西南地区有10个，东北地区则没有县级政府进入全国前100名。

第二，从全国前30名县级政府的区域分布看，尽管区域之间存在差异，但是有些地区之间差距不大。经济发展服务全国前30名的县级政府中，华东、西北两大区域的占比基本相当。其中，华东地区有12个县级政府，约占该地区样本总数（356个县级政府）的3.37%；西北地区有10个县级政府，约占该地区样本总数（289个县级政府）的3.46%。同时，中南、西南两大地区的占比也基本相当。其中，中南地区有2个县级政府，约占该地区样本总数（395个县级政府）的0.51%；西南地区2个县级政府，约占该地区样本总数（390个县级政府）的0.51%。

第三，东北地区县级政府经济发展服务水平亟须提高。该地区没有县级政府进入全国前100名，说明东北地区经济发展服务水平不及全国其他地区，经济发展服务水平低成为当地县级政府效率提升及经济社会高质量发展的不利条件。

因此，持续提高经济发展服务水平不仅是我国六大地区始终实施的重要方略，而且是东北地区突破经济社会发展瓶颈、提升政府效率的有效举措。

（四）2022年营商环境排名与分析

营商环境是政府公共服务的重要子因素，被赋予0.15的权重，包括统筹疫情防控与经济社会发展等5个指标。2022年县级政府营商环境全国前100名的标准化值与排名见表5-10。

表 5 – 10　2022 年县级政府营商环境全国前 100 名的标准化值及排名

县级政府	标准化值	地区排名	全国排名	县级政府	标准化值	地区排名	全国排名
华东地区							
莘县	7.0561	1	1	光泽县	0.9746	22	40
龙游县	2.3368	2	6	长兴县	0.9508	23	41
闽侯县	2.0192	3	7	临清市	0.8869	24	44
安丘市	1.8891	4	8	临邑县	0.8832	25	47
上杭县	1.8399	5	10	灌云县	0.8706	26	49
桓台县	1.6897	6	11	江山市	0.8476	27	53
福清市	1.4670	7	15	靖江市	0.8399	28	55
万年县	1.4511	8	16	泗水县	0.8218	29	57
武平县	1.4436	9	17	东阳市	0.7887	30	59
常熟市	1.3863	10	22	仙游县	0.7124	31	68
昌邑市	1.3515	11	24	胶州市	0.7077	32	70
石狮市	1.3502	12	25	缙云县	0.7073	33	71
响水县	1.2190	13	26	奉新县	0.6964	34	73
汶上县	1.1908	14	27	漳平市	0.6921	35	74
平阳县	1.1414	15	30	温岭市	0.6594	36	82
曲阜市	1.1121	16	32	诸暨市	0.6350	37	90
顺昌县	1.0999	17	33	松阳县	0.6302	38	92
永丰县	1.0796	18	34	海盐县	0.6167	39	96
瑞安市	1.0407	19	35	海宁市	0.6153	40	98
晋江市	1.0318	20	36	开化县	0.6113	41	100
太仓市	0.9958	21	37				
中南地区							
古丈县	2.4227	1	4	通城县	0.9775	7	39
凭祥市	2.3923	2	5	中方县	0.8833	8	46
兴宁市	1.6260	3	12	融安县	0.8253	9	56
东兴市	1.5264	4	14	田东县	0.7783	10	60
揭西县	1.4365	5	18	环江毛南族自治县	0.7451	11	66
陵水黎族自治县	1.3955	6	21	江华瑶族自治县	0.7291	12	67

续表

县级政府	标准化值	地区排名	全国排名	县级政府	标准化值	地区排名	全国排名
蒙山县	0.6874	13	77	扶绥县	0.6589	16	83
鹤山市	0.6871	14	78	长沙县	0.6489	17	86
巴马瑶族自治县	0.6731	15	80	博白县	0.6412	18	87
西南地区							
南部县	1.4133	1	20	简阳市	0.8034	6	58
汉源县	0.9786	2	38	永平县	0.7669	7	64
西昌市	0.9121	3	43	夹江县	0.6706	8	81
仁怀市	0.8722	4	48	勐腊县	0.6166	9	97
松潘县	0.8570	5	50	福泉市	0.6114	10	99
西北地区							
渭源县	1.3585	1	23	宜君县	0.7630	5	65
麟游县	1.1541	2	28	扶风县	0.7036	6	72
景泰县	0.7779	3	61	太白县	0.6319	7	91
合作市	0.7730	4	62	岳普湖县	0.6192	8	95
华北地区							
迁安市	3.4270	1	2	行唐县	0.7078	12	69
元氏县	1.8511	2	9	达拉特旗	0.6918	13	75
乌审旗	1.5920	3	13	襄垣县	0.6887	14	76
苏尼特右旗	1.4171	4	19	兴县	0.6760	15	79
香河县	1.1480	5	29	广灵县	0.6558	16	84
蠡县	1.1253	6	31	阿拉善左旗	0.6552	17	85
鄂托克前旗	0.9476	7	42	阳高县	0.6384	18	88
额济纳旗	0.8566	8	51	二连浩特市	0.6366	19	89
陈巴尔虎旗	0.8480	9	52	阿巴嘎旗	0.6291	20	93
阿拉善右旗	0.8457	10	54	交城县	0.6263	21	94
锡林浩特市	0.7726	11	63				
东北地区							
绥芬河市	2.6076	1	3	抚远市	0.8850	2	45

营造良好的营商环境是县级政府公共服务的重要内容，是县域有效开

展对外交流、合作与竞争的重要前提，是一个县域经济发展的重要体现，是县级政府提高自身竞争力的重要内容，良好的营商环境能提升市场投资效率和提高政府效率。由表5－10可知，县级政府营商环境全国前100名的区域分布具有两个特点。

第一，我国县级政府营商环境排名呈现最优、次优及一般三级特征。其中，华东地区县级政府营商环境最优，该地区有41个县级政府进入全国前100名，约占该地区样本总数（356个县级政府）的11.52%，居我国六大地区之首；华北、中南地区为次优，华北地区有21个县级政府进入全国前100名，约占该地区样本总数（289个县级政府）的7.27%；中南地区有18个县级政府进入全国前100名，约占该地区样本总数（395个县级政府）的4.56%；而西北、西南、东北地区表现一般，比如，西北地区有8个县级政府进入全国前100名，约占该地区样本总数（289个县级政府）的2.77%；西南地区有10个县级政府进入全国前100名，约占该地区样本总数（390个县级政府）的2.56%；而东北地区仅有2个县级政府进入全国前100名，约占该地区样本总数（147个县级政府）的1.36%。从营商环境全国前100名县级政府的地区分布可以看出，我国县级政府营商环境发展不平衡，这可能是我国县域经济社会发展质量存在差异的主要原因。

第二，我国各地县级政府营商环境的改善面临较大挑战。本书有关测度营商环境的数据源于县级政府近几年公开的权责清单和外商投资增速等数据，但是大多数县级政府都未公开或者更新这几项数据。此外，大多数县级政府辖区经济增长乏力，加之国际环境复杂严峻、国内疫情多点散发等不利因素影响，当地经济外循环不畅、内循环受阻。因此，我国县级政府优化营商环境、促进经济社会高质量发展面临巨大挑战。

持续改善县级政府营商环境，不断优化县域公共服务，有利于营造法治化、国际化的经营环境，从而提高地方政府效率及区域市场竞争力。

（五）2022年政务基本信息排名与分析

政务基本信息是政务公开的重要子因素，被赋予0.80的权重，包括领导信息公开等9个指标。2022年县级政府政务基本信息全国前100名的标准化值与排名见表5-11。

表5-11　2022年县级政府政务基本信息全国前100名的标准化值及排名

县级政府	标准化值	地区排名	全国排名	县级政府	标准化值	地区排名	全国排名
华东地区							
莒南县	1.2730	1	1	莱阳市	0.8067	23	40
平阴县	1.1791	2	2	永安市	0.8065	24	41
邹平市	1.1699	3	3	歙县	0.8063	25	42
建瓯市	1.0532	4	4	凤阳县	0.8018	26	44
宿松县	1.0116	5	5	东至县	0.7835	27	50
泾县	1.0070	6	6	兴化市	0.7806	28	51
太湖县	0.9814	7	7	缙云县	0.7762	29	52
潜山市	0.9812	8	8	泗水县	0.7733	30	55
绩溪县	0.9812	8	8	寿光市	0.7703	31	56
平邑县	0.9658	10	10	昌乐县	0.7617	32	58
舒城县	0.9512	11	11	义乌市	0.7585	33	59
平原县	0.9083	12	15	冠县	0.7529	34	62
高密市	0.9021	13	16	濉溪县	0.7492	35	63
宁国市	0.9013	14	17	太和县	0.7410	36	64
海阳市	0.8977	15	18	高邮市	0.7285	37	68
胶州市	0.8940	16	19	商河县	0.7272	38	70
安丘市	0.8929	17	20	齐河县	0.7227	39	74
汶上县	0.8496	18	26	颍上县	0.7218	40	76
祁门县	0.8459	19	28	金乡县	0.7190	41	77
肥城市	0.8384	20	31	梁山县	0.6995	42	82
沂水县	0.8202	21	37	古田县	0.6981	43	87
金寨县	0.8076	22	39	莱州市	0.6981	43	87

续表

县级政府	标准化值	地区排名	全国排名	县级政府	标准化值	地区排名	全国排名
诸城市	0.6981	43	87	乐清市	0.6917	49	96
无为市	0.6950	46	90	成武县	0.6899	50	97
嘉善县	0.6946	47	93	郓城县	0.6899	50	97
沂南县	0.6946	47	93				
中南地区							
天门市	0.8730	1	22	利川市	0.7941	5	48
长沙县	0.8430	2	29	广水市	0.7267	6	71
汉寿县	0.8430	2	29	永兴县	0.6994	7	83
长垣市	0.8222	4	35	通山县	0.6895	8	99
西南地区							
桐梓县	0.8858	1	21	永德县	0.7541	13	60
雷山县	0.8699	2	23	息烽县	0.7300	14	66
锦屏县	0.8553	3	25	洱源县	0.7285	15	68
册亨县	0.8463	4	27	宣汉县	0.7263	16	72
秀山土家族苗族自治县	0.8305	5	34	麻江县	0.7263	16	72
开阳县	0.8018	6	44	六枝特区	0.7109	18	80
祥云县	0.8003	7	46	姚安县	0.7060	19	81
荥经县	0.7977	8	47	平塘县	0.6987	20	85
南华县	0.7908	9	49	凤冈县	0.6983	21	86
南涧彝族自治县	0.7762	10	52	绥阳县	0.6950	22	90
景谷傣族彝族自治县	0.7749	11	54	紫云苗族布依族自治县	0.6950	22	90
贵定县	0.7703	12	56	巧家县	0.6933	24	95
西北地区							
延川县	0.9290	1	12	宜君县	0.8320	5	33
紫阳县	0.9290	1	12	汉阴县	0.8222	6	35
绥德县	0.9242	3	14	黄陵县	0.8106	7	38
靖边县	0.8381	4	32	洋县	0.7541	8	60

续表

县级政府	标准化值	地区排名	全国排名	县级政府	标准化值	地区排名	全国排名
志丹县	0.7307	9	65	石泉县	0.6895	11	99
蒲城县	0.6994	10	83				
东北地区							
阜新蒙古族自治县	0.8599	1	24	珲春市	0.7223	4	75
朝阳县	0.8063	2	42	东港市	0.7172	5	78
喀喇沁左翼蒙古族自治县	0.7300	3	66	巴彦县	0.7112	6	79

政务基本信息是政务公开的重要内容,是测度县级政府效率的主要指标,是县级政府应该公布的最简单、最基本的信息,其数据来自各县级政府网站。分析表5－11,可得出以下两个结论。

第一,不同地区县级政务基本信息标准化值排名存在差距。其中,华东地区县级政府排名最优,该地区有51个县级政府进入全国前100名,约占该地区测度样本总数(356个县级政府)的14.33%。西南地区为次优,有24个县级政府进入全国前100名,约占该地区测度样本总数(390个县级政府)的6.15%。西北、中南、东北地区表现一般。其中,西北地区有11个县级政府进入全国前100名,约占该地区测度样本总数(289个县级政府)的3.81%;中南地区有8个县级政府进入全国前100名,约占该地区测度样本总数(395个县级政府)的2.03%;东北地区有6个县级政府进入全国前100名,约占该地区测度样本总数(147个县级政府)的4.08%。这既反映了各地县级政府普遍重视政务基本信息公开工作,又表明各地推进基本政务信息公开进程不一致。

第二,尽管我国县级政府政务基本信息测度结果表现较好,但也揭示了县级政府在基本政务信息公开方面所存在的困境。因为本书政务基本信息的相关数据都是最简单的信息,应该100%及时在县级政府网站公开。但真正做到及时公开政务信息、实现政务工作透明的县级政府屈指可数。

可见，我国县级政府对中央全面实行政务公开政策的落实不到位。

因此，全面推行县级政务公开、提高县级政府工作透明度与执行力仍然是建设高效廉洁政府的重要手段。

（六）2022年政务时效排名与分析

政务时效是政务公开的重要子因素，被赋予 0.20 的权重，包括政府主动信息公开时效等 6 个指标。2022 年县级政府政务时效全国前 100 名的标准化值与排名见表 5 – 12。

表 5 – 12　2022 年县级政府政务时效全国前 100 名的标准化值与排名

县级政府	标准化值	地区排名	全国排名	县级政府	标准化值	地区排名	全国排名
华东地区							
歙县	1.4315	1	3	商河县	0.7574	19	68
上高县	1.1830	2	11	定远县	0.7526	20	72
怀宁县	1.1409	3	14	奉新县	0.7525	21	73
象山县	1.0226	4	20	涡阳县	0.7522	22	74
丰城市	1.0087	5	23	万安县	0.7421	23	79
高安市	0.9877	6	28	泰兴市	0.7407	24	81
江阴市	0.9686	7	29	建德市	0.7406	25	82
莱阳市	0.9461	8	31	南陵县	0.7291	26	87
东至县	0.9106	9	35	宜丰县	0.7278	27	88
灵璧县	0.9002	10	37	广饶县	0.7266	28	89
德安县	0.8995	11	38	濉溪县	0.7232	29	91
芦溪县	0.8668	12	42	梁山县	0.7181	30	94
靖安县	0.8520	13	45	太和县	0.7172	31	95
吉水县	0.8395	14	48	瑞昌市	0.7152	32	96
樟树市	0.8331	15	49	余姚市	0.7133	33	97
武平县	0.8320	16	50	泗水县	0.7057	34	99
萧县	0.8216	17	54	德兴市	0.7055	35	100
崇仁县	0.7784	18	60				

续表

县级政府	标准化值	地区排名	全国排名	县级政府	标准化值	地区排名	全国排名
中南地区							
西林县	1.5762	1	1	横州市	0.8318	7	51
武宣县	1.5655	2	2	乐业县	0.8305	8	52
鹤山市	1.3340	3	5	田林县	0.8008	9	57
连平县	1.0016	4	24	合浦县	0.7736	10	62
阳西县	0.8706	5	41	阳春市	0.7723	11	63
金秀瑶族自治县	0.8398	6	47	宾阳县	0.7433	12	77
西南地区							
贵定县	1.3464	1	4	高县	0.8637	15	43
乡城县	1.3117	2	6	隆昌市	0.8513	16	46
永仁县	1.2137	3	10	都江堰市	0.8268	17	53
江油市	1.1799	4	12	苍溪县	0.8078	18	56
剑阁县	1.0984	5	15	青川县	0.7847	19	59
峨边彝族自治县	1.0974	6	16	泸县	0.7784	20	60
瓮安县	1.0656	7	17	峨眉山市	0.7699	21	64
元谋县	1.0111	8	22	南华县	0.7574	22	68
夹江县	0.9929	9	26	大竹县	0.7566	23	71
犍为县	0.9480	10	30	锦屏县	0.7423	24	78
蓬安县	0.9212	11	34	独山县	0.7383	25	83
南江县	0.9047	12	36	资中县	0.7369	26	85
瑞丽市	0.8971	13	39	姚安县	0.7320	27	86
福泉市	0.8853	14	40	射洪市	0.7231	28	92
西北地区							
玉门市	1.3106	1	7	阿克苏市	0.9905	6	27
精河县	1.2379	2	9	岐山县	0.9238	7	33
山丹县	1.1496	3	13	巩留县	0.8153	8	55
临泽县	1.0128	4	21	吉木萨尔县	0.7417	9	80
若羌县	0.9938	5	25	麟游县	0.7249	10	90

续表

县级政府	标准化值	地区排名	全国排名	县级政府	标准化值	地区排名	全国排名
华北地区							
肃宁县	1.0357	1	18	古交市	0.7518	7	75
盐山县	1.0266	2	19	长子县	0.7435	8	76
南宫市	0.7954	3	58	四子王旗	0.7379	9	84
青龙满族自治县	0.7642	4	65	乌兰浩特市	0.7188	10	93
托克托县	0.7618	5	66	高碑店市	0.7128	11	98
围场满族蒙古族自治县	0.7574	6	68				
东北地区							
集贤县	1.2462	1	8	富锦市	0.8550	3	44
依安县	0.9290	2	32	盘山县	0.7597	4	67

政务时效是指县级政府网上回应公众咨询及为居民办事的时效，是居民或企业所体验的政府服务质量与效果的反馈，直接体现了县级政府效率水平。分析表5－12，可得出两个结论。

第一，我国县级政府政务时效排名具有最优、次优、一般三级分布特征。华东、西南地区县级政府的政务时效为最优级。其中，华东地区有35个县级政府进入全国前100名，约占该地区测度样本总数（356个县级政府）的9.83%，在六大地区中位居第1名；西南地区有28个县级政府进入全国前100名，约占该地区测度样本总数（390个县级政府）的7.18%。中南、西北、华北地区次之，为次优级。其中，中南地区有12个县级政府进入全国前100名，约占该地区测度样本总数（395个县级政府）的3.04%；西北地区有10个县级政府进入全国前100名，约占该地区测度样本总数（289个县级政府）的3.46%；华北地区有11个县级政府进入全国前100名，约占该地区测度样本总数（289个县级政府）的3.81%。东北地区一般，为一般级，东北地区仅有4个县级政府进入全国前100名，约占该地区测度样本总数（147个县级政府）的2.72%。因此，该排名既证明了县级政府普遍重视提升政务时效,又显示出各地县级政府提升政务时效的效果及节奏不同。

第二,我国县级政府政务时效提升仍比较缓慢。从排名看,虽然我国县级政府政务时效测度结果较好,但有些县级政府在改进政务时效方面仍存在短板,部分县级政府信息公开不及时,或者公开时间严重滞后。

因此,我国县级政府对中央政务公开政策的落实不到位,这严重制约了县级政府效率的提高。因此,持续提升政务时效、全面落实政务公开,是建立阳光型政府、提升县级政府效率的基本举措。

(七)2022年乡村振兴服务排名与分析

乡村振兴服务是乡村振兴效率的主要子因素,被赋予0.25的权重,包括乡村振兴政策、乡村振兴效果2个指标。由于县级政府乡村振兴服务测度指标数量较少,测度结果并列排名较多,因此,本书仅列出2022年乡村振兴服务全国排名并列第一的县级政府(159个)的标准化值(见表5-13)。

表5-13 2022年乡村振兴服务全国排名并列第一的县级政府
(159个)的标准化值

县级政府	标准化值	地区排名	全国排名	县级政府	标准化值	地区排名	全国排名
华东地区							
黟县	1.2541	1	1	浦城县	1.2541	1	1
凤阳县	1.2541	1	1	武平县	1.2541	1	1
天长市	1.2541	1	1	连城县	1.2541	1	1
明光市	1.2541	1	1	漳平市	1.2541	1	1
灵璧县	1.2541	1	1	屏南县	1.2541	1	1
旌德县	1.2541	1	1	彭泽县	1.2541	1	1
闽侯县	1.2541	1	1	分宜县	1.2541	1	1
宁化县	1.2541	1	1	会昌县	1.2541	1	1
尤溪县	1.2541	1	1	井冈山市	1.2541	1	1

续表

县级政府	标准化值	地区排名	全国排名	县级政府	标准化值	地区排名	全国排名
泰宁县	1.2541	1	1	平度市	1.2541	1	1
建宁县	1.2541	1	1	利津县	1.2541	1	1
安溪县	1.2541	1	1	莱阳市	1.2541	1	1
永春县	1.2541	1	1	东平县	1.2541	1	1
德化县	1.2541	1	1	临沭县	1.2541	1	1
顺昌县	1.2541	1	1	郓城县	1.2541	1	1
中南地区							
淇县	1.2541	1	1	阳朔县	1.2541	1	1
卢氏县	1.2541	1	1	全州县	1.2541	1	1
睢县	1.2541	1	1	兴安县	1.2541	1	1
房县	1.2541	1	1	永福县	1.2541	1	1
兴山县	1.2541	1	1	灌阳县	1.2541	1	1
潜江市	1.2541	1	1	龙胜各族自治县	1.2541	1	1
常宁市	1.2541	1	1	恭城瑶族自治县	1.2541	1	1
桂阳县	1.2541	1	1	岑溪市	1.2541	1	1
新化县	1.2541	1	1	合浦县	1.2541	1	1
阳西县	1.2541	1	1	灵山县	1.2541	1	1
郁南县	1.2541	1	1	浦北县	1.2541	1	1
德庆县	1.2541	1	1	桂平市	1.2541	1	1
连州市	1.2541	1	1	容县	1.2541	1	1
南雄市	1.2541	1	1	兴业县	1.2541	1	1
仁化县	1.2541	1	1	田东县	1.2541	1	1
和平县	1.2541	1	1	靖西市	1.2541	1	1
东源县	1.2541	1	1	钟山县	1.2541	1	1
龙门县	1.2541	1	1	富川瑶族自治县	1.2541	1	1
陆丰市	1.2541	1	1	武宣县	1.2541	1	1
南澳县	1.2541	1	1	宁明县	1.2541	1	1
马山县	1.2541	1	1	天等县	1.2541	1	1

续表

县级政府	标准化值	地区排名	全国排名	县级政府	标准化值	地区排名	全国排名
宾阳县	1.2541	1	1	临高县	1.2541	1	1
鹿寨县	1.2541	1	1	琼海市	1.2541	1	1
三江侗族自治县	1.2541	1	1				
西南地区							
简阳市	1.2541	1	1	南华县	1.2541	1	1
米易县	1.2541	1	1	大姚县	1.2541	1	1
合江县	1.2541	1	1	武定县	1.2541	1	1
旺苍县	1.2541	1	1	个旧市	1.2541	1	1
苍溪县	1.2541	1	1	弥勒市	1.2541	1	1
兴义市	1.2541	1	1	屏边苗族自治县	1.2541	1	1
兴仁市	1.2541	1	1	建水县	1.2541	1	1
册亨县	1.2541	1	1	元阳县	1.2541	1	1
安龙县	1.2541	1	1	绿春县	1.2541	1	1
施秉县	1.2541	1	1	广南县	1.2541	1	1
剑河县	1.2541	1	1	富宁县	1.2541	1	1
台江县	1.2541	1	1	弥渡县	1.2541	1	1
黎平县	1.2541	1	1	南涧彝族自治县	1.2541	1	1
雷山县	1.2541	1	1	巍山彝族回族自治县	1.2541	1	1
麻江县	1.2541	1	1	云龙县	1.2541	1	1
平塘县	1.2541	1	1	剑川县	1.2541	1	1
龙里县	1.2541	1	1	芒市	1.2541	1	1
惠水县	1.2541	1	1	盈江县	1.2541	1	1
会泽县	1.2541	1	1	泸水市	1.2541	1	1
元江哈尼族彝族傣族自治县	1.2541		1	南木林县	1.2541	1	1
施甸县	1.2541	1	1	定日县	1.2541	1	1
龙陵县	1.2541	1	1	仁布县	1.2541	1	1

县级政府	标准化值	地区排名	全国排名	县级政府	标准化值	地区排名	全国排名
鲁甸县	1.2541	1	1	定结县	1.2541	1	1
永德县	1.2541	1	1	左贡县	1.2541	1	1
双柏县	1.2541	1	1	秀山土家族苗族自治县	1.2541	1	1
西北地区							
蓝田县	1.2541	1	1	西乡县	1.2541	1	1
周至县	1.2541	1	1	略阳县	1.2541	1	1
岐山县	1.2541	1	1	宁陕县	1.2541	1	1
扶风县	1.2541	1	1	永登县	1.2541	1	1
陇县	1.2541	1	1	临泽县	1.2541	1	1
太白县	1.2541	1	1	山丹县	1.2541	1	1
礼泉县	1.2541	1	1	都兰县	1.2541	1	1
淳化县	1.2541	1	1	西吉县	1.2541	1	1
彬州市	1.2541	1	1	隆德县	1.2541	1	1
潼关县	1.2541	1	1	中宁县	1.2541	1	1
合阳县	1.2541	1	1	海原县	1.2541	1	1
富平县	1.2541	1	1	乌鲁木齐县	1.2541	1	1
吴起县	1.2541	1	1	阜康市	1.2541	1	1
宜川县	1.2541	1	1	温泉县	1.2541	1	1
华北地区							
沁水县	1.2541	1	1	古县	1.2541	1	1
平遥县	1.2541	1	1	武川县	1.2541	1	1

　　乡村振兴服务是考察县级政府乡村振兴效率的重要指标，乡村振兴政策及乡村振兴效果直接关系到乡村居民的生活质量及发展效率。这些全国并列第一的县级政府的区域分布具有两个特点。

　　第一，乡村振兴服务出现排名并列的县级政府很多。表5-13中的黟县、凤阳县等159个县级政府均并列第1名；同时，本书暂未对外公开的其他县级政府的乡村振兴服务排名并列情况也较多。这既反映了各地区县级政府普遍重视提升乡村振兴服务水平，又显示出各县级政府提升乡村振兴服务的效率相当。

第二，我国大部分县级政府乡村振兴服务不够理想。本书有关测度乡村振兴服务的数据源于县级政府公布的基本信息，包括县级政府公布的2022年政府工作报告中有关乡村振兴的关键词数量和县级政府官网中有关"乡村振兴"实施的新闻总数。但是大部分县级政府可能还没有全面落实"乡村振兴"战略或者没有及时更新、公开相关政策或新闻，其乡村振兴服务的测度排名不佳。同时，这一测度结果也说明了一些县级政府对乡村振兴服务的重视程度不够，县级政府亟须加大乡村振兴服务的力度。

（八）2022年乡村产业排名与分析

乡村产业是乡村振兴效率的主要子因素，被赋予0.50的权重，包括粮食种植面积占比等4个指标。2022年县级政府乡村产业全国前100名的标准化值及排名见表5-14。

表5-14 2022年县级政府乡村产业全国前100名的标准化值及排名

县级政府	标准化值	地区排名	全国排名	县级政府	标准化值	地区排名	全国排名
华东地区							
滕州市	3.0652	1	5	利津县	1.3297	13	34
嘉祥县	2.8632	2	8	濉溪县	1.2284	14	43
明溪县	2.4698	3	11	平潭县	1.2078	15	47
高青县	2.3182	4	12	莘县	1.1769	16	48
仙游县	1.9240	5	15	莱阳市	1.1308	17	53
扬中市	1.7621	6	17	武城县	1.1196	18	54
邹城市	1.5804	7	22	商河县	1.0641	19	62
东海县	1.5084	8	25	高唐县	1.0381	20	64
曲阜市	1.4527	9	26	成武县	0.9923	21	71
丹阳市	1.4031	10	29	如东县	0.9712	22	75
阳信县	1.3743	11	30	鄄城县	0.9673	23	78
宁津县	1.3321	12	33	东台市	0.9552	24	81

县级政府	标准化值	地区排名	全国排名	县级政府	标准化值	地区排名	全国排名
安福县	0.8940	25	87	颍上县	0.8518	28	98
东明县	0.8848	26	89	郓城县	0.8469	29	99
微山县	0.8736	27	91	灌云县	0.8438	30	100
中南地区							
英德市	2.8990	1	7	叶县	1.0668	16	60
宜城市	2.5408	2	10	项城市	1.0580	17	63
新郑市	2.0040	3	13	沈丘县	1.0247	18	65
确山县	1.9868	4	14	太康县	1.0193	19	66
隆回县	1.5560	5	23	天等县	1.0001	20	68
岳阳县	1.3353	6	32	郸城县	0.9985	21	69
辉县市	1.2598	7	39	唐河县	0.9706	22	77
商水县	1.2255	8	44	清丰县	0.9632	23	79
鹿邑县	1.2181	9	45	西华县	0.9507	24	82
武穴市	1.1423	10	50	洞口县	0.9079	25	85
公安县	1.1373	11	51	麻城市	0.8884	26	88
延津县	1.1108	12	55	吉首市	0.8701	27	92
平舆县	1.0985	13	56	睢县	0.8621	28	93
正阳县	1.0880	14	58	翁源县	0.8564	29	94
永城市	1.0788	15	59	天门市	0.8538	30	97
西南地区							
南部县	1.2573	1	40	仲巴县	1.1591	3	49
昂仁县	1.2324	2	42	麻江县	1.1325	4	52
西北地区							
铁门关市	2.9364	1	6	塔城市	1.0663	6	61
五家渠市	1.8993	2	16	同心县	0.9929	7	70
石河子市	1.5268	3	24	若羌县	0.9890	8	72
平罗县	1.3488	4	31	图木舒克市	0.9157	9	83
阿拉尔市	1.3108	5	35	城固县	0.8814	10	90

县级政府	标准化值	地区排名	全国排名	县级政府	标准化值	地区排名	全国排名
华北地区							
莫力达瓦达斡尔族自治旗	3.6144	1	3	高邑县	1.0901	4	57
满洲里市	1.6047	2	21	无极县	0.9784	5	73
交口县	1.2796	3	37	柳林县	0.9718	6	74
东北地区							
饶河县	9.1321	1	1	阜新蒙古族自治县	1.2730	11	38
通榆县	3.6743	2	2	永吉县	1.2378	12	41
友谊县	3.0879	3	4	朝阳县	1.2092	13	46
舒兰市	2.7844	4	9	虎林市	1.0123	14	67
大安市	1.7611	5	18	讷河市	0.9710	15	76
富锦市	1.7085	6	19	克山县	0.9554	16	80
洮南市	1.6937	7	20	穆棱市	0.9120	17	84
梨树县	1.4382	8	27	肇源县	0.9048	18	86
兰西县	1.4272	9	28	明水县	0.8563	19	95
桦甸市	1.2866	10	36	林甸县	0.8547	20	96

乡村产业作为乡村振兴的重要推动力，在很大程度上反映了县级政府乡村振兴成效，是体现县级政府效率的重要指标。分析表 5 – 14 可以发现，县级政府乡村产业全国前 100 名的区域分布具有三个特征。

第一，从分布数量来看，华东、中南、东北地区县级政府表现最优，西北地区次优，华北、西南地区表现欠佳。全国排名前 100 的县级政府中，华东、中南、东北地区分别有 30 个、30 个、20 个，数量明显多于其他地区；同时，西北地区有 10 个、华北地区有 6 个、西南地区有 4 个。

第二，从乡村产业排名较靠前的县级政府占比看，我国六大地区之间差异较大，具有不平衡性。例如，乡村产业排名全国前 30 的县级政府中，东北地区有饶河县等 9 个县级政府，约占该地区样本总数（147 个县级政府）的 6.12%；华东地区有滕州市等 11 个县级政府，约占该地区样本总数（356 个县级政府）的 3.09%；中南地区有英德市等 5 个县级政府，约占该地区样本总数（395 个县级政府）的 1.27%；西北地区有铁门关市等 3 个县级政府，约占该地区样本总数（289 个县级政府）的 1.04%；华北地区有莫力达瓦达斡尔族自治旗等 2 个县级政府，约占该地区样本总数（289 个县级政府）的 0.69%；而西南地区没有县级政府进入全国前 30 名。

第三，华北和西南地区的县级政府乡村产业发展欠佳。华北地区仅有 6 个县级政府进入全国前 100 名，西南地区仅有 4 个县级政府进入全国前 100 名。这反映了华北、西南地区县级政府在乡村产业发展方面效果不佳，亟须大力改进，提升当地乡村振兴效率。

（九）2022 年村治水平排名与分析

村治水平是乡村振兴效率的主要子因素，被赋予 0.25 的权重，包括村民自治公开、新增乡镇公务员 2 个指标。2022 年县级政府村治水平全国前 100 名的标准化值及排名见表 5－15。

表 5－15　2022 年县级政府村治水平全国前 100 名的标准化值及排名

县级政府	标准化值	地区排名	全国排名	县级政府	标准化值	地区排名	全国排名
华东地区							
嵊泗县	9.7924	1	2	东山县	1.3838	10	29
凤台县	1.6083	2	9	大余县	1.3823	11	31
岱山县	1.6000	3	10	天台县	1.3779	12	34
全椒县	1.4754	4	17	南丰县	1.3733	13	36
金溪县	1.4568	5	18	上犹县	1.3558	14	38
崇仁县	1.4294	6	22	枞阳县	1.3556	15	39
南陵县	1.4250	7	23	泰兴市	1.3200	16	45
桐城市	1.4219	8	24	定南县	1.3121	17	48
靖江市	1.4172	9	27	新干县	1.3046	18	50

续表

县级政府	标准化值	地区排名	全国排名	县级政府	标准化值	地区排名	全国排名
来安县	1.2961	19	53	太湖县	1.2112	30	80
莒南县	1.2649	20	61	潜山市	1.1833	31	89
古田县	1.2640	21	62	象山县	1.1830	32	90
望江县	1.2556	22	63	缙云县	1.1822	33	91
乐安县	1.2552	23	64	岳西县	1.1795	34	92
泰顺县	1.2329	24	68	当涂县	1.1751	35	94
福鼎市	1.2314	25	69	黎川县	1.1731	36	95
天长市	1.2278	26	70	宁海县	1.1696	37	96
龙南市	1.2249	27	73	南城县	1.1649	38	97
固镇县	1.2207	28	75	婺源县	1.1639	39	100
遂昌县	1.2120	29	79				
中南地区							
南澳县	13.8714	1	1	伊川县	1.3449	11	41
江陵县	1.7043	2	8	龙门县	1.3388	12	42
蕉岭县	1.5328	3	12	泸溪县	1.2914	13	55
鹿寨县	1.4980	4	14	台前县	1.2885	14	57
温县	1.4918	5	16	新安县	1.2348	15	67
罗田县	1.4299	6	21	浠水县	1.2257	16	72
广水市	1.4206	7	25	丰顺县	1.2203	17	76
获嘉县	1.4201	8	26	蕲春县	1.1902	18	86
淇县	1.3742	9	35	随县	1.1838	19	88
竹溪县	1.3459	10	40				
西南地区							
玉屏侗族自治县	1.5811	1	11	修文县	1.3805	7	32
息烽县	1.4971	2	15	雷山县	1.3671	8	37
麻江县	1.4480	3	19	普定县	1.3298	9	44
绥阳县	1.4445	4	20	德江县	1.3172	10	46
施秉县	1.4131	5	28	正安县	1.3148	11	47
江口县	1.3835	6	30	南华县	1.3067	12	49

续表

县级政府	标准化值	地区排名	全国排名	县级政府	标准化值	地区排名	全国排名
赤水市	1.3012	13	51	凤冈县	1.2420	20	66
紫云苗族布依族自治县	1.2977	14	52	六枝特区	1.2224	21	74
思南县	1.2891	15	56	清镇市	1.2159	22	77
印江土家族苗族自治县	1.2819	16	58	石阡县	1.2028	23	84
余庆县	1.2679	17	59	锦屏县	1.1987	24	85
桐梓县	1.2652	18	60	双柏县	1.1873	25	87
湄潭县	1.2518	19	65	织金县	1.1648	26	98
西北地区							
吴堡县	5.6840	1	4	临泽县	1.2269	8	71
长武县	2.4879	2	5	康乐县	1.2048	9	81
留坝县	1.8484	3	6	布尔津县	1.2037	10	82
凤县	1.7588	4	7	镇安县	1.2033	11	83
石泉县	1.5115	5	13	高台县	1.1754	12	93
三原县	1.3333	6	43	宁陕县	1.1641	13	99
佛坪县	1.2930	7	54				
东北地区							
长海县	6.4063	1	3	伊通满族自治县	1.2145	3	78
东辽县	1.3790	2	33				

村治水平是"乡村治理水平"的简称，指县级政府为促进乡村振兴所颁布的各项政策、乡村治理成效，能够体现县级政府在乡村治理方面的成果，直接体现县级政府效率。分析表5－15，可得出两个结论。

第一，我国县级政府村治水平排名具有最优、次优、一般三级分布特征。其中，华东、西南地区县级政府村治水平为最优。华东地区有39个县级政府进入全国前100名，约占该地区测度样本总数（356个县级政府）的10.96%；西南地区有26个县级政府进入全国前100名，约占该地区测度样本总数（390个县级政府）的6.67%。同时，中南、西北地区表现次优。其中，中南地区有19个县级政府进入全国前100名，约占该地区测度样本总数（395个县级政府）的4.81%；西北地区有13个县级政府进入全国前100名，约占该地区测度样本总数（289个县级政府）的4.50%。另外，东北及华北地区表现一般。其中，东北地区仅有3个县级政府进入全国前100名，约占该地区测度样本总数（147个县级政府）的2.04%；而华北地区则没有县级政府进入全国前100名。可见，我国县级政府村治水平表现不平衡，这是影响我国全面实施乡村振兴战略的主要不利条件。

第二，各地县级政府村治水平存在很大的提升空间。研究发现，我国不少县级政府有关村民自治的文件和新闻较少，乡镇公务员招录人数相比城镇公务员招录人数也较少。如果敢于直面这些问题，我国县级政府村治水平就会有明显提高。

因此，不断提升县级政府乡村振兴效率，需要因地制宜地出台、实施相关乡村振兴政策，注重提高村民自治成效，进一步提高村治水平。

第六章
2022年中国地方政府效率"百高区"

　　本书涉及的区级政府，即"区政府"，是指我国333个地级市政府所辖的市辖区（不包括我国北京等4个直辖市所辖的区政府，也不包括我国县级市所辖的区政府），它们是城市主体（市区）的核心组成部分和区域经济发展的中心。其居民以城镇人口为主，人口密度大，流动人口相对集中，经济相对发达，并且第三产业占比较大，社会、文化、金融、贸易等相对繁荣。区级政府效率能够反映我国城市政府效率水平，是我国地方政府效率的重要组成部分。本书将我国地级市政府所辖的902个区级政府作为政府效率研究样本，其中，华东地区有253个区级政府、中南地区有245个区级政府、西南地区有95个区级政府、西北地区有77个区级政府、华北地区有98个区级政府、东北地区有134个区级政府。2022年我国区级政府效率测度指标体系及权重、指标数据来源及处理说明、测度样本参见附录1.4、附录2.4、附录3.4。

　　借鉴中国地方政府效率研究的基本思路及方法，本书确立了相关指标体系及权重，明确了指标数据来源与处理要求，然后测度了2022年我国902个区级政府效率。在此，本书公布地方政府效率测度结果排在全国前100名的区级政府名单，即中国地方政府效率"百高区"，按照华东、中南、西南、西北、华北、东北等六个区域予以分析。

一 效率"百高区"测度排名与分析

2022年中国地方政府效率"百高区"的标准化值及排名见表6-1。由于不同地级市所辖的区级政府名称存在同名现象，因此本书公布区级政府名称及其政府效率排名时，把区级政府所属的地级市也公布出来，以便读者阅读。

表6-1 2022年中国地方政府效率"百高区"的标准化值及排名

地级市	区级政府	标准化值	地区排名	全国排名	地级市	区级政府	标准化值	地区排名	全国排名
华东地区									
常州市	武进区	1.5147	1	1	南通市	海门区	0.3981	20	38
济南市	历城区	0.8672	2	2	杭州市	拱墅区	0.3790	21	41
宁波市	海曙区	0.8137	3	4	杭州市	富阳区	0.3687	22	43
杭州市	滨江区	0.7411	4	9	青岛市	黄岛区	0.3662	23	44
青岛市	市南区	0.6364	5	13	芜湖市	镜湖区	0.3538	24	47
杭州市	上城区	0.5811	6	15	苏州市	吴江区	0.3534	25	48
无锡市	惠山区	0.5139	7	18	宁波市	江北区	0.3520	26	49
福州市	台江区	0.5048	8	19	宁波市	北仑区	0.3485	27	50
青岛市	崂山区	0.4672	9	21	青岛市	市北区	0.3394	28	51
宁波市	鄞州区	0.4497	10	22	厦门市	湖里区	0.3355	29	54
南京市	鼓楼区	0.4428	11	24	济南市	槐荫区	0.3338	30	55
厦门市	思明区	0.4400	12	25	徐州市	云龙区	0.3333	31	56
宁德市	蕉城区	0.4347	13	26	杭州市	西湖区	0.3280	32	57
宁波市	奉化区	0.4300	14	29	无锡市	新吴区	0.3146	33	58
淮安市	淮安区	0.4275	15	30	铜陵市	铜官区	0.3078	34	60
南京市	秦淮区	0.4136	16	33	杭州市	临平区	0.3042	35	61
合肥市	庐阳区	0.4080	17	34	南通市	通州区	0.3028	36	62
杭州市	萧山区	0.4010	18	35	无锡市	梁溪区	0.3000	37	63
宁波市	镇海区	0.3987	19	37	绍兴市	越城区	0.2995	38	64

地级市	区级政府	标准化值	地区排名	全国排名	地级市	区级政府	标准化值	地区排名	全国排名
华东地区									
台州市	黄岩区	0.2944	39	65	南通市	崇川区	0.2575	49	84
杭州市	余杭区	0.2934	40	66	芜湖市	鸠江区	0.2519	50	86
温州市	鹿城区	0.2908	41	67	宿迁市	宿豫区	0.2518	51	87
蚌埠市	龙子湖区	0.2882	42	69	安庆市	大观区	0.2514	52	88
台州市	路桥区	0.2852	43	71	湖州市	吴兴区	0.2468	53	89
杭州市	钱塘区	0.2828	44	73	上饶市	信州区	0.2461	54	90
杭州市	临安区	0.2815	45	76	无锡市	滨湖区	0.2459	55	91
烟台市	莱山区	0.2813	46	77	丽水市	莲都区	0.2456	56	92
泉州市	鲤城区	0.2671	47	81	苏州市	虎丘区	0.2446	57	94
南昌市	青云谱区	0.2667	48	83	苏州市	相城区	0.2394	58	99
中南地区									
深圳市	盐田区	0.8567	1	3	广州市	黄埔区	0.3617	15	46
广州市	越秀区	0.7683	2	6	洛阳市	涧西区	0.3379	16	52
惠州市	惠城区	0.7423	3	8	深圳市	宝安区	0.3378	17	53
永州市	冷水滩区	0.7175	4	10	黄石市	黄石港区	0.3129	18	59
深圳市	南山区	0.5953	5	14	长沙市	芙蓉区	0.2880	19	70
湛江市	霞山区	0.5571	6	16	新乡市	卫滨区	0.2830	20	72
开封市	顺河回族区	0.5252	7	17	武汉市	汉南区	0.2818	21	74
柳州市	城中区	0.4896	8	20	岳阳市	岳阳楼区	0.2789	22	78
郑州市	上街区	0.4319	9	28	武汉市	硚口区	0.2679	23	80
深圳市	福田区	0.4230	10	31	深圳市	龙岗区	0.2670	24	82
深圳市	罗湖区	0.4006	11	36	武汉市	东西湖区	0.2535	25	85
南宁市	江南区	0.3962	12	39	武汉市	江汉区	0.2432	26	95
深圳市	坪山区	0.3844	13	40	江门市	江海区	0.2396	27	97
焦作市	中站区	0.3696	14	42	佛山市	南海区	0.2395	28	98
西南地区									
乐山市	金口河区	0.2907	1	68	昆明市	西山区	0.2385	3	100
遵义市	红花岗区	0.2757	2	79					

地级市	区级政府	标准化值	地区排名	全国排名	地级市	区级政府	标准化值	地区排名	全国排名
西北地区									
西安市	新城区	0.3635	1	45	乌鲁木齐市	天山区	0.2450	2	93
华北地区									
包头市	石拐区	0.7521	1	7	呼伦贝尔市	扎赉诺尔区	0.4491	3	23
包头市	白云鄂博矿区	0.6603	2	12	赤峰市	红山区	0.2422	4	96
东北地区									
鹤岗市	兴山区	0.7687	1	5	长春市	双阳区	0.4195	4	32
鹤岗市	向阳区	0.6613	2	11	沈阳市	浑南区	0.2817	5	75
沈阳市	和平区	0.4333	3	27					

分析表 6-1 可以发现，我国地方政府效率"百高区"的区域分布具有以下三个特征。

第一，我国华东等六大地区存在明显差异，呈现最优、次优两级分布特点。一方面，从区级政府效率全国排名前 30 的数量分布看，华东地区有常州市武进区等 15 个区级政府；中南地区有深圳市盐田区等 9 个区级政府；东北地区有鹤岗市兴山区等 3 个区级政府；华北地区有包头市石拐区等 3 个区级政府；而西南和西北地区没有区级政府进入全国前 30 名。另一方面，从进入"百高区"的政府数量分布看，华东地区有 58 个区级政府，占华东地区测度样本总数（253 个区级政府）的 22.92%；中南地区有 28 个区级政府，占中南地区测度样本总数（245 个区级政府）的 11.43%；西南地区有 3 个区级政府，占西南地区测度样本总数（95 个区级政府）的 3.16%；西北地区有 2 个区级政府，占西北地区测度样本总数（77 个区级政府）的 2.60%；华北地区有 4 个区级政府，占华北地区测度样本总数（98 个区级政府）的 4.08%；东北地区有 5 个区级政府，占东北地区测度样本总数（134 个区级政府）的 3.73%。综上，无论是进入全国排名前 30

的区级政府数量，还是进入"百高区"榜单的区级政府数量，华东地区和中南地区表现最佳，为最优，优于其他四大地区（次优）。

第二，政府效率水平与经济社会发展质量正相关。从"百高区"数量分布看，经济社会发展质量较高的地区，其区级政府效率越高（排名越靠前）；区级政府效率越高的地区，其经济社会发展质量也越高，比如常州市的武进区、深圳市的盐田区等。一方面，经济社会发展质量需要有为政府、效率政府做支撑；另一方面，促进辖区经济社会发展是当地政府施政的主要目标，也是体现地方政府效率的重要方面，因而高效率的政府会通过实施招商引资、人才引进等政策，带动当地经济高质量发展。

第三，尽管西南、西北、华北、东北地区的区级政府效率表现次优，但个别区级政府表现卓越。从全国前30名的区级政府数量分布看，华北、东北各有3个，而西南、西北地区却没有。同时，东北地区鹤岗市兴山区政府效率测度的标准化值为0.7687，排在全国第5名，不仅优于本地区的其他区级政府，且优于华东及中南地区的大多数区级政府。比如，鹤岗市兴山区政府效率优于鹤岗市向阳区（标准化值0.6613，全国第11名）、沈阳市和平区（标准化值0.4333，全国第27名）等，而且优于华东地区的杭州市滨江区（标准化值0.7411，全国第9名）等，还优于中南地区的广州市越秀区（标准化值0.7683，全国第6名）等。

二 效率"百高区"测度因素排名与分析

（一）2022年政府公共服务排名与分析

1. 区级政府公共服务简介

政府公共服务是测度区级政府效率的因素（一级指标），反映了区级政府提供基本公共服务的数量和质量，表征了区级政府的效益，被赋予0.60的权重，包括科教文卫服务等6个子因素（二级指标）、科技支出占地方一般公共预算支出比例等32个三级指标。区级政府公共服务指标情况、指标数据来源及处理说明详见附录1.4、附录2.4。

2. 区级政府公共服务全国前 100 名分析

2022 年区级政府公共服务全国前 100 名的标准化值及排名见表 6-2。

表 6-2 2022 年区级政府公共服务全国前 100 名的标准化值及排名

地级市	区级政府	标准化值	地区排名	全国排名	地级市	区级政府	标准化值	地区排名	全国排名
华东地区									
常州市	武进区	2.3105	1	1	安庆市	大观区	0.3212	20	61
济南市	历城区	1.2589	2	3	吉安市	吉州区	0.3191	21	62
无锡市	惠山区	1.2286	3	4	芜湖市	湾沚区	0.3172	22	63
淮安市	淮安区	0.7780	4	12	铜陵市	铜官区	0.3132	23	65
宁德市	蕉城区	0.5974	5	17	上饶市	信州区	0.3128	24	66
杭州市	上城区	0.5794	6	19	青岛市	市南区	0.3100	25	67
徐州市	云龙区	0.5133	7	23	济南市	槐荫区	0.3071	26	68
合肥市	庐阳区	0.5110	8	24	青岛市	崂山区	0.2996	27	70
青岛市	黄岛区	0.4795	9	25	南京市	江宁区	0.2974	28	73
蚌埠市	龙子湖区	0.3851	10	36	杭州市	滨江区	0.2933	29	75
淄博市	临淄区	0.3612	11	39	临沂市	兰山区	0.2703	30	82
宁波市	鄞州区	0.3592	12	40	莆田市	城厢区	0.2681	31	83
芜湖市	镜湖区	0.3477	13	47	芜湖市	鸠江区	0.2665	32	84
烟台市	牟平区	0.3459	14	49	泰州市	高港区	0.2650	33	85
宁波市	奉化区	0.3405	15	52	温州市	鹿城区	0.2639	34	87
南通市	海门区	0.3362	16	55	宿迁市	宿豫区	0.2615	35	89
德州市	陵城区	0.3329	17	56	龙岩市	新罗区	0.2591	36	92
青岛市	市北区	0.3281	18	59	杭州市	萧山区	0.2582	37	94
厦门市	思明区	0.3246	19	60	淄博市	淄川区	0.2546	38	99
中南地区									
永州市	冷水滩区	1.2873	1	2	焦作市	中站区	0.9187	4	9
惠州市	惠城区	1.2218	2	5	湛江市	霞山区	0.8967	5	10
开封市	顺河回族区	1.0259	3	8	南宁市	江南区	0.7891	6	11

续表

地级市	区级政府	标准化值	地区排名	全国排名	地级市	区级政府	标准化值	地区排名	全国排名
柳州市	城中区	0.6783	7	14	十堰市	郧阳区	0.3328	22	57
洛阳市	涧西区	0.6202	8	15	深圳市	宝安区	0.3139	23	64
深圳市	南山区	0.5526	9	20	三亚市	海棠区	0.2975	24	72
咸宁市	咸安区	0.4357	10	28	十堰市	茅箭区	0.2946	25	74
新乡市	卫滨区	0.4170	11	29	十堰市	张湾区	0.2921	26	76
广州市	黄埔区	0.4120	12	30	深圳市	福田区	0.2846	27	77
深圳市	盐田区	0.4067	13	31	江门市	新会区	0.2789	28	79
武汉市	汉南区	0.4044	14	33	宜昌市	夷陵区	0.2786	29	80
广州市	越秀区	0.4019	15	34	黄石市	下陆区	0.2632	30	88
郴州市	北湖区	0.3723	16	38	怀化市	鹤城区	0.2606	31	90
佛山市	南海区	0.3563	17	41	广州市	天河区	0.2596	32	91
深圳市	龙岗区	0.3558	18	42	郴州市	苏仙区	0.2583	33	93
韶关市	武江区	0.3524	19	44	娄底市	娄星区	0.2575	34	96
韶关市	曲江区	0.3499	20	46	三亚市	崖州区	0.2569	35	97
黄石市	黄石港区	0.3413	21	51	武汉市	东西湖区	0.2559	36	98
西南地区									
乐山市	沙湾区	0.6129	1	16	遵义市	红花岗区	0.3463	7	48
乐山市	金口河区	0.5337	2	21	安顺市	西秀区	0.3064	8	69
昆明市	盘龙区	0.4438	3	26	昆明市	西山区	0.2995	9	71
乐山市	五通桥区	0.4397	4	27	成都市	青白江区	0.2720	10	81
曲靖市	麒麟区	0.3973	5	35	广元市	利州区	0.2647	11	86
资阳市	雁江区	0.3756	6	37					
西北地区									
乌鲁木齐市	天山区	0.3449	1	50	白银市	白银区	0.3283	2	58
华北地区									
包头市	石拐区	1.2169	1	6	鄂尔多斯市	康巴什区	0.4049	4	32
包头市	白云鄂博矿区	1.1032	2	7	赤峰市	红山区	0.3536	5	43
呼伦贝尔市	扎赉诺尔区	0.5801	3	18	乌海市	海南区	0.3384	6	54

地级市	区级政府	标准化值	地区排名	全国排名	地级市	区级政府	标准化值	地区排名	全国排名
吕梁市	离石区	0.2575	7	95	巴彦淖尔市	临河区	0.2519	8	100
东北地区									
长春市	双阳区	0.7190	1	13	沈阳市	和平区	0.3389	4	53
鸡西市	麻山区	0.5181	2	22	沈阳市	浑南区	0.2823	5	78
双鸭山市	岭东区	0.3502	3	45					

由表 6 - 2 可知，区级政府公共服务全国前 100 名的区域分布具有以下两个特征。

第一，我国区级政府公共服务水平呈现最优、次优、一般的三级分布趋势，区域之间差异较为明显。从区级政府进入全国前 100 名的数量及占地区样本总数的比例上看，华东地区有 38 个区级政府进入全国前 100 名，占华东地区测度样本总数（253 个区级政府）的 15.02%；中南地区有 36 个区级政府进入全国前 100 名，占中南地区测度样本总数（245 个区级政府）的 14.69%。华东和中南地区在数量上明显占有优势，其政府公共服务表现极好，属于最优级。同时，西南地区有 11 个区级政府进入全国前 100 名，占该区测度样本总数（95 个区级政府）的 11.58%；华北地区有 8 个区级政府进入全国前 100 名，占该区测度样本总数（98 个区级政府）的 8.16%。西南和华北地区的区级政府公共服务表现较好，属于次优级。此外，东北地区有 5 个区级政府进入全国前 100 名，占该区测度样本总数（134 个区级政府）的 3.73%；西北地区仅 2 个区级政府进入全国前 100 名，占该区测度样本总数（77 个区级政府）的 2.60%。东北和西北地区的区级政府公共服务属于一般级。

第二，虽然华北地区区级政府进入效率"百高区"的数量比华东和中南地区的少，但是其区级政府公共服务表现较好。比如，虽然华北地区只有 8 个区级政府进入全国前 100 名，但却有 3 个区级政府进入全国前 30 名，其中，包头市石拐区（标准化值 1.2169，全国第 6 名）和包头市白云鄂博矿区（标准化值 1.1032，全国第 7 名）的公共服务表现极优，远超本地区的巴彦淖尔市临河区（标准化值 0.2519，全国第 100 名）。同时，包头市石拐区的政府公共服务也优于华东地区的淮安市淮安区（标准化值 0.7780，全国第 12 名），还优于中南地区的开封市顺河回族区（标准化值 1.0259，全国第 8 名）。

（二）2022年政府规模排名与分析

1. 区级政府规模简介

政府规模反映了政府消费的相对规模，表征政府成本，直接体现政府效率水平。政府规模是测度政府效率的主要因素（一级指标），被赋予 0.15 的权重，包括地方一般公共预算支出等 3 个三级指标（详见附录 1.4）。

2. 区级政府规模全国前 100 名分析

2022 年区级政府规模全国前 100 名的标准化值及排名见表 6-3。

表 6-3　2022 年区级政府规模全国前 100 名的标准化值及排名

地级市	区级政府	标准化值	地区排名	全国排名	地级市	区级政府	标准化值	地区排名	全国排名
华东地区									
杭州市	滨江区	2.7143	1	8	福州市	鼓楼区	0.8413	13	52
青岛市	市南区	2.5880	2	10	南京市	雨花台区	0.8314	14	53
福州市	台江区	2.5526	3	11	南昌市	西湖区	0.8035	15	54
南京市	秦淮区	2.3887	4	13	苏州市	姑苏区	0.7956	16	56
南京市	鼓楼区	1.9198	5	15	济南市	历下区	0.7890	17	58
南京市	建邺区	1.2483	6	30	镇江市	润州区	0.6843	18	64
九江市	浔阳区	1.0938	7	32	宁波市	江北区	0.6825	19	65
南京市	玄武区	1.0680	8	33	杭州市	拱墅区	0.6695	20	67
无锡市	梁溪区	1.0402	9	36	无锡市	新吴区	0.6347	21	74
南昌市	青云谱区	1.0072	10	38	杭州市	上城区	0.5832	22	80
厦门市	思明区	0.9217	11	45	青岛市	市北区	0.5679	23	84
厦门市	湖里区	0.8701	12	50	常州市	钟楼区	0.5518	24	87

地级市	区级政府	标准化值	地区排名	全国排名	地级市	区级政府	标准化值	地区排名	全国排名
杭州市	临平区	0.5162	25	90	宁波市	镇海区	0.4881	28	94
徐州市	鼓楼区	0.5091	26	91	苏州市	虎丘区	0.4587	29	97
南昌市	东湖区	0.4990	27	93					
中南地区									
深圳市	盐田区	3.5014	1	3	广州市	荔湾区	0.8689	18	51
平顶山市	石龙区	3.1474	2	4	武汉市	武昌区	0.7929	19	57
郑州市	上街区	2.9681	3	5	洛阳市	老城区	0.7813	20	59
武汉市	江汉区	2.7688	4	7	开封市	禹王台区	0.7789	21	60
广州市	越秀区	2.6964	5	9	湛江市	赤坎区	0.7033	22	62
岳阳市	岳阳楼区	2.4675	6	12	株洲市	石峰区	0.6932	23	63
武汉市	硚口区	2.3427	7	14	洛阳市	瀍河回族区	0.6635	24	69
深圳市	罗湖区	1.6541	8	18	武汉市	青山区	0.6563	25	70
深圳市	坪山区	1.3682	9	21	黄石市	铁山区	0.6535	26	71
深圳市	福田区	1.3071	10	24	武汉市	汉阳区	0.6215	27	75
长沙市	芙蓉区	1.2552	11	29	鹤壁市	鹤山区	0.6130	28	76
黄石市	黄石港区	1.0569	12	35	江门市	江海区	0.5970	29	78
深圳市	南山区	0.9798	13	41	开封市	鼓楼区	0.5937	30	79
武汉市	江岸区	0.9288	14	44	黄石市	下陆区	0.5524	31	86
宜昌市	猇亭区	0.9216	15	46	邵阳市	北塔区	0.5314	32	89
深圳市	光明区	0.9053	16	47	深圳市	龙华区	0.4868	33	95
衡阳市	南岳区	0.8974	17	48	宜昌市	伍家岗区	0.4555	34	99
西南地区									
贵阳市	观山湖区	1.1865	1	31	成都市	青羊区	0.6033	3	77
成都市	锦江区	0.6669	2	68					
西北地区									
西安市	新城区	1.8249	1	17	西宁市	城中区	1.0037	4	39
西安市	碑林区	1.5136	2	20	乌鲁木齐市	水磨沟区	0.8857	5	49
西宁市	城西区	1.2707	3	26	西安市	莲湖区	0.6747	6	66

续表

地级市	区级政府	标准化值	地区排名	全国排名	地级市	区级政府	标准化值	地区排名	全国排名
乌鲁木齐市	沙依巴克区	0.4586	7	98	乌鲁木齐市	天山区	0.4492	8	100
华北地区									
阳泉市	城区	1.3623	1	22	秦皇岛市	北戴河区	0.8000	4	55
石家庄市	井陉矿区	1.0651	2	34	包头市	白云鄂博矿区	0.5742	5	83
承德市	鹰手营子矿区	1.0231	3	37					
东北地区									
鹤岗市	兴山区	7.6605	1	1	辽阳市	白塔区	0.9311	12	43
鹤岗市	向阳区	7.4068	2	2	大连市	沙河口区	0.7425	13	61
鹤岗市	南山区	2.7773	3	6	沈阳市	沈河区	0.6421	14	72
鹤岗市	工农区	1.8996	4	16	鞍山市	千山区	0.6382	15	73
佳木斯市	前进区	1.5359	5	19	沈阳市	大东区	0.5809	16	81
哈尔滨市	平房区	1.3392	6	23	鞍山市	铁西区	0.5790	17	82
大连市	西岗区	1.2802	7	25	鞍山市	立山区	0.5551	18	85
哈尔滨市	南岗区	1.2592	8	27	长春市	南关区	0.5437	19	88
佳木斯市	向阳区	1.2582	9	28	营口市	老边区	0.5058	20	92
沈阳市	和平区	0.9836	10	40	盘锦市	双台子区	0.4714	21	96
大连市	中山区	0.9614	11	42					

由表6-3可知，区级政府规模全国前100名区域分布具有以下三个特征。

第一，我国华东、中南、东北等三个地区的区级政府规模表现优秀，且相对均衡。比如，华东地区有杭州市滨江区等29个区级政府进入全国前100名，占华东地区测度样本总数的11.46%；中南地区有深圳市盐田区等34个区级政府进入全国前100名，占中南地区测度样本总数的13.88%；东北地区有鹤岗市兴山区等21个区级政府进入前100名，占东北地区测度样本总数的15.67%。我国华东、中南和东北地区有84个区级政府进入全国前100名，表现卓越，且相互之间的数量占比差距不大，表现相对均衡。

第二，西北地区政府规模表现较好。该区进入全国前100名的区级政府有8个，其中有3个进入全国前30名。如西安市新城区（标准化值1.8249，全国第17名）远优于本地区的乌鲁木齐市天山区（标准化值0.4492，全国第100名）。同时，西安市新城区的政府规模排名也超过华东地区的南京市建邺区（标准化值1.2483，全国第30名）、中南地区的深圳市罗湖区（标准化值1.6541，全国第18名），以及东北地区的佳木斯市前进区（标准化值1.5359，全国第19名）等。

第三，华北、西南地区的区级政府规模表现一般。比如，华北地区仅有阳泉市城区等5个区级政府进入全国前100名，占该地区测度样本总数的（98个区级政府）的5.10%；西南地区仅有贵阳市观山湖区等3个区级政府进入全国前100名，占该地区测度样本总数（95个区级政府）的3.16%。其区级政府规模与华东、中南、东北和西北地区之间差距较大。

（三）2022年居民经济福利排名与分析

1. 区级政府居民经济福利简介

区级政府居民经济福利包括农村居民人均可支配收入等5个三级指标，间接反映区级政府运行质量和效率，被赋予0.10的权重（详见附录1.4）。

2. 区级政府居民经济福利全国前100名分析

2022年区级政府居民经济福利全国前100名的标准化值及排名见表6-4。

表6-4 2022年区级政府居民经济福利全国前100名的标准化值及排名

地级市	区级政府	标准化值	地区排名	全国排名	地级市	区级政府	标准化值	地区排名	全国排名
华东地区									
宁波市	海曙区	6.3158	1	1	杭州市	余杭区	1.3214	4	4
青岛市	崂山区	1.5837	2	2	苏州市	吴江区	1.3201	5	5
杭州市	临平区	1.3602	3	3	宁波市	鄞州区	1.3155	6	6

地级市	区级政府	标准化值	地区排名	全国排名	地级市	区级政府	标准化值	地区排名	全国排名
宁波市	江北区	1.3127	7	7	无锡市	梁溪区	0.8042	37	45
杭州市	萧山区	1.2926	8	8	绍兴市	柯桥区	0.7930	38	48
无锡市	滨湖区	1.2505	9	9	扬州市	邗江区	0.7880	39	49
杭州市	西湖区	1.2325	10	10	泰州市	姜堰区	0.7707	40	52
宁波市	镇海区	1.2291	11	11	湖州市	吴兴区	0.7668	41	53
杭州市	富阳区	1.1255	12	12	绍兴市	越城区	0.7626	42	54
杭州市	临安区	1.0895	13	13	杭州市	上城区	0.7612	43	55
无锡市	锡山区	1.0861	14	14	杭州市	拱墅区	0.7580	44	56
宁波市	北仑区	1.0786	15	16	杭州市	滨江区	0.7491	45	58
苏州市	吴中区	1.0701	16	17	湖州市	南浔区	0.7407	46	59
南通市	海门区	0.9514	17	21	南通市	崇川区	0.7295	47	60
苏州市	相城区	0.9366	18	22	无锡市	惠山区	0.7088	48	61
苏州市	虎丘区	0.9360	19	23	台州市	椒江区	0.7032	49	62
无锡市	新吴区	0.9280	20	24	台州市	路桥区	0.6788	50	65
南通市	通州区	0.9137	21	25	镇江市	京口区	0.6740	51	66
嘉兴市	秀洲区	0.9116	22	26	南京市	溧水区	0.6668	52	70
南京市	高淳区	0.8918	23	28	舟山市	普陀区	0.6643	53	71
苏州市	姑苏区	0.8913	24	29	盐城市	亭湖区	0.6629	54	72
厦门市	海沧区	0.8775	25	30	烟台市	莱山区	0.6601	55	73
南京市	六合区	0.8767	26	31	南京市	玄武区	0.6509	56	74
厦门市	集美区	0.8445	27	33	泰州市	海陵区	0.6449	57	75
绍兴市	上虞区	0.8422	28	34	烟台市	福山区	0.6388	58	76
温州市	龙湾区	0.8420	29	35	镇江市	润州区	0.6363	59	77
常州市	武进区	0.8364	30	36	福州市	马尾区	0.6349	60	78
温州市	瓯海区	0.8281	31	38	扬州市	广陵区	0.6261	61	80
泰州市	高港区	0.8252	32	39	盐城市	盐都区	0.5949	62	85
舟山市	定海区	0.8251	33	40	嘉兴市	南湖区	0.5939	63	86
温州市	鹿城区	0.8239	34	41	厦门市	同安区	0.5700	64	87
宁波市	奉化区	0.8118	35	43	威海市	环翠区	0.5547	65	88
镇江市	丹徒区	0.8051	36	44	常州市	天宁区	0.5530	66	89

地级市	区级政府	标准化值	地区排名	全国排名	地级市	区级政府	标准化值	地区排名	全国排名
温州市	洞头区	0.5481	67	90	常州市	金坛区	0.5362	71	94
厦门市	思明区	0.5480	68	91	盐城市	大丰区	0.5356	72	95
厦门市	湖里区	0.5465	69	92	台州市	黄岩区	0.5255	73	97
扬州市	江都区	0.5387	70	93	福州市	长乐区	0.5214	74	100
中南地区									
广州市	黄埔区	1.0858	1	15	佛山市	南海区	0.6999	13	63
广州市	番禺区	1.0592	2	18	随州市	曾都区	0.6847	14	64
广州市	越秀区	0.9982	3	19	深圳市	罗湖区	0.6736	15	67
广州市	白云区	0.9684	4	20	深圳市	坪山区	0.6734	16	68
深圳市	南山区	0.9099	5	27	深圳市	龙华区	0.6297	17	79
长沙市	望城区	0.8507	6	32	深圳市	龙岗区	0.6242	18	81
广州市	天河区	0.8341	7	37	广州市	增城区	0.6198	19	82
深圳市	宝安区	0.8124	8	42	佛山市	三水区	0.6034	20	83
深圳市	福田区	0.7966	9	46	深圳市	光明区	0.5985	21	84
深圳市	盐田	0.7868	10	50	郑州市	管城回族区	0.5232	22	98
广州市	海珠区	0.7813	11	51	郑州市	惠济区	0.5224	23	99
广州市	荔湾区	0.7548	12	57					
西北地区									
银川市	金凤区	0.7960	1	47					
华北地区									
呼伦贝尔市	海拉尔区	0.6670	1	69	包头市	九原区	0.5262	2	96

分析表6-4可以发现，区级政府居民经济福利全国前100名区域分布呈现两个显著特征。

第一，区级政府居民经济福利的区域分布呈现最优、次优及一般等三级特点。其中，华东地区居民经济福利最优；中南地区居民经济福利次优。比如，居民经济福利很高、排在全国前30名的区级政府中有25个来自华东地区，有5个来自中南地区。而西北、西南、华北、东北地区等表现一般，它们均没有区级政府进入居民经济福利全国前 30 名。

第二，我国区级政府居民经济福利全国前 100 名区域分布不平衡，特别是华东地区与其他地区之间存在巨大差异。从全国前 100 名的区级政府比例看，华东地区有 74 个，约占华东地区样本总数（253 个区级政府）的 29.25%；中南地区有 23 个，约占中南地区样本总数（245 个区级政府）的 9.39%；华北地区有 2 个，约占华北地区样本总数（98 个区级政府）的 2.04%；西北地区仅有 1 个，约占西北地区样本总数（77 个区级政府）的 1.30%。西南、东北地区没有区级政府进入全国前 100 名。这表明，尽管相关个税、医疗等改革惠民政策有利于提高区级政府辖区的居民经济福利水平，提高区级政府效率，但是居民经济福利水平两极分化问题仍然突出。因此，促进区域之间居民经济福利均衡发展、实现共同富裕任重道远。

（四）2022 年政务公开排名与分析

1. 区级政府政务公开简介

政务公开是区级政府效率测度因素（一级指标），直接影响区级政府效率水平，被赋予 0.15 的权重，包括政务基本信息等 2 个子因素（二级指标）及政府联系方式公开等 16 个三级指标（详见附录 1.4）。

2. 区级政府政务公开全国前 100 名分析

2022 年区级政府政务公开全国前 100 名的标准化值及排名见表 6-5。

表 6-5　2022 年区级政府政务公开全国前 100 名的标准化值及排名

地级市	区级政府	标准化值	地区排名	全国排名	地级市	区级政府	标准化值	地区排名	全国排名
华东地区									
芜湖市	繁昌区	0.9945	1	1	金华市	金东区	0.8802	4	4
宁波市	奉化区	0.9445	2	2	绍兴市	越城区	0.8610	5	5
阜阳市	颍泉区	0.9157	3	3	淮北市	相山区	0.8389	6	6

续表

地级市	区级政府	标准化值	地区排名	全国排名	地级市	区级政府	标准化值	地区排名	全国排名
宁波市	海曙区	0.8053	7	7	杭州市	余杭区	0.6201	37	42
芜湖市	湾沚区	0.8039	8	8	上饶市	信州区	0.6055	38	44
六安市	叶集区	0.7823	9	9	台州市	路桥区	0.6042	39	45
南通市	海门区	0.7654	10	10	宁波市	江北区	0.6032	40	46
芜湖市	弋江区	0.7611	11	11	池州市	贵池区	0.6024	41	47
芜湖市	镜湖区	0.7579	12	12	温州市	洞头区	0.5991	42	48
台州市	黄岩区	0.7226	13	15	常州市	金坛区	0.5990	43	49
合肥市	蜀山区	0.7181	14	16	烟台市	蓬莱区	0.5989	44	50
淮北市	烈山区	0.7122	15	18	杭州市	拱墅区	0.5978	45	51
芜湖市	鸠江区	0.7115	16	19	合肥市	瑶海区	0.5957	46	52
丽水市	莲都区	0.7104	17	20	日照市	东港区	0.5808	47	53
苏州市	吴江区	0.7038	18	21	金华市	婺城区	0.5762	48	54
亳州市	谯城区	0.6931	19	22	绍兴市	上虞区	0.5750	49	55
宿迁市	宿城区	0.6895	20	23	厦门市	湖里区	0.5736	50	56
阜阳市	颍州区	0.6747	21	24	宁波市	鄞州区	0.5710	51	57
黄山市	徽州区	0.6718	22	25	阜阳市	颍东区	0.5707	52	58
杭州市	萧山区	0.6711	23	26	六安市	金安区	0.5650	53	59
杭州市	富阳区	0.6626	24	27	安庆市	宜秀区	0.5640	54	60
湖州市	吴兴区	0.6583	25	28	泰安市	泰山区	0.5598	55	61
蚌埠市	龙子湖区	0.6574	26	29	杭州市	滨江区	0.5539	56	62
衢州市	柯城区	0.6532	27	31	济南市	槐荫区	0.5524	57	63
六安市	裕安区	0.6511	28	32	徐州市	铜山区	0.5507	58	64
南通市	崇川区	0.6471	29	33	淄博市	张店区	0.5450	59	67
嘉兴市	秀洲区	0.6437	30	34	青岛市	黄岛区	0.5438	60	68
宿迁市	宿豫区	0.6431	31	35	南通市	通州区	0.5434	61	69
宁波市	镇海区	0.6392	32	36	青岛市	崂山区	0.5267	62	70
潍坊市	潍城区	0.6384	33	37	湖州市	南浔区	0.5200	63	73
合肥市	庐阳区	0.6266	34	39	菏泽市	定陶区	0.5173	64	74
临沂市	河东区	0.6254	35	40	济南市	市中区	0.5104	65	75
烟台市	福山区	0.6238	36	41	常州市	天宁区	0.5088	66	76

续表

地级市	区级政府	标准化值	地区排名	全国排名	地级市	区级政府	标准化值	地区排名	全国排名
济南市	天桥区	0.5075	67	77	泉州市	鲤城区	0.4759	75	92
南京市	六合区	0.4963	68	79	滁州市	南谯区	0.4746	76	93
聊城市	东昌府区	0.4946	69	81	宁德市	蕉城区	0.4737	77	94
东营市	东营区	0.4913	70	82	蚌埠市	禹会区	0.4735	78	95
泰州市	海陵区	0.4710	79	96	宣城市	宣州区	0.4909	71	83
安庆市	大观区	0.4874	72	85	安庆市	迎江区	0.4686	80	98
宁波市	北仑区	0.4814	73	88	绍兴市	柯桥区	0.4669	81	99
盐城市	盐都区	0.4813	74	89	杭州市	上城区	0.4662	82	100
中南地区									
清远市	清新区	0.7152	1	17	武汉市	新洲区	0.6079	2	43
西南地区									
成都市	新都区	0.7332	1	13	遵义市	红花岗区	0.4950	4	80
安顺市	西秀区	0.6361	2	38	遵义市	播州区	0.4892	5	84
贵阳市	花溪区	0.5252	3	71	成都市	郫都区	0.4822	6	87
西北地区									
西安市	高陵区	0.7277	1	14	西安市	雁塔区	0.4805	4	90
西安市	长安区	0.6544	2	30	西安市	莲湖区	0.4709	5	97
西安市	鄠邑区	0.4858	3	86					
华北地区									
鄂尔多斯市	东胜区	0.4788	1	91					
东北地区									
阜新市	太平区	0.5502	1	65	沈阳市	和平区	0.5223	3	72
阜新市	清河门区	0.5454	2	66	朝阳市	龙城区	0.5048	4	78

政务公开是体现政府效率的重要因素，其数据来源于各区级政府官方网站公布的最简单的、比较重要的基本信息，能够直接反映区级政府的执行力与效率。分析表6-5可以发现，区级政府政务公开全国前100名区域分布具有两个特点。

第一，我国不少地区的区级政府政务公开存在一定的区域差异。从政务公开全国排名前100的区级政府分布情况来看，华东地区区级政府数量最多，政务公开最优；西南、西北、东北地区表现较好，政务公开为次优；中南、华北地区表现一般。各个地区区级政府进入政务公开全国前100名的数量与比例存在明显差距，其中华东有82个区级政府，约占华东样本总数的32.41%；西南有6个区级政府，约占西南样本总数的6.32%；西北有5个区级政府，约占西北样本总数的6.49%；东北有4个区级政府，约占东北样本总数的2.99%；中南有2个区级政府，约占中南样本总数的0.82%；华北仅有1个区级政府，约占华北样本总数的1.02%。这表明我国各地区级政务公开很不平衡。因此，提高区级政府透明度，全面实现区级政务公开的任务异常艰巨。

第二，我国区级政务公开不足。比如，部分区级政府网站没有公开当年或前一年基本的政务信息、基本的经济社会发展统计数据，或者外界无法从其政府官网找到基本的政务信息。按照中办、国办2016年2月颁布的《关于全面推进政务公开工作的意见》，各区级政府应及时在区级政府网站公开相应内容，因此，各区级政府政务公开指标测度排名应当相同，即902个区级政务公开测度排名应是并列第1。然而，测度结果表明，即使党中央、国务院多次要求地方政府依法全面公开政务信息、提升区级政府工作的透明度，但是不少区级政府仍然没有全面落实有关政务公开的政策。

可见，政务公开不足是我国区级政府效率提高的主要短板。因此，实现区级政务全面公开，提高区级政府工作的透明度，让权力在阳光下运行，将区级政府的行政过程置于人民群众的有效监督之下，是各区级政府深化行政审批体制改革、提升政府效率最重要的举措。

三　效率"百高区"测度子因素排名与分析

（一）2022年科教文卫服务排名与分析

科教文卫服务是区级政府公共服务的重要子因素（二级指标），被赋予了 0.25 的权重，包括科技支出占地方一般公共预算支出比例等 7 个三级指标（详见附录 1.4）。2022 年区级政府科教文卫服务全国前 100 名的标准化值及排名见表 6-6。

表 6-6　2022 年区级政府科教文卫服务全国前 100 名的标准化值及排名

地级市	区级政府	标准化值	地区排名	全国排名	地级市	区级政府	标准化值	地区排名	全国排名
华东地区									
常州市	武进区	4.1295	1	2	济南市	槐荫区	0.4858	14	75
无锡市	惠山区	3.4010	2	4	芜湖市	弋江区	0.4707	15	80
杭州市	上城区	1.7523	3	18	泰安市	泰山区	0.4437	16	83
蚌埠市	龙子湖区	1.0706	4	31	青岛市	市北区	0.4362	17	84
芜湖市	镜湖区	1.0135	5	34	厦门市	思明区	0.4285	18	85
烟台市	牟平区	0.9995	6	35	无锡市	滨湖区	0.4238	19	87
蚌埠市	蚌山区	0.7677	7	49	合肥市	庐阳区	0.4214	20	88
徐州市	云龙区	0.7111	8	53	福州市	台江区	0.4099	21	89
青岛市	市南区	0.6435	9	61	漳州市	长泰区	0.4098	22	90
杭州市	滨江区	0.6228	10	63	东营市	东营区	0.4094	23	91
龙岩市	新罗区	0.5404	11	69	杭州市	拱墅区	0.3870	24	96
福州市	鼓楼区	0.5312	12	70	徐州市	泉山区	0.3757	25	98
杭州市	钱塘区	0.4932	13	73	南京市	鼓楼区	0.3750	26	99
中南地区									
惠州市	惠城区	3.3784	1	5	广州市	越秀区	0.9406	10	37
焦作市	中站区	2.9064	2	7	武汉市	汉南区	0.9214	11	39
永州市	冷水滩区	2.5950	3	8	鹤壁市	淇滨区	0.8145	12	45
湛江市	霞山区	1.6321	4	19	黄石市	黄石港区	0.7954	13	46
柳州市	城中区	1.6258	5	20	张家界市	武陵源区	0.7895	14	47
桂林市	秀峰区	1.6234	6	21	衡阳市	南岳区	0.7679	15	48
开封市	顺河回族区	1.2367	7	28	三亚市	崖州区	0.7373	16	52
宜昌市	猇亭区	1.0249	8	32	桂林市	叠彩区	0.7059	17	55
三亚市	海棠区	1.0233	9	33	郴州市	北湖区	0.7003	18	56

续表

地级市	区级政府	标准化值	地区排名	全国排名	地级市	区级政府	标准化值	地区排名	全国排名
桂林市	象山区	0.6535	19	59	怀化市	鹤城区	0.4856	24	76
深圳市	福田区	0.6486	20	60	洛阳市	涧西区	0.4837	25	77
宜昌市	伍家岗区	0.6368	21	62	永州市	零陵区	0.4042	26	92
桂林市	雁山区	0.5983	22	65	鹤壁市	鹤山区	0.4003	27	93
郑州市	上街区	0.5241	23	71	郴州市	苏仙区	0.3713	28	100
西南地区									
乐山市	金口河区	2.3844	1	10	成都市	青羊区	0.5477	6	67
乐山市	沙湾区	2.0982	2	11	昆明市	西山区	0.4473	7	82
昆明市	盘龙区	1.4091	3	23	自贡市	大安区	0.3974	8	95
乐山市	五通桥区	1.1119	4	29	六盘水市	钟山区	0.3804	9	97
林芝市	巴宜区	0.7413	5	50					
西北地区									
哈密市	伊州区	2.0784	1	12	乌鲁木齐市	米东区	0.9155	9	40
乌鲁木齐市	天山区	2.0624	2	13	石嘴山市	惠农区	0.8838	10	42
吐鲁番市	高昌区	1.8664	3	16	乌鲁木齐市	头屯河区	0.6740	11	58
克拉玛依市	白碱滩区	1.8168	4	17	西安市	新城区	0.5415	12	68
克拉玛依市	独山子区	1.3642	5	24	咸阳市	秦都区	0.4759	13	78
乌鲁木齐市	达坂城区	1.3459	6	25	乌鲁木齐市	沙依巴克区	0.4746	14	79
乌鲁木齐市	水磨沟区	1.3377	7	26	石嘴山市	大武口区	0.3993	15	94
兰州市	红古区	0.9392	8	38					
华北地区									
包头市	石拐区	5.7467	1	1	呼伦贝尔市	扎赉诺尔区	1.8896	3	15
包头市	白云鄂博矿区	3.8828	2	3	乌海市	海南区	0.8755	4	43

地级市	区级政府	标准化值	地区排名	全国排名	地级市	区级政府	标准化值	地区排名	全国排名
秦皇岛市	山海关区	0.8281	5	44	唐山市	路南区	0.5107	8	72
赤峰市	红山区	0.6783	6	57	太原市	迎泽区	0.4877	9	74
石家庄市	井陉矿区	0.6077	7	64	大同市	新荣区	0.4245	10	86
东北地区									
鸡西市	麻山区	3.3468	1	6	沈阳市	和平区	0.9484	7	36
齐齐哈尔市	碾子山区	2.4948	2	9	双鸭山市	四方台区	0.9108	8	41
双鸭山市	岭东区	1.9051	3	14	伊春市	友好区	0.7396	9	51
长春市	双阳区	1.5996	4	22	阜新市	清河门区	0.7062	10	54
齐齐哈尔市	梅里斯达斡尔族区	1.3194	5	27	辽阳市	弓长岭区	0.5835	11	66
本溪市	南芬区	1.1065	6	30	伊春市	金林区	0.4635	12	81

由表6-6可知，区级政府科教文卫服务全国前100名的区域分布具有以下三个特征。

第一，西北、中南、华东、华北地区的区级政府科教文卫服务最优，而西南、东北等地区的区级政府科教文卫服务次优，且表现基本平衡。全国前100名的区级政府中，西北地区有15个区级政府，占西北地区样本总数（77个区级政府）的19.48%；中南地区有28个区级政府，占中南地区样本总数（245个区级政府）的11.43%；华东地区有26个区级政府，占华东地区样本总数（253个区级政府）的10.28%；华北地区有10个区级政府，占华北地区样本总数（98个区级政府）的10.20%；西南地区有9个区级政府，占西南地区样本总数（95个区级政府）的9.47%；东北地区有12个区级政府，占东北地区样本总数（134个区级政府）的8.96%。

第二，科教文卫服务质量与当前的区域经济社会发展质量的关联性不明显。比如，西北地区有19.48%的区级政府进入全国前100名，比例最高，而西北地区是目前经济社会发展质量不太高的区域；而华东地区是我国公认的经济社会发展质量较高的地区，但是其区级政府科教文卫服务质量却不是最优的。

第三，地区之间及同一地区内部，不同区级政府科教文卫服务两极分化较为严重。例如，从区级政府全国前100名的数量和比例看，西北地区区级政府科教文卫服务质量明显优于东北地区。而西北地区哈密市的伊州区（全国第12名）与西北地区石嘴山市的大武口区（全国第94名）的排名悬殊，二者相差82位。因此，推进区域之间及区域内部科教文卫服务平等发展面临较大挑战。

（二）2022年公共安全服务排名与分析

公共安全服务是区级政府公共服务的重要子因素（二级指标），被赋予0.15的权重，包括全年空气质量优良率等3个三级指标（详见附录1.4）。2022年区级政府公共安全服务全国前100名的标准化值及排名见表6-7。

表6-7　2022年区级政府公共安全服务全国前100名的标准化值及排名

地级市	区级政府	标准化值	地区排名	全国排名	地级市	区级政府	标准化值	地区排名	全国排名
华东地区									
温州市	瓯海区	1.3677	1	4	台州市	黄岩区	1.1282	12	32
宁波市	奉化区	1.3423	2	10	抚州市	临川区	1.1243	13	34
铜陵市	义安区	1.2773	3	16	温州市	龙湾区	1.1184	14	35
嘉兴市	秀洲区	1.2466	4	17	舟山市	普陀区	1.1184	14	35
铜陵市	铜官区	1.1998	5	18	南通市	海门区	1.1178	16	37
合肥市	瑶海区	1.1529	6	21	吉安市	吉州区	1.1145	17	38
嘉兴市	南湖区	1.1490	7	23	舟山市	定海区	1.1125	18	39
抚州市	东乡区	1.1438	8	24	芜湖市	弋江区	1.0904	19	45
芜湖市	繁昌区	1.1412	9	25	合肥市	庐阳区	1.0826	20	46
龙岩市	永定区	1.1399	10	27	宁波市	北仑区	1.0735	21	47
温州市	鹿城区	1.1360	11	29	宁波市	鄞州区	1.0598	22	53

续表

地级市	区级政府	标准化值	地区排名	全国排名	地级市	区级政府	标准化值	地区排名	全国排名
南昌市	红谷滩区	1.0188	23	57	台州市	椒江区	0.8808	33	77
宁德市	蕉城区	1.0128	24	59	合肥市	蜀山区	0.8587	34	82
九江市	柴桑区	0.9954	25	62	宁波市	镇海区	0.8457	35	87
鹰潭市	余江区	0.9915	26	63	潍坊市	坊子区	0.8405	36	88
阜阳市	颍泉区	0.9733	27	64	芜湖市	湾沚区	0.8392	37	89
安庆市	宜秀区	0.9505	28	68	杭州市	临安区	0.8222	38	90
温州市	洞头区	0.8906	30	74	南京市	浦口区	0.8196	39	92
丽水市	莲都区	0.9023	29	70	湖州市	吴兴区	0.8177	40	94
厦门市	集美区	0.8867	31	75	衢州市	衢江区	0.8105	41	96
泰州市	姜堰区	0.8821	32	76	蚌埠市	龙子湖区	0.8039	42	100
中南地区									
株洲市	渌口区	1.2935	1	14	咸宁市	咸安区	1.0364	5	55
黄冈市	黄州区	1.1119	2	41	广州市	番禺区	1.0071	6	60
深圳市	龙岗区	1.0735	3	47	广州市	天河区	0.8179	7	93
深圳市	南山区	1.0715	4	49					
西南地区									
昆明市	五华区	1.3892	1	1	铜仁市	万山区	1.1340	15	30
昆明市	西山区	1.3892	1	1	贵阳市	云岩区	1.1301	16	31
安顺市	西秀区	1.3853	3	3	昆明市	呈贡区	1.1125	17	39
贵阳市	南明区	1.3677	4	4	毕节市	七星关区	1.1086	18	42
安顺市	平坝区	1.3618	5	6	贵阳市	白云区	1.0930	19	43
贵阳市	乌当区	1.3579	6	7	宜宾市	翠屏区	1.0152	20	58
贵阳市	花溪区	1.3560	7	8	乐山市	五通桥区	0.9697	21	65
六盘水市	钟山区	1.3501	8	9	六盘水市	水城区	0.9023	22	70
广元市	利州区	1.3208	9	12	贵阳市	观山湖区	0.8925	23	73
遂宁市	安居区	1.2876	10	15	遵义市	播州区	0.8808	24	77
遂宁市	船山区	1.1978	11	19	乐山市	市中区	0.8787	25	79
昆明市	官渡区	1.1516	12	22	广元市	朝天区	0.8710	26	80
昆明市	晋宁区	1.1407	13	26	遵义市	红花岗区	0.8652	27	81
遵义市	汇川区	1.1399	14	27	铜仁市	碧江区	0.8554	28	84

地级市	区级政府	标准化值	地区排名	全国排名	地级市	区级政府	标准化值	地区排名	全国排名
普洱市	思茅区	0.8535	29	85					
西北地区									
克拉玛依市	克拉玛依区	1.3208	1	12	银川市	金凤区	0.8097	3	97
西宁市	城中区	0.8492	2	86					
华北地区									
呼伦贝尔市	扎赉诺尔区	1.3247	1	11	包头市	九原区	1.0240	8	56
赤峰市	元宝山区	1.1568	2	20	呼和浩特市	新城区	0.9598	9	66
大同市	平城区	1.1275	3	33	包头市	白云鄂博矿区	0.9563	10	67
巴彦淖尔市	临河区	1.0631	4	50	通辽市	科尔沁区	0.9173	11	69
赤峰市	红山区	1.0606	5	51	呼伦贝尔市	海拉尔区	0.8945	12	72
赤峰市	松山区	1.0606	5	51	鄂尔多斯市	康巴什区	0.8573	13	83
乌兰察布市	集宁区	1.0446	7	54					
东北地区									
伊春市	伊美区	1.0930	1	43	大连市	西岗区	0.8136	4	95
抚顺市	新抚区	1.0045	2	61	沈阳市	辽中区	0.8090	5	98
丹东市	振兴区	0.8222	3	90	大连市	旅顺口区	0.8043	6	99

由表6-7可知，区级政府公共安全服务全国排名前100的区域分布具有明显的差异性。西南、华东、华北地区公共安全服务水平比较优秀，而东北、西北、中南地区的公共安全服务表现一般。例如，我国西南地区有29个区级政府进入全国前100名，占西南地区样本总数（95个区级政府）的30.53%；华东地区有42个区级政府进入全国前100名，占华东地区样本总数（253个区级政府）的16.60%；华北地区有13个区级政府进入全国前100名，占华北地区样本总数（98个区级政府）的13.27%；东北地

区有 6 个区级政府进入前 100 名，占东北地区样本总数（134 个区级政府）的 4.48%；西北地区有 3 个区级政府进入全国前 100 名，占西北地区样本总数（77 个区级政府）的 3.90%；中南地区有 7 个区级政府进入全国前 100 名，占中南地区样本总数（245 个区级政府）的 2.86%。由此可见，我国各地区间的公共安全服务发展水平较不均衡。

（三）2022 年社会保障服务排名与分析

社会保障服务是区级政府公共服务的重要子因素（二级指标），被赋予 0.15 的权重，包括社会保障和就业支出占地方一般公共预算支出比例等 5 个三级指标（详见附录 1.4）。2022 年区级政府社会保障服务全国前 100 名的标准化值及排名见表 6 - 8。

表 6 - 8　2022 年区级政府社会保障服务全国前 100 名的标准化值及排名

地级市	区级政府	标准化值	地区排名	全国排名	地级市	区级政府	标准化值	地区排名	全国排名
华东地区									
常州市	武进区	5.5066	1	3	合肥市	庐阳区	0.3793	5	79
无锡市	惠山区	1.7345	2	12	聊城市	东昌府区	0.3603	6	85
台州市	黄岩区	0.6232	3	46	镇江市	润州区	0.3514	7	87
常州市	天宁区	0.4368	4	70					
中南地区									
开封市	顺河回族区	6.4264	1	1	十堰市	郧阳区	0.8319	10	31
洛阳市	涧西区	5.7357	2	2	江门市	江海区	0.7590	11	35
湛江市	霞山区	3.7427	3	4	安阳市	文峰区	0.7118	12	38
永州市	冷水滩区	2.7469	4	6	柳州市	柳江区	0.7017	13	39
焦作市	中站区	2.5050	5	8	十堰市	茅箭区	0.6498	14	44
惠州市	惠城区	1.9100	6	10	荆州市	沙市区	0.6308	15	45
贵港市	港南区	1.5059	7	14	随州市	曾都区	0.6103	16	51
江门市	蓬江区	0.9837	8	26	玉林市	玉州区	0.5296	17	57
十堰市	张湾区	0.8612	9	29	柳州市	柳南区	0.5251	18	58

续表

地级市	区级政府	标准化值	地区排名	全国排名	地级市	区级政府	标准化值	地区排名	全国排名
柳州市	鱼峰区	0.4977	19	63	开封市	禹王台区	0.3984	22	76
江门市	新会区	0.4769	20	66	黄冈市	黄州区	0.3206	23	94
南阳市	宛城区	0.4368	21	70	河源市	源城区	0.3110	24	96
西南地区									
资阳市	雁江区	2.7700	1	5	普洱市	思茅区	0.7861	7	33
曲靖市	麒麟区	1.3335	2	16	安顺市	西秀区	0.6526	8	42
临沧市	临翔区	1.2197	3	20	昆明市	东川区	0.4074	9	74
林芝市	巴宜区	1.1651	4	21	玉溪市	红塔区	0.3637	10	84
丽江市	古城区	1.0124	5	25	昌都市	卡若区	0.3122	11	95
玉溪市	江川区	0.8342	6	30					
西北地区									
石嘴山市	大武口区	1.7782	1	11	银川市	兴庆区	0.5065	15	61
兰州市	城关区	1.3721	2	15	渭南市	华州区	0.4862	16	65
宝鸡市	陈仓区	1.3179	3	17	酒泉市	肃州区	0.4644	17	68
白银市	白银区	1.2532	4	19	天水市	麦积区	0.4439	18	69
武威市	凉州区	0.8162	5	32	西安市	新城区	0.4226	19	73
宝鸡市	金台区	0.7575	6	36	庆阳市	西峰区	0.3835	20	77
汉中市	汉台区	0.7002	7	40	兰州市	安宁区	0.3807	21	78
商洛市	商州区	0.6512	8	43	西宁市	城北区	0.3357	22	90
陇南市	武都区	0.6218	9	47	天水市	秦州区	0.3331	23	91
兰州市	七里河区	0.5913	10	52	西宁市	城中区	0.3220	24	92
海东市	乐都区	0.5740	11	53	西安市	雁塔区	0.3209	25	93
兰州市	西固区	0.5616	12	54	西宁市	城西区	0.3049	26	97
西宁市	城东区	0.5109	13	59	咸阳市	渭城区	0.3006	27	98
平凉市	崆峒区	0.5075	14	60					
华北地区									
张家口市	桥东区	1.1584	1	22	乌兰察布市	集宁区	0.4868	4	64
张家口市	桥西区	1.0544	2	23	赤峰市	元宝山区	0.4331	5	72
包头市	昆都仑区	0.5493	3	56	包头市	东河区	0.3463	6	89

续表

地级市	区级政府	标准化值	地区排名	全国排名	地级市	区级政府	标准化值	地区排名	全国排名
东北地区									
齐齐哈尔市	铁锋区	2.6321	1	7	辽源市	西安区	0.5582	14	55
长春市	双阳区	2.4267	2	9	鹤岗市	兴山区	0.5020	15	62
绥化市	北林区	1.6740	3	13	鹤岗市	工农区	0.4670	16	67
丹东市	振兴区	1.2699	4	18	牡丹江市	东安区	0.3985	17	75
齐齐哈尔市	碾子山区	1.0463	5	24	营口市	站前区	0.3767	18	80
辽源市	龙山区	0.9082	6	27	本溪市	溪湖区	0.3720	19	81
鹤岗市	东山区	0.8640	7	28	四平市	铁西区	0.3701	20	82
佳木斯市	向阳区	0.7818	8	34	佳木斯市	东风区	0.3644	21	83
齐齐哈尔市	梅里斯达斡尔族区	0.7419	9	37	辽阳市	白塔区	0.3569	22	86
哈尔滨市	阿城区	0.6775	10	41	鸡西市	城子河区	0.3493	23	88
鸡西市	鸡冠区	0.6176	11	48	伊春市	金林区	0.2977	24	99
哈尔滨市	呼兰区	0.6148	12	49	伊春市	友好区	0.2966	25	100
阜新市	细河区	0.6112	13	50					

由表6-8可知，区级政府社会保障服务全国前100名的区域分布具有两个特点。

第一，区域之间、区域内部的社会保障服务十分不均衡。西北地区有27个区级政府进入社会保障服务全国前100名，占西北地区样本总数（77个区级政府）的35.06%；东北地区有25个区级政府进入全国前100名，占东北地区样本总数（134个区级政府）的18.66%；西南地区有11个区级政府进入全国前100名，占西南地区样本总数（95个区级政府）的11.58%；中南地区有24个区级政府进入全国前100名，占中南地区样本总数（245个区级政府）的9.80%；华北地区有6个区级政府进入全国前100名，占华北地区样本总数（98个区级政府）的6.12%；华东地区7个区级政府进入全国前100名，占华东地区样本总数（253个区级政府）的

2.77%。同一省级政府辖区、同一个市的不同区级政府的社会保障服务排名也不平衡。例如，西北地区的兰州市城关区（全国排第15名）与该市的安宁区（全国第78名）的排名相差63位。

第二，我国华东等经济发达地区的区级政府存在社会保障服务短板。比如，华东地区仅有7个区级政府进入全国前100名，进入数量及占比与当地的经济发展水平不匹配。因此，注重民生改善、促进社会保障服务均等化不但是我国经济发展程度欠佳地区区级政府的使命，也是经济发展质量较高地区区级政府的追求。

（四）2022年经济发展服务排名与分析

经济发展服务是衡量区级政府公共服务的重要子因素（二级指标），对区级政府效率影响较大，被赋予0.30的权重，包括全年社会消费品零售总额增长率等8个三级指标（详见附录1.4）。2022年区级政府经济发展服务全国前100名的标准化值及排名见表6-9。

表6-9　2022年区级政府经济发展服务全国前100名的标准化值及排名

地级市	区级政府	标准化值	地区排名	全国排名	地级市	区级政府	标准化值	地区排名	全国排名
华东地区									
济南市	历城区	3.9828	1	1	常州市	武进区	0.9184	11	25
淮安市	淮安区	2.9850	2	2	杭州市	萧山区	0.8689	12	26
徐州市	云龙区	1.7878	3	5	芜湖市	鸠江区	0.7789	13	32
德州市	陵城区	1.3882	4	7	景德镇市	昌江区	0.7643	14	34
安庆市	大观区	1.3178	5	8	莆田市	城厢区	0.7495	15	35
宁德市	蕉城区	1.2708	6	9	南京市	溧水区	0.7368	16	36
德州市	德城区	1.1449	7	10	无锡市	新吴区	0.7035	17	39
青岛市	黄岛区	1.0846	8	12	杭州市	余杭区	0.6844	18	43
淄博市	临淄区	0.9583	9	21	南京市	江宁区	0.6500	19	49
铜陵市	铜官区	0.9231	10	24	苏州市	吴江区	0.6236	20	51

续表

地级市	区级政府	标准化值	地区排名	全国排名	地级市	区级政府	标准化值	地区排名	全国排名
温州市	鹿城区	0.6148	21	52	杭州市	临平区	0.5134	34	78
杭州市	滨江区	0.6089	22	53	杭州市	西湖区	0.4869	35	84
福州市	长乐区	0.5974	23	55	南通市	海门区	0.4774	36	85
宁波市	鄞州区	0.5921	24	57	南通市	崇川区	0.4737	37	87
芜湖市	湾沚区	0.5802	25	59	绍兴市	越城区	0.4689	38	88
青岛市	崂山区	0.5712	26	60	厦门市	思明区	0.4672	39	90
宿迁市	宿豫区	0.5680	27	63	济南市	历下区	0.4663	40	91
芜湖市	繁昌区	0.5662	28	64	泉州市	洛江区	0.4605	41	92
宁波市	北仑区	0.5600	29	65	南京市	玄武区	0.4535	42	94
淄博市	淄川区	0.5560	30	67	潍坊市	奎文区	0.4515	43	95
上饶市	信州区	0.5426	31	69	无锡市	惠山区	0.4498	44	96
常州市	新北区	0.5407	32	70	合肥市	庐阳区	0.4486	45	97
泰州市	高港区	0.5344	33	71	泉州市	鲤城区	0.4405	46	100
中南地区									
南宁市	江南区	2.7488	1	3	十堰市	郧阳区	0.6791	17	44
新乡市	卫滨区	1.9370	2	4	武汉市	东西湖区	0.6666	18	45
佛山市	南海区	1.0676	3	13	十堰市	茅箭区	0.6661	19	46
韶关市	曲江区	1.0074	4	14	深圳市	盐田区	0.6643	20	47
深圳市	南山区	0.9833	5	17	梧州市	长洲区	0.6623	21	48
宜昌市	夷陵区	0.9645	6	18	襄阳市	樊城区	0.6357	22	50
深圳市	宝安区	0.9617	7	20	三亚市	崖州区	0.6082	23	54
宜昌市	西陵区	0.9516	8	22	玉林市	玉州区	0.5922	24	56
柳州市	城中区	0.9243	9	23	广州市	越秀区	0.5878	25	58
广州市	天河区	0.8383	10	27	深圳市	福田区	0.5686	26	62
广州市	黄埔区	0.8197	11	28	黄石市	下陆区	0.5526	27	68
佛山市	顺德区	0.8041	12	29	三亚市	海棠区	0.5337	28	72
黄石市	黄石港区	0.7866	13	30	深圳市	罗湖区	0.5280	29	73
广州市	南沙区	0.7814	14	31	广州市	白云区	0.5269	30	74
深圳市	龙岗区	0.7229	15	37	汕尾市	城区	0.5248	31	75
襄阳市	襄城区	0.6923	16	42	长沙市	雨花区	0.5147	32	76

地级市	区级政府	标准化值	地区排名	全国排名	地级市	区级政府	标准化值	地区排名	全国排名
海口市	琼山区	0.4974	33	79	玉林市	福绵区	0.4571	36	93
咸宁市	咸安区	0.4972	34	80	岳阳市	君山区	0.4446	37	99
北海市	铁山港区	0.4934	35	83					
西南地区									
昌都市	卡若区	1.4635	1	6	曲靖市	沾益区	0.5224	6	77
拉萨市	堆龙德庆区	1.0968	2	11	宜宾市	翠屏区	0.4947	7	81
成都市	青白江区	0.9996	3	15	成都市	成华区	0.4766	8	86
泸州市	龙马潭区	0.6969	4	41	曲靖市	马龙区	0.4687	9	89
遵义市	红花岗区	0.5577	5	66					
西北地区									
榆林市	横山区	0.5703	1	61	吴忠市	利通区	0.4936	2	82
华北地区									
鄂尔多斯市	康巴什区	0.7784	1	33	邯郸市	肥乡区	0.6977	3	40
承德市	鹰手营子矿区	0.7071	2	38					
东北地区									
辽源市	西安区	0.9881	1	16	沈阳市	大东区	0.4458	3	98
鸡西市	鸡冠区	0.9634	2	19					

由表6-9可知，2022年区级政府经济发展服务全国前100名的区域分布具有以下两个特点。

第一，从区级政府经济发展服务全国前100名的数量分布看，各区域之间存在最优、次优、一般等三级分布特点。其中，华东地区有46个区级政府进入全国前100名，占华东地区样本总数的18.18%；中南地区有37个，占中南地区样本总数的15.10%。这表明，华东、中南地区的区级政府经济发展服务明显优于其他区域，属于最优级。同时，西南地区有9个，占该地区样本总数的9.47%，表现较好，为次优级。另外，华北、西北、东北的区级政府经济发展服务表现一般，且差距不大。其中，华北地区有

3 个区级政府进入全国前 100 名，占该地区样本总数的 3.06%；西北地区有 2 个，占该地区样本总数的 2.60%；东北地区有 3 个，占该地区样本总数的 2.24%。可见，经济发展服务是影响辖区经济增长的重要因素，也是区级政府履职的重要方面，是政府公共服务的主要产出，对政府效率影响较大。

第二，同一区域内部，不同区级政府经济发展服务的差异也比较大。例如，华东地区的济南市历城区（全国第 1 名）与泉州市鲤城区（全国第 100 名）的排名差距较大，二者相差 99 位；中南地区的南宁市江南区（全国第 3 名）与岳阳市君山区（全国第 99 名）的排名相差 96 位，二者差异明显。

（五）2022 年乡村振兴服务排名与分析

全面实施乡村振兴离不开各地区级政府提供的乡村振兴服务。乡村振兴服务是衡量区级政府公共服务和政府效率的重要子因素（二级指标），被赋予 0.05 的权重，包括乡村振兴政策等 4 个三级指标（详见附录 1.4）。2022 年区级政府乡村振兴服务全国前 100 名的标准化值及排名见表 6 - 10。

表 6 - 10　2022 年区级政府乡村振兴服务全国前 100 名的标准化值及排名

地级市	区级政府	标准化值	地区排名	全国排名	地级市	区级政府	标准化值	地区排名	全国排名
华东地区									
常州市	武进区	5.3021	1	1	东营市	河口区	0.8241	10	27
南京市	溧水区	1.4251	2	4	合肥市	蜀山区	0.8214	11	29
宣城市	宣州区	1.0453	3	7	济南市	钢城区	0.8208	12	30
马鞍山市	博望区	1.0245	4	8	东营市	垦利区	0.8182	13	31
滁州市	南谯区	1.0068	5	9	莆田市	荔城区	0.8166	14	32
济南市	章丘区	0.9990	6	10	济宁市	兖州区	0.7989	15	38
泉州市	洛江区	0.8895	7	16	盐城市	大丰区	0.7810	16	40
宿迁市	宿豫区	0.8503	8	21	福州市	晋安区	0.7545	17	54
黄山市	徽州区	0.8501	9	23	福州市	长乐区	0.7480	18	57

续表

地级市	区级政府	标准化值	地区排名	全国排名	地级市	区级政府	标准化值	地区排名	全国排名
莆田市	涵江区	0.7389	19	60	福州市	马尾区	0.6434	30	83
济南市	历城区	0.7370	20	61	东营市	东营区	0.6322	31	85
淮南市	谢家集区	0.7272	21	63	南通市	海门区	0.6275	32	86
芜湖市	鸠江区	0.7042	22	70	泰安市	岱岳区	0.6144	33	88
阜阳市	颍州区	0.6925	23	73	安庆市	大观区	0.6105	34	89
六安市	金安区	0.6922	24	74	蚌埠市	蚌山区	0.6079	35	91
宜春市	袁州区	0.6830	25	77	南通市	通州区	0.5896	36	95
聊城市	东昌府区	0.6710	26	78	黄山市	黄山区	0.5800	37	98
济南市	槐荫区	0.6703	27	79	马鞍山市	花山区	0.5778	38	99
烟台市	莱山区	0.6525	28	80	舟山市	普陀区	0.5743	39	100
黄山市	屯溪区	0.6460	29	82					
中南地区									
深圳市	盐田区	4.8851	1	2	三亚市	吉阳区	0.7748	14	45
焦作市	中站区	3.4898	2	3	郑州市	惠济区	0.7542	15	55
鹤壁市	淇滨区	1.4204	3	5	贺州市	平桂区	0.7263	16	65
荆门市	掇刀区	1.0491	4	6	广州市	花都区	0.7170	17	67
韶关市	浈江区	0.9492	5	11	深圳市	龙华区	0.7105	18	68
深圳市	南山区	0.9133	6	14	武汉市	江夏区	0.6927	19	72
北海市	银海区	0.8838	7	17	深圳市	龙岗区	0.6833	20	76
韶关市	曲江区	0.8483	8	24	柳州市	柳江区	0.6377	21	84
益阳市	赫山区	0.8325	9	25	长沙市	望城区	0.6172	22	87
湛江市	麻章区	0.8260	10	26	湛江市	霞山区	0.6102	23	90
荆州市	荆州区	0.8105	11	35	佛山市	高明区	0.6044	24	92
梧州市	龙圩区	0.8029	12	37	汕头市	潮阳区	0.6040	25	93
玉林市	玉州区	0.7861	13	39	鄂州市	梁子湖区	0.5864	26	96
西南地区									
宜宾市	翠屏区	0.9214	1	13	贵阳市	乌当区	0.8112	5	34
铜仁市	万山区	0.8960	2	15	宜宾市	南溪区	0.8046	6	36
昆明市	西山区	0.8658	3	19	眉山市	彭山区	0.7807	7	41
贵阳市	花溪区	0.8215	4	28	昆明市	盘龙区	0.7774	8	42

地级市	区级政府	标准化值	地区排名	全国排名	地级市	区级政府	标准化值	地区排名	全国排名
曲靖市	麒麟区	0.7764	9	43	六盘水市	钟山区	0.7549	17	53
泸州市	纳溪区	0.7731	10	46	广元市	朝天区	0.7482	18	56
达州市	达川区	0.7708	11	47	贵阳市	观山湖区	0.7450	19	58
泸州市	江阳区	0.7681	12	48	安顺市	平坝区	0.7302	20	62
雅安市	名山区	0.7636	13	49	南充市	顺庆区	0.7201	21	66
六盘水市	水城区	0.7598	14	50	曲靖市	马龙区	0.6966	22	71
南充市	高坪区	0.7554	15	51	巴中市	恩阳区	0.6510	23	81
广安市	广安区	0.7550	16	52	雅安市	雨城区	0.5836	24	97
西北地区									
克拉玛依市	乌尔禾区	0.9240	1	12	西安市	临潼区	0.8122	3	33
铜川市	耀州区	0.8555	2	20	天水市	麦积区	0.7759	4	44
华北地区									
赤峰市	元宝山区	0.8765	1	18	赤峰市	松山区	0.7271	4	64
通辽市	科尔沁区	0.8502	2	22	吕梁市	离石区	0.7097	5	69
巴彦淖尔市	临河区	0.7403	3	59	赤峰市	红山区	0.6889	6	75
东北地区									
沈阳市	和平区	0.5938	1	94					

乡村振兴服务反映了区级政府落实乡村振兴政策的质量与效率，其数据来自各区级政府官网公布的相关报道、统计年鉴等基本信息。分析表6-10可知，区级政府乡村振兴服务全国前100名的区域分布具有两大特点。

第一，我国不少地区的区级政府乡村振兴服务表现相对均衡。比如，华东、中南、西南地区进入乡村振兴服务全国前100名的区级政府数量和比例基本相当。华东地区有39个区级政府，占该地区样本总数的15.42%；中南地区有26个区级政府，占该地区样本总数的10.61%；西南地区有24个区级政府，占该地区样本总数的25.26%。与此同时，东北、西北、华北等地区的区级政府进入乡村振兴服务全国前100名的数量较少，其中，东北仅有1个、西北有4个、华北有6个，其乡村振兴服务水平有待提升。

第二，作为我国粮仓的东北地区，其区级政府乡村振兴服务表现一般，存在隐忧。当地政府如果不及时优化乡村振兴服务、提高政府效率，就可能阻碍当地全面实施乡村振兴及农业农村现代化进程。

（六）2022年营商环境排名与分析

营商环境是衡量区级政府公共服务和政府效率的重要子因素（二级指标），被赋予0.10的权重，由权责清单等5个三级指标组成（详见附录1.4）。2022年区级政府营商环境全国前100名的标准化值及排名见表6-11。

表6-11　2022年区级政府营商环境全国前100名的标准化值及排名

地级市	区级政府	标准化值	地区排名	全国排名	地级市	区级政府	标准化值	地区排名	全国排名
华东地区									
烟台市	福山区	1.7945	1	4	济南市	历下区	0.7429	18	32
济南市	历城区	1.3107	2	6	菏泽市	定陶区	0.7337	19	34
莆田市	城厢区	1.1644	3	7	聊城市	东昌府区	0.7309	20	35
济南市	槐荫区	1.1569	4	8	青岛市	城阳区	0.7160	21	36
滨州市	沾化区	1.1093	5	9	青岛市	黄岛区	0.7111	22	38
烟台市	莱山区	0.9728	6	14	烟台市	牟平区	0.7068	23	41
烟台市	芝罘区	0.9524	7	15	青岛市	李沧区	0.7040	24	42
济南市	市中区	0.9498	8	16	东营市	垦利区	0.6999	25	44
莆田市	荔城区	0.8512	9	20	日照市	东港区	0.6970	26	45
厦门市	同安区	0.8394	10	22	青岛市	崂山区	0.6937	27	46
烟台市	蓬莱区	0.8267	11	24	济南市	莱芜区	0.6908	28	48
青岛市	即墨区	0.7910	12	26	淄博市	周村区	0.6897	29	49
济南市	天桥区	0.7852	13	27	滨州市	滨城区	0.6813	30	51
德州市	陵城区	0.7765	14	28	青岛市	市北区	0.6674	31	53
上饶市	信州区	0.7703	15	29	济宁市	兖州区	0.6661	32	54
青岛市	市南区	0.7515	16	30	济宁市	任城区	0.6534	33	56
济南市	长清区	0.7506	17	31	菏泽市	牡丹区	0.6267	34	60

续表

地级市	区级政府	标准化值	地区排名	全国排名	地级市	区级政府	标准化值	地区排名	全国排名
淄博市	张店区	0.6086	35	64	泰安市	泰山区	0.5106	45	86
枣庄市	市中区	0.6013	36	66	威海市	文登区	0.5081	46	89
淄博市	临淄区	0.5952	37	67	枣庄市	台儿庄区	0.5064	47	90
济南市	章丘区	0.5914	38	68	威海市	环翠区	0.5030	48	91
济南市	济阳区	0.5912	39	69	临沂市	罗庄区	0.5005	49	93
莆田市	秀屿区	0.5661	40	71	潍坊市	潍城区	0.4853	50	94
淄博市	博山区	0.5589	41	72	聊城市	茌平区	0.4803	51	95
龙岩市	新罗区	0.5495	42	75	泰安市	岱岳区	0.4752	52	97
日照市	岚山区	0.5157	43	82	枣庄市	薛城区	0.4664	53	100
潍坊市	寒亭区	0.5132	44	83					
中南地区									
韶关市	武江区	5.1336	1	1	广州市	荔湾区	0.6800	8	52
株洲市	芦淞区	1.8059	2	3	武汉市	汉南区	0.5519	9	74
武汉市	洪山区	1.1025	3	10	百色市	右江区	0.5483	10	76
北海市	银海区	1.0091	4	12	荆州市	沙市区	0.5129	11	84
广州市	白云区	1.0029	5	13	鄂州市	梁子湖区	0.5103	12	87
广州市	番禺区	0.8438	6	21	宜昌市	伍家岗区	0.5020	13	92
咸宁市	咸安区	0.6872	7	50	武汉市	黄陂区	0.4767	14	96
西南地区									
成都市	新都区	1.3388	1	5	绵阳市	涪城区	0.7094	5	39
成都市	成华区	0.8619	2	19	成都市	锦江区	0.5367	6	79
成都市	龙泉驿区	0.8317	3	23	遂宁市	船山区	0.4687	7	99
成都市	郫都区	0.7936	4	25					
西北地区									
榆林市	榆阳区	1.0209	1	11	汉中市	汉台区	0.5187	2	81
华北地区									
吕梁市	离石区	0.8745	1	18	太原市	尖草坪区	0.7031	5	43
太原市	小店区	0.7395	2	33	太原市	迎泽区	0.6933	6	47
太原市	万柏林区	0.7140	3	37	石家庄市	长安区	0.5460	7	77
太原市	杏花岭区	0.7088	4	40	忻州市	忻府区	0.5085	8	88

地级市	区级政府	标准化值	地区排名	全国排名	地级市	区级政府	标准化值	地区排名	全国排名
石家庄市	鹿泉区	0.4733	9	98					
东北地区									
沈阳市	辽中区	2.5056	1	2	朝阳市	双塔区	0.6156	9	63
抚顺市	望花区	0.8873	2	17	葫芦岛市	连山区	0.6065	10	65
沈阳市	浑南区	0.6591	3	55	盘锦市	兴隆台区	0.5900	11	70
双鸭山市	四方台区	0.6352	4	57	沈阳市	于洪区	0.5554	12	73
鹤岗市	工农区	0.6336	5	58	鞍山市	立山区	0.5373	13	78
鹤岗市	南山区	0.6288	6	59	盘锦市	大洼区	0.5259	14	80
辽阳市	太子河区	0.6189	7	61	辽阳市	白塔区	0.5129	15	84
抚顺市	顺城区	0.6176	8	62					

由表6-11可知,2022年区级政府营商环境全国前100名的分布呈现两个特点。

第一,从各地进入营商环境全国前100名区级政府数量及比例看,分布呈现最优、次优、一般等三级趋势。其中,华东地区最优,东北、华北、中南、西南等区级政府营商环境较好,为次优,而西北区级政府营商环境一般,需要大力改进。例如,华东地区有53个区级政府进入全国前100名,占该地区样本总数的20.95%;东北地区有15个,占该地区样本总数的11.19%;华北地区有9个,占该地区样本总数的9.18%;西南地区有7个,占该地区样本总数的7.37%;中南地区有14个,占该地区样本总数的5.71%;西北地区有2个,占该地区样本总数的2.60%。

第二,我国区级政府优化营商环境面临激烈竞争及巨大挑战。当前,营商环境被很多区级政府作为"一号工程"重点推进,营造最优、更优营商环境成为各区级政府履职目标。然而,本书有关商营环境的数据源于区级政府公开的最基本的信息,包括近两年公开的权责清单和实际利用外资增速等数据,但是大多数区级政府都没有公开或者没有更新相关数据。加之新冠肺炎疫情防控、中美贸易摩擦、俄乌冲突等不利因素影响,各地经济外循环不畅、内循环受阻。这为我国区级政府优化营商环境、提高政府效率带来前所未有的挑战。

（七）2022年政务基本信息排名与分析

政务基本信息是区级政府政务公开的重要子因素，被赋予 0.80 的权重，包括政府联系方式公开等 10 个三级指标（详见附录 1.4）。2022 年区级政府政务基本信息全国前 100 名的标准化值与排名见表 6 - 12。

表 6 - 12   2022 年区级政府政务基本信息全国前 100 名的标准化值及排名

地级市	区级政府	标准化值	地区排名	全国排名	地级市	区级政府	标准化值	地区排名	全国排名
华东地区									
宁波市	奉化区	1.0439	1	1	杭州市	富阳区	0.8001	20	23
芜湖市	繁昌区	1.0439	1	1	蚌埠市	龙子湖区	0.7929	21	24
临沂市	河东区	0.9308	3	3	南通市	海门区	0.7819	22	25
淮北市	相山区	0.9090	4	4	台州市	黄岩区	0.7806	23	26
绍兴市	越城区	0.8864	5	5	芜湖市	鸠江区	0.7772	24	28
宁波市	海曙区	0.8831	6	6	泰安市	泰山区	0.7557	25	29
芜湖市	湾沚区	0.8741	7	7	菏泽市	定陶区	0.7557	25	29
烟台市	蓬莱区	0.8741	7	7	日照市	东港区	0.7504	27	31
六安市	叶集区	0.8641	9	9	台州市	路桥区	0.7458	28	32
淮北市	烈山区	0.8595	10	10	金华市	金东区	0.7407	29	33
合肥市	蜀山区	0.8435	11	11	苏州市	吴江区	0.7379	30	34
丽水市	莲都区	0.8242	12	15	嘉兴市	秀洲区	0.7365	31	35
合肥市	瑶海区	0.8171	13	16	池州市	贵池区	0.7348	32	36
阜阳市	颍泉区	0.8128	14	17	宁波市	镇海区	0.7166	33	37
合肥市	庐阳区	0.8105	15	18	黄山市	徽州区	0.7158	34	38
芜湖市	弋江区	0.8105	15	18	常州市	金坛区	0.7121	35	39
芜湖市	镜湖区	0.8089	17	20	南通市	崇川区	0.7030	36	40
潍坊市	潍城区	0.8029	18	21	济南市	天桥区	0.7015	37	41
烟台市	福山区	0.8013	19	22	六安市	裕安区	0.6943	38	42

地级市	区级政府	标准化值	地区排名	全国排名	地级市	区级政府	标准化值	地区排名	全国排名
聊城市	东昌府区	0.6892	39	43	杭州市	临平区	0.5623	59	75
六安市	金安区	0.6878	40	44	三明市	沙县区	0.5622	60	76
泉州市	鲤城区	0.6626	41	45	淄博市	淄川区	0.5616	61	77
南通市	通州区	0.6606	42	47	济南市	市中区	0.5583	62	78
上饶市	信州区	0.6600	43	48	龙岩市	永定区	0.5510	63	79
阜阳市	颍州区	0.6350	44	51	马鞍山市	博望区	0.5440	64	80
淄博市	张店区	0.6338	45	52	厦门市	湖里区	0.5402	65	81
安庆市	宜秀区	0.6307	46	54	铜陵市	义安区	0.5391	66	82
亳州市	谯城区	0.6268	47	55	蚌埠市	禹会区	0.5368	67	84
济南市	槐荫区	0.6256	48	56	衢州市	柯城区	0.5345	68	86
温州市	洞头区	0.6237	49	58	徐州市	铜山区	0.5334	69	87
宣城市	宣州区	0.6225	50	60	绍兴市	上虞区	0.5317	70	88
青岛市	黄岛区	0.6052	51	63	淮北市	杜集区	0.5317	70	88
烟台市	莱山区	0.5986	52	65	盐城市	盐都区	0.5224	72	92
福州市	台江区	0.5874	53	66	日照市	岚山区	0.5208	73	94
泰州市	海陵区	0.5836	54	67	烟台市	牟平区	0.5152	74	96
宁波市	江北区	0.5836	54	67	东营市	东营区	0.5151	75	97
湖州市	吴兴区	0.5831	56	69	济南市	历下区	0.5145	76	98
青岛市	崂山区	0.5716	57	73	淮安市	淮阴区	0.5133	77	99
枣庄市	市中区	0.5702	58	74	淮南市	潘集区	0.5132	78	100
中南地区									
清远市	清新区	0.8277	1	13	十堰市	郧阳区	0.5166	3	95
武汉市	新洲区	0.5801	2	70					
西南地区									
安顺市	西秀区	0.8250	1	14	遵义市	播州区	0.6200	4	62
贵阳市	花溪区	0.6553	2	49	昆明市	西山区	0.5368	5	84
遵义市	红花岗区	0.6319	3	53	六盘水市	水城区	0.5132	6	100
西北地区									
西安市	长安区	0.8377	1	12	西安市	鄠邑区	0.6623	3	46
西安市	高陵区	0.7806	2	26	西安市	莲湖区	0.6203	4	61

地级市	区级政府	标准化值	地区排名	全国排名	地级市	区级政府	标准化值	地区排名	全国排名
西安市	雁塔区	0.5788	5	71	咸阳市	渭城区	0.5302	7	90
西安市	阎良区	0.5788	5	71					
华北地区									
鄂尔多斯市	东胜区	0.6250	1	57	石家庄市	藁城区	0.5249	2	91
东北地区									
阜新市	太平区	0.6495	1	50	沈阳市	和平区	0.5376	4	83
阜新市	清河门区	0.6232	2	59	黑河市	爱辉区	0.5214	5	93
朝阳市	龙城区	0.5996	3	64					

政务基本信息是区级政府政务公开的重要内容，是测度区级政府效率的重要子因素（二级指标），是区级政府应该公布的最简单、最基本的信息，其数据来自各区级政府网站公布的信息。分析表6－12，可得出两个结论。

第一，我国区级政府政务基本信息排名区域分布不均，华东地区最佳，其他地区与其差距很大，两极分化比较突出。从全国排名前100的区级政府区域分布看，华东地区有78个，约占华东地区样本总数的30.83%；西北地区有7个，约占西北地区样本总数的9.09%；西南地区有6个，约占西南地区样本总数的6.32%；东北地区有5个，约占东北地区样本总数的3.73%；华北地区有2个，约占华北地区样本总数的2.04%；中南地区有3个，约占中南地区样本总数1.22%。

第二，虽然我国区级政务基本信息测度结果表现较好，但是区级政府在基本政务信息方面也存在问题。本书有关区级政府政务基本信息的数据都来自2021年底或者2022年初各区级政府召开地方两会时，由区级政府主要负责人、区财政局局长、区发改委主任等在区级两会上向当地两会代表及委员所作的报告或者通报的数据，都是最简单的信息，从理论上应该及时在区级政府网站公开。换言之，全国902个区级政府的政务基本信息排名应该并列第1。但是实际并非如此,真正做到依法及时公开政务信息、实现政务工作透明的区级政府寥寥无几。可见,我国区级政府对党中央国务院依法全面实行政务公开文件的落实亟须加强。

(八)2022年政务时效排名与分析

政务时效是区级政府政务公开的重要子因素,被赋予0.20的权重,包括政府主动信息公开时效等6个三级指标(详见附录1.4)。2022年区级政府政务时效全国前100名的标准化值与排名见表6-13。

表6-13　2022年区级政府政务时效全国前100名的标准化值及排名

地级市	区级政府	标准化值	地区排名	全国排名	地级市	区级政府	标准化值	地区排名	全国排名
华东地区									
杭州市	滨江区	1.9468	1	1	阜阳市	颍州区	0.8338	19	29
杭州市	上城区	1.5242	2	4	杭州市	西湖区	0.8225	20	30
金华市	婺城区	1.4380	3	5	芜湖市	繁昌区	0.7967	21	35
金华市	金东区	1.4380	3	5	绍兴市	越城区	0.7592	22	37
宿迁市	宿城区	1.4355	5	7	厦门市	思明区	0.7518	23	38
杭州市	拱墅区	1.3466	6	8	绍兴市	上虞区	0.7483	24	40
阜阳市	颍泉区	1.3273	7	9	厦门市	湖里区	0.7070	25	44
杭州市	萧山区	1.3230	8	10	南通市	海门区	0.6996	26	45
阜阳市	颍东区	1.3032	9	12	安庆市	大观区	0.6917	27	47
杭州市	余杭区	1.2760	10	13	宁波市	江北区	0.6818	28	49
宿迁市	宿豫区	1.2679	11	14	宁德市	蕉城区	0.6686	29	51
湖州市	南浔区	1.2185	12	16	徐州市	云龙区	0.6403	30	56
衢州市	柯城区	1.1279	13	18	厦门市	集美区	0.6359	31	58
滁州市	琅琊区	1.0823	14	19	常州市	天宁区	0.6347	32	59
滁州市	南谯区	1.0120	15	20	徐州市	铜山区	0.6199	33	62
湖州市	吴兴区	0.9592	16	21	苏州市	吴江区	0.5674	34	72
亳州市	谯城区	0.9584	17	22	芜湖市	弋江区	0.5637	35	73
宁波市	鄞州区	0.8360	18	28	淮北市	相山区	0.5585	36	74

地级市	区级政府	标准化值	地区排名	全国排名	地级市	区级政府	标准化值	地区排名	全国排名
芜湖市	镜湖区	0.5537	37	76	新余市	渝水区	0.5139	46	91
泉州市	泉港区	0.5529	38	78	福州市	马尾区	0.5066	47	93
青岛市	即墨区	0.5513	39	79	莆田市	涵江区	0.5043	48	94
宁波市	奉化区	0.5470	40	80	铜陵市	铜官区	0.5010	49	95
南京市	六合区	0.5455	41	81	温州市	洞头区	0.5003	50	96
徐州市	贾汪区	0.5373	42	84	黄山市	徽州区	0.4959	51	97
铜陵市	郊区	0.5266	43	86	宁波市	海曙区	0.4938	52	98
芜湖市	湾沚区	0.5230	44	88	台州市	黄岩区	0.4904	53	100
吉安市	吉州区	0.5229	45	89					
中南地区									
武汉市	新洲区	0.7189	1	42	柳州市	柳北区	0.6102	6	63
深圳市	罗湖区	0.6873	2	48	阳江市	江城区	0.5985	7	66
广州市	越秀区	0.6491	3	53	衡阳市	雁峰区	0.5708	8	71
南宁市	良庆区	0.6399	4	57	汕头市	澄海区	0.4912	9	99
江门市	蓬江区	0.6327	5	61					
西南地区									
成都市	双流区	1.7889	1	2	广元市	利州区	0.7507	10	39
成都市	新都区	1.6220	2	3	乐山市	金口河区	0.7102	11	43
自贡市	自流井区	1.3194	3	11	广元市	昭化区	0.6724	12	50
自贡市	沿滩区	1.2192	4	15	贵阳市	南明区	0.6474	13	55
成都市	新津区	1.1403	5	17	巴中市	恩阳区	0.5757	14	69
成都市	温江区	0.9159	6	24	雅安市	雨城区	0.5379	15	83
自贡市	贡井区	0.8525	7	27	乐山市	沙湾区	0.5352	16	85
自贡市	大安区	0.8086	8	31	泸州市	江阳区	0.5247	17	87
绵阳市	安州区	0.8031	9	34					
西北地区									
克拉玛依市	乌尔禾区	0.9552	1	23	酒泉市	肃州区	0.7690	3	36
克拉玛依市	白碱滩区	0.8037	2	32	兰州市	安宁区	0.6044	4	64

续表

地级市	区级政府	标准化值	地区排名	全国排名	地级市	区级政府	标准化值	地区排名	全国排名
西宁市	城东区	0.5961	5	68	海东市	乐都区	0.5393	7	82
宝鸡市	金台区	0.5534	6	77	西安	高陵区	0.5161	8	90
华北地区									
保定市	满城区	0.6484	1	54	大同市	云岗区	0.5999	2	65
东北地区									
佳木斯市	向阳区	0.8870	1	25	辽阳市	文圣区	0.6338	7	60
齐齐哈尔市	富拉尔基区	0.8661	2	26	大庆市	萨尔图区	0.5965	8	67
盘锦市	兴隆台区	0.8033	3	33	丹东市	元宝区	0.5728	9	70
佳木斯市	前进区	0.7424	4	41	营口市	西市区	0.5558	10	75
盘锦市	大洼区	0.6958	5	46	佳木斯市	郊区	0.5089	11	92
沈阳市	大东区	0.6529	6	52					

政务时效是指区级政府网上回应公众咨询及为居民办事的时效，是居民或企业所体验的政府服务质量与效果的反馈，直接体现区级政府效率水平。分析表6–13，可得出以下两个结论。

第一，我国区级政府政务时效呈现最优、次优等两级分布趋势，同时不少地区的区级政府政务时效指标相对均衡。华东地区与西南地区表现最优，华东地区有53个区级政府进入全国前100名，占该地区样本总数的20.95%；西南地区有17个，占该地区样本总数的17.89%。而西北地区与东北地区、中南地区与华北地区进入政务时效全国前100名的数量和比例大致相当，表现较好，为次优。西北地区有8个区级政府，占该地区样本总数的10.39%；东北地区有11个，占该地区样本总数的8.21%；中南地区有9个区级政府，占该地区样本总数的3.67%；华北地区有2个区级政府，占该地区样本总数的2.04%。

第二，我国区级政府政务时效总体标准化值不够高，提升空间较大。虽然我国区级政府政务时效测度结果较好，但从侧面反映了区级政府政务时效方面的不利局面。本书测度的全国902个区级政府的政务时效结果理论上都应并列第 1。但是遗憾的是，截至 2022 年 5 月底，初步公开了最近的、最简单的网上咨询及网上办事回应时间的区级政府数量不多，大约有 60％ 的区级政府的政务时效不高。

因此，持续提升政务时效水平、依法全面落实政务公开，是建立阳光型政府、提升区级政府效率最简单、最有效的措施。

第七章
2022年中国地方政府效率提升经验与对策

一 提升省级政府效率的经验与对策

（一）广东省提升政府效率的经验与对策

近年来广东省政府效率排名一直表现优秀。2022 年广东省政府效率由 2021 年的全国第 5 名上升至全国第 4 名。其直接原因在于该省政府规模及政务公开两项政府效率测度因素的卓越表现。其中，政府规模从 2021 年的全国第 11 名上升到 2022 年的全国第 10 名；政务公开排名从 2021 年的第 24 名提升至 2022 年的第 5 名（见表 7 - 1）。

表 7 - 1 2021—2022 年广东省政府效率及测度因素排名

指标	政府效率标准化值及排名		测度因素排名			
			政府公共服务	政府规模	居民经济福利	政务公开
权重	1		0.60	0.15	0.10	0.15
名称	标准化值	排名	排名	排名	排名	排名
全国排名（2021 年）	0.2862	5	2	11	6	24
全国排名（2022 年）	0.4157	4	1	10	6	5

资料来源：《中国地方政府效率研究报告》（2021—2022）。

广东省政府效率持续名列全国前茅直接源于当地政府重视持续改善公共服务、调适政府规模，以及全面实施政务公开等方面的有效举措，表现在以下三个方面。

第一，为进一步实现公共服务均等化及优质化，广东省重视持续优化基本公共服务资源配置。广东省实施基本公共服务标准，完善省级统筹协调机制，促进农业转移人口有序有效融入城市，推动公共资源按常住人口规模配置；加大均衡性转移支付力度，增强市县托底保障能力；实施粤东、粤西、粤北地区公共服务补短板工程，推进市属公办高职院校办学体制调整，支持提升高等教育、医疗卫生发展水平，稳步提高城乡居民基本养老保险基础养老金、社会救助等标准，扩大各项社会保险覆盖面，布局建设一批省重点实验室、新型研发机构和高水平创新研究院①。

第二，切实加强政府自身建设，不断调适政府规模。为努力建设人民满意的法治政府、廉洁政府和服务型政府，广东省始终在思想上、政治上、行动上同以习近平同志为核心的党中央保持高度一致。坚决整治不正之风和腐败问题，坚持政府带头过紧日子；严格落实中央八项规定及其实施细则；深化"放管服"改革，全面梳理行政审批事项，该下放的坚决下放，不能下放的坚决不放，需要提级审批的坚决提级；强化事中事后监管，坚决防止政府部门不作为、乱作为，坚决防止选择性执法、趋利性执法。

第三，全面实施政务公开，加强互动交流、回应社会关切。由表7-1可知，2022年广东省政务公开排名由2021年的全国第24名大幅跃升至全国第5名。这主要得益于广东省采取的三项措施。一是强化政务公开的组织领导。实行专人负责制，明确职责分工，形成工作合力。定期召开办公会议，统筹协调推进政务信息公开工作，为全面实施政务公开提供有力保障。二是加强政务公开的制度建设。完善政务公开工作机制，进一步明确政务信息公开工作重点任务及相关业务处（室）工作职责分工，按照业务职能

---

① 《2022年广东省政府工作报告全文》，广东省人民政府网站，http://gdcss.gd.gov.cn/zh-wgk/zcwj/content/post_3776679.html，2022年1月26日。

分工，压实主体责任，督促信息公开工作落细落小落实。三是加大政务公开力度。认真落实广东省《2021年政务公开工作要点》，加大信息公开力度，拓宽公开渠道，丰富信息内容，提高更新频率，进一步增强公开效果①。

（二）湖北省提升政府效率的经验与对策

2022年湖北省政府效率排名表现优秀，进入中国地方政府效率"十高省"，位居全国第9名。2022年，该省政府效率从2021年的全国第15名攀升至全国第9名，较2021年上升了6位。其直接原因在于该省政府效率测度因素政府公共服务及政府规模的卓越表现。其中，政府公共服务从2021年的全国第8名提升到2022年的全国第5名；政府规模从2021年的第31名大幅提升至2022年的第9名（见表7-2）。

表7-2 2021—2022年湖北省政府效率及测度因素排名

指标	政府效率标准化值及排名		测度因素排名			
			政府公共服务	政府规模	居民经济福利	政务公开
权重	1		0.60	0.15	0.10	0.15
名称	标准化值	排名	排名	排名	排名	排名
全国排名（2021年）	-0.0181	15	8	31	7	2
全国排名（2022年）	0.2627	9	5	9	11	4

资料来源：《中国地方政府效率研究报告》（2021—2022）。

2022年湖北省政府效率排名的大幅度提升，主要在于该省不断优化公共服务、着力控制政府规模、提升政府治理效能等方面的有效实践。

首先，湖北省政府牢记江山就是人民、人民就是江山，始终为人民提供更高质量的公共服务。经历新冠肺炎疫情后，湖北省在教育、医疗、就业、养老、住房等人民群众最关心的领域精准提供基本公共服务，稳步推

① 《广东省人民政府参事室（文史研究馆）2021年政府信息公开工作年度报告》，广东省人民政府网站，http://gdcss.gd.gov.cn/gkmlpt/content/3/3776/post_3776142.html#2874，2022年1月25日。

进共同富裕。一是强化就业服务优先导向，做好高校毕业生、农民工、退役军人等重点群体就业工作，实施"我兴楚乡·创在湖北"返乡创业行动，推进湖北青创园建设；深入推进职业技能提升行动，推动落实技能与薪酬挂钩机制；持续开展根治拖欠农民工工资工作。二是进一步提高社会保障服务水平。建立职工医疗保险门诊共济保障机制，落实企业职工基本养老保险全国统筹。筹集保障性租赁住房6.7万套，改造棚户区4.8万套、老旧小区3053个。三是健全城乡社会救助服务体系、重特大疾病医疗保险和救助制度，做好优抚安置工作，加强农村三留守人员、孤儿、城镇相对困难职工关爱服务。实施困难残疾人家庭无障碍改造1.8万户。同时，加大力度解决"一老一小"问题，新建养老服务综合体80个，完成适老化改造1.5万户，完善三孩生育配套支持措施，新增婴幼儿托位4万个，确保老有颐养、幼有善育。四是推动教育公共服务高质量发展。实施"时代新人培育工程"，扩大普惠性学前教育资源，落实义务教育阶段"双减"政策，提高高中阶段教育普及水平，加快构建现代职业教育体系；支持部属院校"双一流"建设，促进省属高校特色发展；发展特殊教育、社区教育、家庭教育服务。五是重视改善公共安全服务与健康服务①。

其次，湖北省政府着力加强政府自身建设，大力提升政府治理效能。紧扣打造"好正实优"省级政府要求，湖北省加快转变政府职能，提高政府公信力和执行力。坚持依法行政，自觉接受人大及其常委会法律监督、工作监督和政协民主监督，积极听取各民主党派、工商联、无党派人士和人民团体意见；修订完善湖北省政府党组工作规则、常务会议议事决策规则、"三重一大"决策规则等，大力提高行政效率②。

---

① 《2022年湖北省人民政府工作报告》，湖北省人民政府网站，http://www.hubei.gov.cn/zwgk/hbyw/hbywqb/202201/t20220130_3987431.shtml，2022年1月30日。
② 《2022年湖北省人民政府工作报告》，湖北省人民政府网站，http://www.hubei.gov.cn/zwgk/hbyw/hbywqb/202201/t20220130_3987431.shtml，2022年1月30日。

二 提升地级市政府效率的经验与对策

（一）广元市提升政府效率的经验与对策

2022年广元市政府效率提升明显、表现优秀，广元市进入中国地方政府效率"百高市"。如表7-3所示，广元市政府效率从2021年的西南地区第18名、全国第102名攀升至2022年的西南地区第5名、全国第45名，是我国地级市政府效率提升的典型。这一优异成绩的取得，得益于广元市政府在持续加强公共服务能力建设、纵深推进"放管服"改革、打造川内最优营商环境、全面实施政务公开等方面采取的积极作为及有效措施。

表7-3 2021—2022年广元市政府效率及测度因素排名

指标	政府效率标准化值及排名		测度因素排名			
			政府公共服务	政府规模	居民经济福利	政务公开
权重	1		0.60	0.15	0.10	0.15
名称	标准化值	排名	排名	排名	排名	排名
全国排名（2021年）	0.0926	102	112	107	110	130
西南地区排名（2021年）	0.0926	18	23	13	2	20
全国排名（2022年）	0.2088	45	62	125	159	2
西南地区排名（2022年）	0.2088	5	7	8	20	2

资料来源：《中国地方政府效率研究报告》（2021—2022）。

第一，全面提升公共服务能力，着力提高政府效率。一是下大力气提高科教文卫及社会保障服务水平。广元市深入实施教育提质工程，加快建设四川知名教育高地；优化整合县域医疗卫生资源，推动建设县域医疗卫生次中心，加快县区疾控中心等级建设，健全乡村两级公共卫生体系，全面提升基本医疗卫生服务水平；坚持就业服务优先，继续抓好减负稳岗扩就业政策，统筹做好高校毕业生、农民工、下岗失业人员、退役军人等重点群体就业服务。二是统筹营商环境与经济发展服务。大力发展环境优化工程；持续深化"放管服"改革，加快"一网通办"前提下"最多跑一次"改革，常态化开展"省内通办""川渝通办""跨省通办"；推行"村能办""家门办"等基层公共服务创新，让农民在村、让市民在小区就能享受到政府公共服务的温馨及便捷，为中国乡村治理现代化、城市社区治理现代化贡献广元智慧。三是充分发挥常态化政企沟通"六大机制"作用，认真落实"服务民营企业市长直通车"制度，及时为市场主体提供最优的公共服务[①]。

第二，大力提高政府信息公开质量，全面实施政务公开。广元市政府认真贯彻《中华人民共和国政府信息公开条例》，全面落实《2021年政务公开工作要点》和《四川省2021年政务公开重点工作安排》，政务公开工作提质增效。扎实开展深化政务公开促进基层政府治理能力提升先行试点工作，进一步推进基层政务公开标准化建设。政府重大决策部署落地见效，深化政府信息公开，全年共主动公开各类政府信息157744条；坚持依法办理，依申请公开工作持续优化。全年办理政府信息公开申请278件，其中自然人申请件273件，予以公开及部分公开194件，按期回复率100%。落实政务公开四川省地方标准[②]，建设全市一体的标准化政府信息公开专栏；持续优化栏目检索、下载功能，方便群众快速准确获取所需信息；举办广元市推进政务公开提升基层治理能力培训班，提高从业人员的综合技能。

---

① 《政府工作报告》（2022年1月24日），广元市人民政府网站，https://www.cngy.gov.cn/artic/show/20220130095540381.html，2022年1月24日。

② 《广元市2021年政府信息公开工作年度报告》，广元市人民政府网站，https://www.cngy.gov.cn/govop/show/20220221050253-41410-00-000.html，2022年2月21日。

（二）南京市提升政府效率的经验与对策

2022 年南京市政府效率提升明显、表现卓越，进入中国地方政府效率"百高市"。如表 7-4 所示，2022 年，南京市政府效率从 2021 年的华东地区第 2 名、全国第 5 名上升到华东地区第 1 名、全国第 3 名，是我国地级市政府效率提升的典范。这一优异成绩的取得，主要得益于南京市在完善基本公共服务体系、加强政府自身建设等方面的主动作为。

表 7-4　2021—2022 年南京市政府效率及测度因素排名

指标	政府效率标准化值及排名		测度因素排名			
			政府公共服务	政府规模	居民经济福利	政务公开
权重	1		0.60	0.15	0.10	0.15
名称	标准化值	排名	排名	排名	排名	排名
全国排名（2021 年）	0.9555	5	2	233	4	35
华东地区排名（2021 年）	0.9555	2	1	49	3	16
全国排名（2022 年）	0.6270	3	3	60	8	265
华东地区排名（2022 年）	0.6270	1	2	18	7	70

资料来源：《中国地方政府效率研究报告》（2021—2022）。

第一，完善基本公共服务体系，推动构建全龄友好型城市，让发展成果更多更公平地惠及人民群众。一是稳步提高居民收入。强化对高校毕业生、退役军人、农村转移劳动力等重点群体的就业帮扶。拓展灵活就业渠道，优化自主创业环境。加强职业技能培训，推动产教深度融合，培育更多高素质技能人才、能工巧匠、大国工匠。不断缩小城乡区域收入差距，持续壮大中等收入群体。二是提升教育服务质量。大力实施学前教育提升计划，持续抓好"双减"工作，规范民办义务教育发展，促进普通高中增量提质，加快推进职业教育高质量发展。支持本市高校建设世界一流大学和一流学科，促进市属高校特色化、内涵式发展。三是建设更高水平健康南京。统筹优质医疗服务资源扩容和均衡布局，加强公共卫生体系建设，加强基层医疗卫生体系建设，方便群众看病就医。深化医药招采治理，进一步降低群众看病负担。大力发展体育服务事业，构建更高水平的全民健身公共服务体系。四是完善"一老一小"社会保障服务体系。健全居家、社区、机构养老服务网络，发展"嵌入式"养老服务，深度推进医养融合，推广"时间银行"养老模式。健全普惠托育服务体系，争创国家婴幼儿照护服务示范城市，落实三孩生育政策配套措施，切实减轻年轻夫妇生育养育负担。五是提高社会保障服务水平。深入实施全民参保计划，合理提高社保标准。加快构建新型慈善服务体系。加大住房保障服务力度，发展长租房市场。深入落实社会救助、抚恤优待、大病保险等托底公共服务政策，确保困难群众基本生活得到有效保障和改善。通过不断完善公共服务体系、持续优化政府公共服务，大力提高政府效率。

第二，加强政府自身建设，严格控制政府成本，持续优化政府规模。走好新的赶考之路，南京市政府以更大力度推进政府治理现代化。一是敢于担当负责，努力做到为民善治。坚持以人民为中心的发展思想，坚持"马上就办"、事不过夜，增强狠抓政策落实的执行力、穿透力。二是严格依法行政，坚定不移厉行法治。全面实行政府权责清单制度，严格按照法定权限和程序推动工作。主动接受社会和舆论监督，让权力在阳光下规范有序运行。三是强化科技赋能，推动公共服务和城市治理科学化、智慧化。加大"一网通办"改革力度，最大限度减少不必要的流程、手续、证明，让市民和市场主体办事不折腾、少跑腿、更舒心。实施城市运行"一网统管"行动计划，加快数字化治理平台建设，逐步做到一网整合数据、一体应急联动。推动社区数字化平台"一网集成"，有效减轻基层负担。四是从严正风肃纪，持续推动长效长治。持之以恒纠治形式主义、官僚主义顽疾，要求全市政府机关和窗口单位既要门好进、脸好看，更要事好办。坚持量入为出、节用裕民，严控行政运行成本，切实以政府的紧日子换取群众的好日子①。

三　提升县级政府效率的经验与对策

（一）晋江市提升政府效率的经验与对策

晋江市政府效率在县级政府效率全国排名中比较靠前，晋江市是2022年中国地方政府效率"百高县"。2022年该市政府效率全国排名比2021年攀升114位，从全国第150名上升至全国第36名，是我国县级政府效率提升的榜样（见表7-5）。同时，该县政府效率测度因素政府公共服务、政府规模、政务公开等排名也大幅上升。2022年晋江市政府效率的大幅提升及卓越表现得益于政府在切实优化公共服务、全面实施政务公开等方面的积极作为。

表7-5　2021—2022年晋江市政府效率及测度因素排名

指标	政府效率标准化值及排名		测度因素排名				
			政府公共服务	政府规模	居民经济福利	政务公开	乡村振兴效率
权重	1		0.55	0.15	0.10	0.10	0.10
名称	标准化值	排名	排名	排名	排名	排名	排名
全国排名（2021年）	0.2866	150	162	799	114	480	228
华东地区排名（2021年）	0.2866	78	58	126	63	171	79
全国排名（2022年）	0.6685	36	41	327	44	209	418
华东地区排名（2022年）	0.6685	32	25	121	43	96	119

资料来源：《中国地方政府效率研究报告》（2021—2022）。

---

① 《2022年南京市人民政府工作报告》，南京市人民政府网站，https://www.nanjing.gov.cn/zdgk/202205/t20220518_3421551.html，2022年5月18日。

第一，高效统筹政府公共服务供给，提高基层公共服务水平。晋江市依托党建服务项目践行"大邻里"理念，引领基层治理创新，构建"党建引领、邻里相亲、互帮互助、和谐友善"的小区治理模式。同时，该市还创新治理机制，提供"多元化"公共服务。以创建省级近邻服务试点市为契机，因地制宜，充分挖掘本土服务特色，重点打造 10 个"晋邻汇"特色邻里中心①。晋江市开展"营商环境提升年"活动，130 个事项实现"一件事"集成，企业开办时限压缩至 5 个工作小时，二手房交易立等领证，服务事项网上可办率达 99.2%。此外，统筹推进 114 个城乡公共服务品质提升项目，完成投资 109 亿元。该市加强城乡人居环境整治，开展环卫保洁、农贸市场、老旧小区、缆线规整等 16 个公共服务专项行动，顺利通过全国文明城市复查。推行河长制项目绩效考评，完成河道清淤整治 45 公里，建成 4 个标杆河湖，农村生活污水管网接户率达 82%。2021 年该市新增养老床位 509 个、新改建社区治丧场所 5 个、新增名医工作室 10 个，在福建省率先推行县域医疗机构服务"一码通行"②。

第二，深化重点领域信息公开，全面推进基层政务公开标准化、规范化。晋江市政府门户网站设立"做好'六稳'工作、落实'六保'任务"专题专栏，集中发布该市工作举措、进展成效，释放积极信号，提振市场信心。同时，做好公共卫生服务领域信息公开。在推进基层政务公开实践中，该市试点镇（街道）聚焦群众需求进行探索创新，并总结形成经验予以推广，比如磁灶镇《让公开成为自觉 让透明成为常态》的经验做法被福建省政府办公厅刊发在省政府网站。晋江市还强化业务指导，制定办理答复模板，从程序、实体、格式三个方面规范政府信息公开申请答复工作，总结答复种类 7 种，制作格式文书模板 10 个，为各部门办理信息公开申请提供参考。此外，为全面规范政府网站与政务新媒体的运行管理，该

---

① 《晋江市民政局：创新近邻服务模式 打造共建共享新格局》，晋江市人民政府网站，http://www.jinjiang.gov.cn/xxgk/gzdt/jjyw/202201/t20220128_2693198.htm，2022 年 1 月 28 日。

② 《晋江市 2021 年政府工作报告》，晋江市人民政府网站，http://www.jinjiang.gov.cn/xxgk/ghjh/zfgzbg/202201/t20220117_2685239.htm，2022 年 1 月 17 日。

市2021年7月2日下发《晋江市人民政府办公室关于印发晋江市政府网站
与政务新媒体管理规定的通知》（晋政办函〔2021〕3号），制定政务新媒
体内容发布管理十条措施，全面规范政府网站与政务新媒体运营管理，明
确审核责任，设立奖罚机制，推进全市政务公开平台和载体健康、有序、
创新发展①。

（二）长沙县提升政府效率的经验与对策

2022年长沙县政府效率排名在全国比较靠前，跻身中国地方政府效率
"百高县"。2022年其政府效率全国排名比2021年高19位，从全国第63
名上升至第44名，长沙县是我国县级政府效率提升的代表（见表7-6）。
长沙县政府效率提升主要源于其在持续提升公共服务品质、提升政务公开
水平等方面实施的有效措施。

表7-6　2021—2022年长沙县政府效率及测度因素排名

指标	政府效率标准化值及排名		测度因素排名				
			政府公共服务	政府规模	居民经济福利	政务公开	乡村振兴效率
权重	1		0.55	0.15	0.10	0.10	0.10
名称	标准化值	排名	排名	排名	排名	排名	排名
全国排名（2021年）	0.4842	63	65	1008	158	173	50
中南地区排名（2021年）	0.4842	8	11	182	23	60	13
全国排名（2022年）	0.6285	44	33	555	179	18	88
中南地区排名（2022年）	0.6285	2	3	81	12	1	20

资料来源：《中国地方政府效率研究报告》（2021—2022）。

① 《晋江市人民政府2021年政府信息公开工作年度报告》，晋江市人民政府网站，http://
www.jinjiang.gov.cn/xxgk/zfxxgkzl/nb/202201/t20220129_2693577.htm，2022年1月29日。

第一，持续增强公共服务的幸福感、获得感及责任感，提升政府公共服务品质。该县 2021 年深入实施"五好"教育工程，新扩建中小学校 7 所，新增学位 9780 个；县人民医院项目主体封顶，妇幼保健院成为湖南省首家县域三级妇幼保健机构；文化场馆服务总人次达 870 万；获评全国群众体育先进单位；建成公租房 2.59 万套，湖南省最大规模公租房英萃园交付使用。同时，增强社会保障服务获得感。2021 年全县举办招聘活动 48 场，2 万余名劳动者顺利就业。深入开展社保、医保、低保基金专项整治活动，率先在湖南省实施重大疾病补充医疗保险，城乡居民基本养老保险基础养老金成为湖南省最高；建成 12 家养老服务中心，获评全国智慧健康养老示范基地、湖南省"五化民政"建设示范县。此外，持续加强生态环境改善服务的责任感。2021 年该县蓝天、碧水、净土保卫战成效持续巩固，空气质量优良率达 90.4%，县级以上集中式饮用水水源地水质达标率 100%，中小河流治理建成全国样板，全面推行"林长制"，获评国家生态文明建设示范区[①]。

第二，全面实施政务公开，持续营造高效便捷的政务环境。2021 年，长沙县门户网站主动公开政府信息 35400 条，浏览量 1022 万次。通过县政府公报、县政府网站及时公布 2021 年长沙县政府工作报告、县政府及县直部门政策性文件；全年发布《长沙县人民政府公报》12 期，投放至县直各部门、县政务服务大厅及各镇街便民服务中心，同步上传至县政府门户网站。同时，围绕优化营商环境、疫情防控、年度重点工作任务建设专题网站，做好信息发布与公开工作。2021 年该县发布规范性文件 28 个，制作群众喜闻乐见、多元化且富有感染力的政策解读产品 29 个，解读产品与文件相关联并同步发布；回应老百姓关切的热点问题近 500 条，制作全县重点工作专题 10 余个；县长信箱处理群众来信 1494 封，回复率 100%。全县 18 家单位共计开设 27 个政务新媒体，与政府网站相互延伸、功能互补，

---

① 《长沙县人民政府 2022 年〈政府工作报告〉》，长沙县人民政府网站，http://www.csx.gov.cn/zwgk/zfxxgkml/fdzdgknr/qtfdxx/zfgzbg/202204/t20220413_10530234.html，2022 年 2 月 9 日。

共同推动政务公开、互动、服务融合发展，满足数字时代居民对政务服务多层次、全方位、便捷高效的需求[①]。长沙县坚持"以公开为常态，不公开为例外"，加强组织领导，坚持阳光透明，全方位公开政府信息，为深化"放管服"改革、优化营商环境、推动长沙县治理体系和治理能力现代化建设发挥积极作用。

四 提升区级政府效率的经验与对策

（一）深圳市盐田区提升政府效率的经验与对策

2022年深圳市盐田区政府效率表现优秀，进入中国地方政府效率"百高区"。如表7-7所示，2022年深圳市盐田区政府效率居中南地区第1名、全国第3名。这一优异成绩的取得，主要得益于深圳市盐田区在加强政府自身建设、提升行政效能，以及着力保障和改善民生，提高公共服务水平等方面的积极作为。

表7-7 2021—2022年深圳市盐田区政府效率及测度因素排名

指标	政府效率标准化值及排名		测度因素排名			
			政府公共服务	政府规模	居民经济福利	政务公开
权重	1		0.60	0.15	0.10	0.15
名称	标准化值	排名	排名	排名	排名	排名
全国排名（2022年）	0.8567	3	31	3	50	403
中南地区排名（2022年）	0.8567	1	13	1	10	52

资料来源：《中国地方政府效率研究报告》（2021—2022）。

[①] 《长沙县人民政府2021年政府信息公开工作年度报告》，长沙市人民政府网站，http://www.csx.gov.cn/zwgk/zfxxgkml/xxgknb/csxrmzfxxgknb/202202/t20220218_10475229.html，2022年2月16日。

第一，持之以恒抓好区级政府自身建设，完善政府运行机制，全面提升行政效能。大力弘扬红旗渠精神，坚持政府领导干部身先士卒，带头"行走盐田"，完善"两令两信一书一函"等工作机制，锻造一支善谋事、敢担当、干成事的公职人员队伍，增强政府团队的执行力。加快"数字政府"建设，强化智慧医院、智慧教育等重点项目应用，提升云上盐田等现代公共服务水平，加快实现政务服务"一网通办"、政府治理"一网统管"、政府运行"一网协同"，政务服务事项网上可办率达100%，行政许可事项100%"零跑动"。

第二，着力保障和改善民生，提高政府公共服务水平。2021年该区政府把所有精力都用在让老百姓过好日子上，在民生领域投入53.84亿元，高质量完成10件重点民生实事和425件民生微实事。教育医疗公共服务水平稳步提升。新改扩建盐港小学综合楼等3个项目，开办公办幼儿园3所，新增公办学位1938个，认真落实"双减"政策。区人民医院医疗综合楼主体封顶，"三甲"医院加快建设，成功创建省级健康促进区。公共文化服务事业繁荣发展。深化全国文明城市和文明典范城市创建，公共文明指数稳居全市前列。推出全国首个红色精神谱系图书馆、中英街"一街四史"等文旅服务品牌，举办文化服务惠民活动3000余场。基本民生保障服务扎实有力。开展"我为群众办实事"实践活动，打造"进万家门、访万家情"民生关爱品牌，实现对困难群众的关心关爱"不漏一户、不落一人"。户籍高校毕业生就业率全市领先。该区梅沙街道获评广东省唯一"湾区都市乡村示范镇"[①]。

（二）常州市武进区提升政府效率的经验与对策

2022年常州市武进区政府效率表现卓越，以全国第1名的成绩进入中国地方政府效率"百高区"。如表7-8所示，常州市武进区政府效率的卓越成绩主要源于该区在提供高质量的公共服务等方面的成功实践。

---

① 《2022年政府工作报告》，深圳市盐田区人民政府网站，http://www.yantian.gov.cn/cn/zwgk/zfgzbg/content/post_9732482.html，2022年4月26日。

表 7 - 8　2021—2022 年常州市武进区政府效率及测度因素排名

指标	政府效率标准化值及排名		测度因素排名			
			政府公共服务	政府规模	居民经济福利	政务公开
权重	1		0.60	0.15	0.10	0.15
名称	标准化值	排名	排名	排名	排名	排名
全国排名（2022 年）	1.5147	1	1	498	36	143
华东地区排名（2022 年）	1.5147	1	1	157	30	106

资料来源：《中国地方政府效率研究报告》（2021—2022）。

　　坚持以人民为中心，提供高质量公共服务。常州市武进区政府始终坚持把群众的"关键小事"作为政府的"头等大事"，努力把经济发展服务成果增量变为群众的生活质量，着力打造 6 张公共服务优质名片。

　　一是推进扩就业强社保服务。2021 年该区聚焦高校毕业生、退役军人、农民工等重点群体，实施多渠道灵活就业、"零就业"家庭动态清零，采集、开发就业岗位 35 万个，扶持创业 1.2 万人。落实好社会救助、抚恤优待、残疾人补贴、大病保险等托底公共服务政策，深入推进全民参保工作，引导新业态从业人员参加社会保险和住房公积金制度，稳步提高养老金、医保、低保等社保服务待遇标准。加快构建新型慈善服务体系。

　　二是促进教育服务优质均衡。坚持立德树人、"五育"并举，健全"双减"长效机制，加强教师队伍建设，着力提高课堂教学、课后服务、课业辅导等校内教育质量，规范民办义务教育发展。实施学校新建改扩建重点项目 56 个、竣工投用 22 个，新增基础教育学位 2.38 万个。深化职业教育改革，推进高水平职业本科和新型高职建设。发展社区教育、老年教育和特殊教育服务。

　　三是深化健康常州行动。加强公共卫生服务体系建设，优化医疗服务资源布局，提升基层医疗服务机构诊疗、康复水平，新建市三院公共卫生临床救治中心、市妇幼保健中心公共卫生大楼，投用市七院二期，新建改扩建基层医疗卫生机构 8 家。推进"三医联动"改革，着力深化公立医院综合改革、医保支付方式改革，加强县域医共体建设，健全分级诊疗制度，推动孟河医派传承创新发展。创建国家全民运动健身模范市。

四是优化"一老一小"服务。促进居家社区机构养老服务相协调、医养康养相结合，全面实施长期护理保险服务政策，完成困难老年人家庭适老化改造 2500 户。加快发展普惠性幼儿园，支持幼儿园实施托幼一体化，新增省级普惠托育机构 10 家，大幅度提高托育机构托位利用率，减少年轻夫妇的养育负担。

五是改善市民居住条件。实施老旧小区改造项目 95 个，同步建设电动汽车、电动自行车充电设施，推进既有住宅加装电梯 180 台以上；把 28.2 万平方米"大板房"易地置换房的钥匙交到群众手上。坚持"房住不炒"定位，支持商品房市场更好满足购房者合理住房需求，建设筹措保障性租赁住房 1.5 万套（间），促进房地服务产业良性循环和健康发展。

六是健全公共文化服务体系，打造一批最美公共文化空间、优秀群众文化团队，深化"书香常州"建设。实施文艺作品质量提升工程，推出更多彰显常州精神、时代气象的精品力作①。

---

① 《2022 年武进区政府工作报告》，常州市武进区人民政府网站，http://www.wj.gov.cn/html/czwj/2022/DNKLPPJP_0111/69976.html，2022 年 1 月 5 日。

附 录

附录 1　2022 年中国地方政府效率测度指标体系及权重

附录 1.1　2022 年省级政府效率测度指标体系及权重（66 个）

因素及权重	子因素及权重	指标（平均权重）
政府公共服务 （0.60）	科教文卫服务 （0.20）	1. 科技支出占地方一般公共预算支出比例（%）
		2. 专利申请量（项/万人）
		3. 专利授权量（项/万人）
		4. 在校生人数占年末常住人口的比例（%）
		5. 教育支出占地方一般公共预算支出比例（%）
		6. 文化旅游体育与传媒支出占地方一般公共预算支出比例（%）
		7. 每万人口卫生机构（个）
		8. 每千人口卫生机构床位（张）
		9. 每千人口卫生技术员（人）
	公共安全服务 （0.15）	10. 生产安全事故死亡人数占年末常住人口的比例（%）（逆指标）
		11. 全年空气质量优良率（%）
		12. 落实总体国家安全观
		13. 统筹疫情防控与经济社会发展
	社会保障服务 （0.15）	14. 社会保障和就业支出占地方一般公共预算支出比例（%）
		15. 住房保障支出占地方一般公共预算支出比例（%）

续表

因素及权重	子因素及权重	指标（平均权重）
政府公共服务 （0.60）	社会保障服务 （0.15）	16. 社会保险基金支出占地方一般公共预算支出比例（%）
		17. 新增城镇就业（万人）
		18. 新增转移农村劳动力（万人）
	经济发展服务 （0.30）	19. 旅客周转量（亿人公里）
		20. 全年社会消费品零售总额增长率（%）
		21. 人均邮电业务量（元）
		22. 移动电话普及率（部/百人）
		23. 互联网普及率（户/百人）
		24. 自然保护区面积占比（%）
		25. 森林覆盖率（%）
		26. 固定资产投资增长率（%）
		27. GDP 增长率（%）
		28. GDP 总量（亿元）
		29. 人均 GDP（元）
	乡村振兴服务 （0.10）	30. 乡村振兴政策
		31. 乡村振兴效果
		32. 农民人均粮食产量（公斤/人）
		33. 农民人均肉产量（公斤/人）
		34. 第一产业增长率（%）
		35. 新增高标准农田建设（万亩）
		36. 粮食种植面积占比（%）
	营商环境 （0.10）	37. 权责清单
		38. 常住人口增速（%）
		39. 市场主体数 [个/（人·千米^2）]
		40. 外商投资增速（%）
		41. 公司设立办结时限（天）（逆指标）
		42. 公司注销办结时限（天）（逆指标）
政府规模 （0.15）		43. 地方一般公共预算支出 [元/（人·千米^2）]
		44. 非税收入占地方一般公共预算收入比例（%）（逆指标）
		45. 新增公务员人数 [名/（人·千米^2）]

因素及权重	子因素及权重	指标（平均权重）
居民经济福利 （0.10）		46. 农村居民人均可支配收入（元）
		47. 城镇居民人均可支配收入（元）
		48. 居民消费价格上涨指数（%）（逆指标）
		49. 城镇登记失业率（%）（逆指标）
		50. 月最低工资标准（元）
政务公开 （0.15）	政务基本信息 （0.80）	51. 政府联系方式公开
		52. 政府新媒体公开
		53. 三公经费公开
		54. 工作报告公开
		55. 预算报告公开
		56. 计划报告公开
		57. 统计公报公开
		58. 公务员招考信息公开
		59. "十四五"规划公开
		60. 政府主动信息公开完备程度
	政务时效 （0.20）	61. 政府主动信息公开时效
		62. 政府办事时效
		63. 政府常务会议次数（次）
		64. 政府常务会议公布时间
		65. 政府常务会议议题数量（项）
		66. 政府信息公开年度报告时间

附录 1.2　2022 年地级市政府效率测度指标体系及权重（62 个）

因素及权重	子因素及权重	指标（平均权重）
政府公共服务 （0.60）	科教文卫服务 （0.20）	1. 科技支出占地方一般公共预算支出比例（%）
		2. 专利申请量（项/万人）
		3. 在校生人数占年末常住人口的比例（%）
		4. 教育支出占地方一般公共预算支出比例（%）

因素及权重	子因素及权重	指标（平均权重）
政府公共服务 （0.60）	科教文卫服务 （0.20）	5. 文化旅游体育与传媒支出占地方一般公共预算支出比例（%）
		6. 每万人口卫生机构（个）
		7. 每千人口卫生机构床位（张）
		8. 每千人口卫生技术员（人）
	公共安全服务 （0.15）	9. 生产安全事故死亡人数占年末常住人口的比例（%）（逆指标）
		10. 全年空气质量优良率（%）
		11. 落实总体国家安全观
		12. 统筹疫情防控与经济社会发展
	社会保障服务 （0.15）	13. 社会保障和就业支出占地方一般公共预算支出比例（%）
		14. 住房保障支出占地方一般公共预算支出比例（%）
		15. 社会保险基金支出占地方一般公共预算支出比例（%）
		16. 新增城镇就业（万人）
		17. 新增转移农村劳动力（万人）
	经济发展服务 （0.30）	18. 全年社会消费品零售总额增长率（%）
		19. 人均邮电业务量（元）
		20. 移动电话普及率（部/百人）
		21. 互联网普及率（户/百人）
		22. 固定资产投资增长率（%）
		23. GDP 增长率（%）
		24. GDP 总量（亿元）
		25. 人均 GDP（元）
	乡村振兴服务 （0.10）	26. 乡村振兴政策
		27. 乡村振兴效果
		28. 农民人均粮食产量（公斤/人）
		29. 新增乡镇公务员［名/（人·千米^2）］
		30. 第一产业增长率（%）
		31. 新增高标准农田建设（万亩）
		32. 粮食种植面积占比（%）

因素及权重	子因素及权重	指标（平均权重）
政府公共服务 （0.60）	营商环境 （0.10）	33. 权责清单
		34. 常住人口增速（%）
		35. 市场主体数［个／（人·千米^2）］
		36. 外商投资增速（%）
		37. 公司设立办结时限（天）（逆指标）
		38. 公司注销办结时限（天）（逆指标）
政府规模 （0.15）		39. 地方一般公共预算支出［元／（人·千米^2）］
		40. 非税收入占地方一般公共预算收入比例（%）（逆指标）
		41. 新增公务员人数［名／（人·千米^2）］
居民经济福利 （0.10）		42. 农村居民人均可支配收入（元）
		43. 城镇居民人均可支配收入（元）
		44. 居民消费价格上涨指数（%）（逆指标）
		45. 城镇登记失业率（%）（逆指标）
		46. 月最低工资标准（元）
政务公开 （0.15）	政务基本信息 （0.80）	47. 政府联系方式公开
		48. 政府新媒体公开
		49. 三公经费公开
		50. 工作报告公开
		51. 预算报告公开
		52. 计划报告公开
		53. 统计公报公开
		54. 公务员招考信息公开
		55. "十四五"规划公开
		56. 政府主动信息公开完备程度
	政务时效 （0.20）	57. 政府主动信息公开时效
		58. 政府办事时效
		59. 政府常务会议次数（次）
		60. 政府常务会议公布时间
		61. 政府常务会议议题数量（项）
		62. 政府信息公开年度报告时间

附录 1.3　2022 年县级政府效率测度指标体系及权重（58 个）

因素及权重	子因素及权重	指标（平均权重）
政府公共服务 （0.55）	科教文卫服务 （0.25）	1. 科技支出占地方一般公共预算支出比例（%）
		2. 文化旅游体育与传媒支出占地方一般公共预算支出比例（%）
		3. 教育支出占地方一般公共预算支出比例（%）
		4. 医疗卫生支出占地方一般公共预算支出比例（%）
		5. 在校生人数占年末常住人口的比例（%）
		6. 专利授权量（项/万人）
		7. 每万人口卫生机构（个）
		8. 每千人口卫生机构床位（张）
		9. 每千人口卫生技术员（人）
	社会保障服务 （0.15）	10. 社会保障和就业支出占地方一般公共预算支出比例（%）
		11. 住房保障支出占地方一般公共预算支出比例（%）
		12. 社会保险基金支出占地方一般公共预算支出比例（%）
		13. 新增城镇就业（万人）
		14. 新增转移农村劳动力（万人）
	经济发展服务 （0.45）	15. 全年社会消费品零售总额增长率（%）
		16. 节能环保支出占地方一般公共预算支出比例（%）
		17. 人均邮电业务量（元）
		18. 移动电话普及率（部/百人）
		19. 互联网普及率（户/百人）
		20. 固定资产投资增长率（%）
		21. GDP 增长率（%）
		22. GDP 总量（亿元）
		23. 人均 GDP（元）
	营商环境 （0.15）	24. 统筹疫情防控与经济社会发展
		25. 权责清单
		26. 外商投资增速（%）
		27. 常住人口增速（%）

因素及权重	子因素及权重	指标（平均权重）
		28. 商业服务业等支出占地方一般公共预算支出比例（％）
政府规模 （0.15）		29. 地方一般公共预算支出〔元/（人·千米^2）〕
		30. 非税收入占地方一般公共预算收入比例（％）（逆指标）
		31. 新增公务员人数〔名/（人·千米^2）〕
居民经济福利 （0.10）		32. 农村居民人均可支配收入（元）
		33. 城镇居民人均可支配收入（元）
		34. 城镇登记失业率（％）（逆指标）
		35. 月最低工资标准（元）
政务公开 （0.10）	政务基本信息 （0.80）	36. 领导信息公开
		37. 三公经费公开
		38. 工作报告公开
		39. 预算报告公开
		40. 计划报告公开
		41. 统计公报公开
		42. 公务员招考信息公开
		43. "十四五"规划公开
		44. 政府主动信息公开完备程度
	政务时效 （0.20）	45. 政府主动信息公开时效
		46. 政府办事时效
		47. 政府常务会议次数（次）
		48. 政府常务会议公布时间
		49. 政府常务会议议题数量（项）
		50. 政府信息公开年度报告时间
乡村振兴效率 （0.10）	乡村振兴服务 （0.25）	51. 乡村振兴政策
		52. 乡村振兴效果
	乡村产业 （0.50）	53. 粮食种植面积占比（％）
		54. 第一产业增长率（％）
		55. 农民人均粮食产量（公斤/人）
		56. 新增高标准农田建设（万亩）
	村治水平 （0.25）	57. 村民自治公开
		58. 新增乡镇公务员〔名/（人·千米^2）〕

附录 1.4 2022 年区级政府效率测度指标体系及权重（56 个）

因素及权重	子因素及权重	指标（平均权重）
政府公共服务 （0.60）	科教文卫服务 （0.25）	1. 科技支出占地方一般公共预算支出比例（%）
		2. 在校生人数占年末常住人口的比例（%）
		3. 教育支出占地方一般公共预算支出比例（%）
		4. 文化旅游体育与传媒支出占地方一般公共预算支出比例（%）
		5. 每万人口卫生机构（个）
		6. 每千人口卫生机构床位（张）
		7. 每千人口卫生技术员（人）
	公共安全服务 （0.15）	8. 全年空气质量优良率（%）
		9. 落实总体国家安全观
		10. 统筹疫情防控与经济社会发展
	社会保障服务 （0.15）	11. 社会保障和就业支出占地方一般公共预算支出比例（%）
		12. 住房保障支出占地方一般公共预算支出比例（%）
		13. 社会保险基金支出占地方一般公共预算支出比例（%）
		14. 新增城镇就业（万人）
		15. 新增转移农村劳动力（万人）
	经济发展服务 （0.30）	16. 全年社会消费品零售总额增长率（%）
		17. 固定资产投资增长率（%）
		18. GDP 增长率（%）
		19. GDP 总量（亿元）
		20. 人均 GDP（元）
		21. 第二产业增长率（%）
		22. 第三产业增长率（%）
		23. 商业服务业等支出占地方一般公共预算支出比例（%）
	乡村振兴服务 （0.05）	24. 乡村振兴政策
		25. 乡村振兴效果
		26. 第一产业增长率（%）
		27. 城乡社区支出占地方一般公共预算支出比例（%）

因素及权重	子因素及权重	指标（平均权重）
政府公共服务 （0.60）	营商环境 （0.10）	28. 权责清单
		29. 常住人口增速（%）
		30. 外商投资增速（%）
		31. 公司设立办结时限（天）（逆指标）
		32. 公司注销办结时限（天）（逆指标）
政府规模 （0.15）		33. 地方一般公共预算支出［元/（人·千米^2）］
		34. 非税收入占地方一般公共预算收入比例（%）（逆指标）
		35. 新增公务员人数［名/（人·千米^2）］
居民经济福利 （0.10）		36. 农村居民人均可支配收入（元）
		37. 城镇居民人均可支配收入（元）
		38. 居民消费价格上涨指数（%）（逆指标）
		39. 城镇登记失业率（%）（逆指标）
		40. 月最低工资标准（元）
政务公开 （0.15）	政务基本信息 （0.80）	41. 政府联系方式公开
		42. 政府新媒体公开
		43. 三公经费公开
		44. 工作报告公开
		45. 预算报告公开
		46. 计划报告公开
		47. 统计公报公开
		48. 公务员招考信息公开
		49. "十四五"规划公开
		50. 政府主动信息公开完备程度
	政务时效 （0.20）	51. 政府主动信息公开时效
		52. 政府办事时效
		53. 政府常务会议次数（次）
		54. 政府常务会议公布时间
		55. 政府常务会议议题数量（项）
		56. 政府信息公开年度报告时间

附录2　2022年中国地方政府效率测度
指标数据来源及处理说明

附录2.1　2022年中国省级政府效率测度
指标数据来源及处理说明

1. 科技支出占地方一般公共预算支出比例（％）指科学技术支出/地方一般公共预算支出，数据来自省级政府2021年预算执行情况与2022年预算报告。本书通过对该省级政府所在地区其他省级政府的平均值和最低的数据二次平均推算出该指标数据的省级政府有西藏自治区、青海省。

2. 专利申请量（项/万人）指专利申请量/年末常住人口数，年末常住人口数来自2021年省级政府统计公报和第七次人口普查公报，专利申请量数据来自2021年省级政府统计公报。其中河北省、吉林省、江苏省、浙江省、福建省、山东省、江西省、河南省、湖南省、广西壮族自治区、海南省、云南省、青海省、宁夏回族自治区、北京市、上海市数据来自2020年省级政府统计公报。本书通过对该省级政府所在地区其他省级政府的平均值和最低的数据二次平均推算出数据的省级政府有山西省、内蒙古自治区、辽宁省、黑龙江省、安徽省、贵州省、西藏自治区、新疆维吾尔自治区、天津市、重庆市。省级政府年末常住人口的数据来自2021年省级政府统计公报，其中辽宁省、宁夏回族自治区常住人口的数据来自全国第七次人口普查的数据（下文指标中涉及省级政府年末常住人口的数据均是该来源）。

3. 专利授权量（项/万人）指专利授权量/年末常住人口数，年末常住人口数来自2021年省级政府统计公报和第七次人口普查公报，专利授权量数据来自2021年省级政府统计公报以及2021年省级政府统计年鉴。其中湖北省、海南省、宁夏回族自治区数据来自2020年省级政府统计公报。本书通过对该省级政府所在地区其他省级政府的平均值和最低的数据二次平均推算出数据的省级政府有西藏自治区。

4. 在校生人数占年末常住人口的比例（%）指各级各类在校生人数/年末常住人口数。在校生人数＝高中生在校人数＋初中生在校人数＋小学生在校人数＋在园幼儿数。其数据来自2021年省级政府统计公报。其中，山东省、海南省、宁夏回族自治区数据来自2020年省级政府统计公报。

5. 教育支出占地方一般公共预算支出比例（%）指教育支出/地方一般公共预算支出，数据来自省级政府2021年预算执行情况与2022年预算报告。其中，甘肃省是2021年预算数据，数据来自省级政府2021年预算报告。本书通过对该省级政府所在地区其他省级政府的平均值和最低的数据二次平均推算出数据的省级政府有西藏自治区。

6. 文化旅游体育与传媒支出占地方一般公共预算支出比例（%）指文化旅游体育与传媒支出/地方一般公共预算支出，数据来自省级政府2021年预算执行情况与2022年预算报告。其中，河南省、甘肃省的数据是2021年预算数据，来自省级政府2021年预算报告。本书通过对该省级政府所在地区其他省级政府的平均值和最低的数据二次平均推算出数据的省级政府有山西省、辽宁省、西藏自治区、青海省。

7. 每万人口卫生机构（个）指卫生机构数量/年末常住人口数。省级政府卫生机构的数据来自2021年省级政府统计公报。其中吉林省、青海省、宁夏回族自治区卫生机构数量的数据来自2020年省级政府统计公报。

8. 每千人口卫生机构床位（张）指卫生机构床位数/年末常住人口数，年末常住人口数来自2021年省级政府统计公报和第七次人口普查公报。省级政府卫生机构床位的数据来自2021年省级政府统计公报，其中山东省、青海省、宁夏回族自治区的数据来自2020年省级政府统计公报。

9. 每千人口卫生技术员（人）指卫生技术人员数/年末常住人口数，年末常住人口数来自2021年省级政府统计公报和第七次人口普查公报。卫生技术人员的数据来自2021年省级政府统计公报，其中山东省、青海省、宁夏回族自治区的数据来自2020年省级政府统计公报。

10. 生产安全事故死亡人数占年末常住人口的比例（%）指生产安全

事故死亡人数/年末常住人口数，该指标是逆指标，本书测度时已将其转化为正指标。生产安全事故死亡人数来自 2021 年省级政府统计公报。辽宁省、宁夏回族自治区是 2020 年数据，来自 2020 年省级政府统计公报。通过对该省所在地区其他省级政府的平均值和最低的数据二次平均推算出数据的省级政府有江苏省、安徽省、湖北省、贵州省。

11. 全年空气质量优良率（％）是指该省级政府全年空气质量优良的天数比例，数据来自 2021 年省级政府统计公报，广西壮族自治区的数据来自 2020 年省级政府统计公报。通过对该省级政府所在地区其他省级政府的平均值和最低的数据二次平均推算出数据的省级政府有湖北省、云南省、西藏自治区、陕西省。

12. 落实总体国家安全观是指对国家安全的宣传普及情况，该指标评分标准为 1～5 分。参考各省级政府网站，对"国家安全教育日"宣传较多、形式丰富的记 5 分；对"国家安全教育日"宣传较多、范围较广的记 4 分；对"国家安全教育日"宣传较多、范围较窄的记 3 分；对"国家安全教育日"的报道较少的记 1 分。数据来源于各省级政府官方网站。

13. 统筹疫情防控与经济社会发展，数据来自 2022 年各省级政府网站。该指标评分标准为 1～5 分，主要根据有关疫情防控和经济社会发展政策、新闻的总数多少评分。其中，有关疫情防控和经济社会发展政策和新闻数量都比较多的，记 5 分；有关疫情防控和经济社会发展政策较多、新闻不多的，记 4 分；有关疫情防控和经济社会发展政策较少、新闻较多的，记 3 分；有关疫情防控和经济社会发展政策和新闻都很少的，记 1 分。

14. 社会保障和就业支出占地方一般公共预算支出比例（％）指社会保障和就业支出/地方一般公共预算支出，数据来自省级政府 2021 年预算支出执行情况与 2022 年预算报告。其中河南省、甘肃省是 2021 年预算数据，数据来自省级政府 2021 年预算报告。本书通过对该省级政府所在地区其他省级政府的平均值和最低的数据二次平均推算出数据的省级政府有西藏自治区。

15. 住房保障支出占地方一般公共预算支出比例（%）指住房保障支出/地方一般公共预算支出，数据来自省级政府 2021 年预算执行情况与 2022 年预算报告。其中，河南省是 2021 年预算数据，数据来自省级政府 2021 年预算草案报告。通过对该省级政府所在地区其他省级政府的平均值和最低的数据二次平均推算出数据的省级政府有云南省、西藏自治区、甘肃省。

16. 社会保险基金支出占地方一般公共预算支出比例（%）指社会保险基金支出/地方一般公共预算支出，数据来自省级政府 2021 年预算执行情况与 2022 年预算报告。

17. 新增城镇就业（万人）的数据来自 2021 年省级政府统计公报。其中，吉林省、宁夏回族自治区的数据来自 2020 年省级政府统计公报。通过对该省级政府所在地区其他省级政府的平均值和最低的数据二次平均推算出数据的省级政府有辽宁省、上海市。

18. 新增转移农村劳动力（万人）的数据来自 2022 年省级政府工作报告和 2021 年省级政府统计公报。其中，宁夏回族自治区的数据来自 2021 年省级政府工作报告。通过对该省级政府所在地区其他省级政府的平均值和最低的数据二次平均推算出数据的省级政府有河北省、内蒙古自治区、辽宁省、吉林省、黑龙江省、浙江省、江苏省、安徽省、福建省、山东省、湖北省、湖南省、广东省、广西壮族自治区、四川省、贵州省、云南省、西藏自治区、陕西省、新疆维吾尔自治区、上海市、天津市、重庆市。

19. 旅客周转量（亿人公里）的数据来自 2021 年省级政府统计公报以及《中国统计年鉴 2021》。其中，通过对该省级政府所在地区其他省级政府的平均值和最低的数据二次平均推算出数据的省级政府有江苏省、四川省、青海省、上海市。

20. 全年社会消费品零售总额增长率（%）的数据来自 2021 年省级政府统计公报。其中，吉林省、宁夏回族自治区的数据来自 2020 年省级政府统计公报。

21. 人均邮电业务量（元）指邮电业务总量/年末常住人口数。邮电业务总量＝邮政业务总量＋电信业务总量，其数据来自2021年省级政府统计公报。其中，吉林省、宁夏回族自治区的数据来自2020年省级政府统计公报，海南省的数据来自2021省级政府统计年鉴。

22. 移动电话普及率（部/百人）的数据来自2021年省级政府统计公报。其中，山西省、吉林省、江西省、山东省、陕西省、宁夏回族自治区、上海市、天津市的数据来自2020年省级政府统计公报。

23. 互联网普及率（户/百人）是指互联网用户/年末常住人口数。互联网用户数据主要来自2021年省级政府统计公报，其中，河南省、四川省、贵州省、上海市、天津市的数据来自2020年省级政府统计公报。

24. 自然保护区面积占比（%）指自然保护区面积/省级政府辖区总面积，自然保护区面积来自2021年省级政府统计公报，省级政府辖区总面积来自省级政府官网。

25. 森林覆盖率（%）数据来自2021年省级政府统计公报和统计年鉴。其中，吉林省、黑龙江省、江苏省、安徽省、福建省、江西省、山东省、湖北省、河南省、海南省、广西壮族自治区、甘肃省、宁夏回族自治区、北京市、新疆维吾尔自治区是2020年的数据，数据来自《中国统计年鉴2021》。

26. 固定资产投资增长率（%）数据来自2021省级政府统计公报。

27. GDP增长率（%）数据来自国家统计局官网发布的各省级政府2021年数据。

28. GDP总量（亿元）数据来自国家统计局官网发布的各省级政府2021年数据。

29. 人均GDP（元）数据来自国家统计局官网发布的各省级政府2021年数据。

30. 乡村振兴政策数据源于各省级政府网站，该指标评分标准为1～5分。参考2022年政府工作报告中的关键词"乡村振兴"的数量，有4个及以下记 1 分；5 ~ 7 个记 3 分；8 ~ 9 个记 4 分；10 个及以上记 5 分。

31. 乡村振兴效果数据源于各省级政府网站，该指标评分标准为 1 ~ 5 分，主要根据"乡村振兴"新闻总数的多少进行评分。其中，省级政府乡村振兴效果指标得 1 分的是该省级政府有关地方实施乡村振兴政策的效果不明显，范围较窄；得 3 分的是该省级政府有关地方实施乡村振兴政策的效果较为明显，但是范围较窄；得 4 分的是该省级政府有关地方实施乡村振兴政策的效果较为明显，范围较为广泛；得 5 分的是该省级政府有关地方实施乡村振兴政策的效果显著，覆盖范围广。

32. 农民人均粮食产量（公斤/人）指省级政府全年粮食产量/农村人口，农村人口 = 常住人口 − 城镇常住人口，数据来自 2021 年省级政府统计公报和第七次人口普查数据。全年粮食产量数据来自 2021 年省级政府统计公报。其中江苏省、浙江省、安徽省、福建省数据来自 2020 年省级政府统计公报。通过对该省级政府所在地区主要的平均值和最低的数据二次平均推算出数据的省级政府有山东省、青海省、宁夏回族自治区、上海市。

33. 农民人均肉产量（公斤/人）指省级政府全年肉产量/农村人口，农村人口 = 常住人口 − 城镇常住人口，数据来自 2021 年省级政府统计公报和第七次人口普查数据。省级政府全年肉产量和农村常住人口来自 2021 年省级政府统计公报。其中江苏省、浙江省、安徽省、福建省、湖北省、北京市数据来自 2020 年省级政府统计公报，四川省、贵州省数据来自 2020 省级政府统计年鉴。通过对该省级政府所在地区主要的平均值和最低的数据二次平均推算出数据的省级政府有山东省、青海省、宁夏回族自治区、上海市。

34. 第一产业增长率（%）数据来自 2021 省级政府统计公报。其中宁夏回族自治区数据来自 2020 省级政府统计公报。

35. 新增高标准农田建设（万亩）数据来自 2022 年省级政府工作报告。其中，山西省数据来自 2021 年省级政府工作报告。通过对该省级政府所在地区主要的平均值和最低的数据二次平均推算出数据的省级政府有浙江省、山东省、广东省、青海省、北京市、重庆市。

36. 粮食种植面积占比（%）是指粮食种植面积/省级政府辖区总面积。省级政府辖区总面积来自省级政府官网。粮食种植面积指的是当地最重要农产品种植面积（种植范围、面积最广的农产品），粮食种植面积数据来自 2021 年省级政府统计公报，其中，云南省、宁夏回族自治区数据来自 2020 年省级政府统计公报。

37. 权责清单指政府发布的权力清单和责任清单，数据来自 2022 年省级政府法制办公室网站、省级政府的政务服务网、省政府机构编制委员会办公室网站。该指标评分标准为 1～5 分，主要根据权力清单和责任清单公布总数的多少、公布时间的早晚评分。其中，得 1 分的是该省级政府公布权力清单和责任清单的部门少，各部门的权力清单和责任清单数量少，公布时间晚；得 3 分的是该省级政府公布权力清单和责任清单的部门较多，清单总数少，公布时间比较晚；得 4 分的是该省级政府公布权力清单和责任清单的部门较多，清单总数较多，但公布时间比较晚；得 5 分的是该省级政府公布权力清单和责任清单的总数或综合部门数量多且具体，公布时间早。

38. 常住人口增速（%）数据来自 2021 年省级政府统计公报和第七次人口普查公报。

39. 市场主体数［个/（人·千米^2）］是指省级政府辖区内登记的市场主体/（常住人口×辖区面积），数据主要来自 2022 年省级市场监督管理局网站。其中，通过对该省级政府所在地区主要的平均值和最低的数据二次平均推算出数据的省级政府有河北省、湖南省、海南省、四川省、新疆维吾尔自治区、天津市。

40. 外商投资增速（%）数据来自 2021 年省级政府统计公报。其中，宁夏回族自治区数据来自 2020 年省级政府统计公报。通过对该省级政府所在地区的平均值和最低的数据二次平均推算出数据的省级政府有黑龙江省、贵州省、西藏自治区、青海省。

41. 公司设立办结时限（天）指企业设立的审批时限，该指标为逆指标，本书测度时已将其转化为正指标，数据来自 2022 年省级政府政务服务网。

42. 公司注销办结时限（天）指企业注销的审批时限，该指标是逆指标，本书测度时已将其转化为正指标，数据来自 2022 年省级政府政务服务网。

43. 地方一般公共预算支出［元/（人·千米²）］是指省级政府一般公共预算支出/（常住人口×辖区面积），数据主要来自省级政府 2021 年预算执行情况与 2022 年预算报告。

44. 非税收入占地方一般公共预算收入比例（％）是非税收入/地方一般公共预算收入。该指标是逆指标，本书测度时已将其转化为正指标，数据主要来自省级政府 2021 年预算执行情况与 2022 年预算报告。其中河南省非税收入数据来自 2021 年预算草案，西藏自治区非税收入数据来自 2020 年决算报告。

45. 新增公务员人数［名/（人·千米²）］是指省级政府辖区内新增公务员人数/（常住人口×辖区面积），该指标的数据来自 2022 年省级人力资源和社会保障厅（局）网站或国家公务员考试网。

46. 农村居民人均可支配收入（元）数据来自 2021 年省级政府统计公报。其中，宁夏回族自治区数据来自 2020 年省级政府统计公报。

47. 城镇居民人均可支配收入（元）数据来自 2021 年省级政府统计公报。其中，宁夏回族自治区数据来自 2020 年省级政府统计公报。

48. 居民消费价格上涨指数（％）是逆指标，本书测度时已将其转化为正指标，数据来自 2021 年省级政府统计公报。其中，宁夏回族自治区数据来自 2020 年省级政府统计公报。

49. 城镇登记失业率（％）是逆指标，本书测度时已将其转化为正指标，数据来自 2021 年省级政府统计公报。其中，通过对该省级政府所在地区的平均值和最低的数据二次平均推算出数据的省级政府有江苏省、浙江省、湖南省、四川省、西藏自治区、北京市。

50. 月最低工资标准（元）数据来自 2022 年人力资源和社会保障部网站。

51. 政府联系方式公开来源于省级政府信息公开指南。该指标评分标准为 1～5 分。统一参考 2022 年省级政府网站信息公开栏目公布的领导个人信息，以及政府办公厅或相关部门电话、电子邮箱公开情况。该指标评分标准是：领导个人信息等于或多于 5 项的为 5 分，领导个人信息等于或少于 4 项的为 4 分，领导个人信息等于或少于 3 项的为 3 分，没有公开领导个人信息的为 1 分。

52. 政府新媒体公开指省级政府网站是否有微信公众号、微博等新媒体联系方式。该指标评分标准为 1～5 分。其来源于 2021 年省级政府信息公开年报。该指标评分标准是：有微信公众号、微博、微信小程序、App 等官方新媒体的为 5 分，只有微信公众号及微博的为 4 分，有微博或微信公众号的为 3 分，都没有的则为 1 分。

53. 三公经费公开来源于各省级政府官网、省级政府财政厅/局网站、省级政府预算报告，统一参考 2021 年财政预算执行情况和 2022 年财政预算草案报告。其中，完全公开政府部门三公经费的省级政府为 5 分，公开比较全面的省级政府为 4 分，只公开一些的省级政府为 3 分，没有公开三公经费的省级政府为 1 分。

54. 工作报告公开数据来源于各省级政府官网，参考 2022 年省级政府人民代表大会上审议的政府工作报告。其中，公开 2022 年政府工作报告的为 5 分，只公开 2021 年政府工作报告的为 4 分，只公开 2020 年政府工作报告的为 3 分，只公开 2019 年政府工作报告及以前政府工作报告的为 1 分。

55. 预算报告公开数据来源于各省级政府网站，参考 2022 年预算（草案）报告。其中，有 2022 年预算报告的记 5 分，只有 2021 年预算报告的记 4 分，只有 2020 年预算报告的记 3 分，只有 2019 年及以前预算报告的记 1 分。

56. 计划报告公开数据来源于各省级政府网站，参考 2022 年计划报告。其中，公开 2022 年计划报告的记 5 分，只有 2021 年计划报告的记 4 分，只有 2020 年及以前计划报告的记 3 分，只有 2019 年及以前计划报告的记 1 分。

57. 统计公报公开数据来源于各省级政府网站或者省级政府统计信息网，参考 2021 年统计公报。其中，有 2021 年统计公报的记 5 分，只公布 2020 年统计公报的记 4 分，只有 2019 年统计公报的记 3 分，只有 2018 年及以前统计公报的记 1 分。

58. 公务员招考信息公开参考 2022 年 1 月 1 日至 2022 年 4 月 5 日各省级政府官网公务员招考录用栏（公务员招考录用、招考信息、人事信息、人事任免、招生信息、考试信息）的公务员职位信息公开条数。公开条数大于或等于 7 条记 5 分，大于或等于 4 条小于 7 条记 4 分，大于或等于 1 条小于 4 条记 3 分，0 条记 1 分。

59. "十四五"规划公开数据来源于 2022 年各省级政府网站，参考各地"十四五"规划纲要文件。其中，完全公开且公开时间较早的记 5 分，完全公开但公开时间较晚的记 4 分，部分公开的记 3 分，尚未公开的记 1 分。

60. 政府主动信息公开完备程度是指省政府办公厅主动公开政府信息的情况表与报告中的文本内容的匹配程度。数据来源于政府官网—政务公开—政府信息公开年报—办公厅信息公开年报。其中主动公开内容与表格内容完全匹配的记 5 分，主动公开内容与表格内容基本匹配的记 4 分，略有匹配的记 3 分，完全不匹配（表格内容为 0，或者没有公开）的记 1 分。

61. 政府主动信息公开时效是指省政府办公厅主动公开政府信息的时效。数据来源于政府官网—政务公开—政府信息公开年报—办公厅信息公开年报。其中，2022 年 1 月公开的，得 5 分；2022 年 2 月公开的，得 4 分；2022 年 3 月公开的，得 3 分；2022 年 4 月及目前暂未公开的，得 1 分。

62. 政府办事时效数据来源于各级省级政府官网。参考省长信箱中反映的基本能解决信件上问题的时间，先看来信时间与受理时间，根据其间隔长短评级；如果无来信时间则根据已处理信件的日期是否是近期进行评级，查询截止时间为 2022 年 4 月 5 日。其中，处理时间长度为 1~3 天属于很好，4~5 天属于较好；6~10 天属于一般，10 天以上属于差。最近邮件收到日期与反馈日期均公布的省级政府，采用其最近 3 封的处理时间取平均值；仅公布反馈日期的省级政府，参考其最近 3 封的反馈时间间隔取平均值；既无收到日期又无反馈日期的省级政府、无省长信箱栏目的省级政府、不开放邮件阅读的省级政府，因为未能及时公布对公众诉求处理速度的信息，该项指标得分在全国省级政府排名中并列为最后一名。在此基础上考察各省级政府对贯彻中央政策和上级精神的时效性，考察其是否贯彻落实十九届六中全会精神和 2022 年全国两会精神。公开很好记 5 分；公开较好记 4 分；公开一般记 3 分；公开较差记 1 分。

63. 政府常务会议次数（次）统计区间为 2021 年 1 月 1 日至 2022 年 4 月 5 日，数据来自省级政府官网。

64. 政府常务会议（此处特指各省级政府为学习全国两会精神召开的常务会议）公布时间，数据来源于各省级政府官网。可以直接搜索"常务会议""学习全国两会精神"等关键词，注意要找到"省委主持召开学习全国两会精神"的会议。2022 年 3 月 14 日及之前召开的，得 5 分；2022 年 15~17 日召开的，得 4 分；2022 年 18~20 日召开的，得 3 分；2022 年 3 月 20 日及以后召开的，得 1 分。

65. 政府常务会议议题数量（项）是指统计 2021 年 1 月 1 日至 2022 年 4 月 5 日的最新一次（常务会议召开日期距离 2022 年 4 月 5 日最近的一次）常务会议的议题数量。数据来自 2022 年省级政府官网。

66. 政府信息公开年度报告时间的数据来源于各省级政府官网—政务公开—政府信息公开年报。其中，2022 年 1 月公开的，得 5 分；2022 年 2 月公开的，得 4 分；2022 年 3 月公开的，得 3 分；2022 年 4 月及目前暂未公开的，得 1 分。

除了已注明的时间外，本书有关省级政府效率测度指标信息收集、查询截止时间为 2022 年 5 月 30 日。

附录2.2　2022 年中国地级市政府效率测度指标数据来源及处理说明

1. 科技支出占地方一般公共预算支出比例（％）指科学技术支出/地方一般公共预算支出，数据来自各地级市政府 2021 年预算执行报告。其中，数据来自 2020 年预算执行报告的地级市有通辽市、松原市、大庆市、牡丹江市、黑河市、绥化市、杭州市、温州市、嘉兴市、湖州市、丽水市、三明市、宁德市、潍坊市、济宁市、郑州市、南阳市、东莞市、金昌市、玉树藏族自治州等。此外，通过该地级市政府所在省级政府其他地级市或者相近省份地级市数据的平均值和最低值的二次平均后得出数据的地级市政府有葫芦岛市、滁州市、池州市、莆田市、北海市、三沙市、山南市、那曲市、阿里地区、海北藏族自治州、黄南藏族自治州等。

2. 专利申请量（项/万人）指专利申请量/年末常住人口数，数据来自各地级市政府 2021 年统计公报。其中，数据来自 2020 年统计公报的地级市有石家庄市、唐山市、邯郸市、承德市、沧州市、廊坊市、大同市、阳泉市、长治市、朔州市、晋中市、大连市、本溪市、南京市、盐城市、扬州市、新余市、烟台市、日照市、湘潭市等。此外，通过该地级市所在省级政府其他地级市或者相近省份地级市数据的平均值和最低值的二次平均后得出数据的地级市有太原市、呼和浩特市、沈阳市、吉林市、七台河市、无锡市、徐州市、常州市、苏州市、南通市、合肥市、马鞍山市、滁州市、阜阳市、亳州市、漳州市、南平市、龙岩市、鹰潭市、吉安市等。

3. 在校生人数占年末常住人口的比例（％）指各级各类在校生人数/年末常住人口数，在校生人数 = 高中生在校人数 + 初中生在校人数 + 小学生在校人数 + 在园幼儿数，数据来自各地级市政府 2021 年统计公报。其中，数据来自 2020 年统计公报的地级市政府有邢台市、衡水市、长治市、朔州市、晋中市、包头市、赤峰市、阿拉善盟、沈阳市、大连市、长春市、吉林市、七台河市、台州市、马鞍山市、新余市、深圳市、金昌市、西宁市、阿勒泰地区等。此外，通过该地级市政府所在省级政府其他地级市或者相近省份地级市数据的平均值和最低值的二次平均后得出数据的地级市政府有邯郸市、保定市、承德市、沧州市、廊坊市、吕梁市、乌海市、松原市、黑河市、绥化市、常州市、鹰潭市、东营市、商丘市、株洲市、衡阳市、永州市、红河哈尼族彝族自治州、昌都市、那曲市等。

4. 教育支出占地方一般公共预算支出比例（％）指教育支出/地方一般公共预算支出，数据来自各地级市政府 2021 年预算执行报告。其中，数据来自 2020 年预算执行报告的地级市政府有通辽市、大庆市、牡丹江市、黑河市、绥化市、杭州市、温州市、嘉兴市、湖州市、丽水市、三明市、宁德市、潍坊市、济宁市、郑州市、南阳市、东莞市、金昌市、玉树藏族自治州、克拉玛依市等。此外，通过该地级市政府所在省级政府其他地级市或者相近省份地级市数据的平均值和最低值的二次平均后得出数据的地级市政府有滁州市、池州市、莆田市、三沙市、那曲市、阿里地区等。

5. 文化旅游体育与传媒支出占地方一般公共预算支出比例（％）指文化旅游体育与传媒支出/地方一般公共预算支出，数据来自各地级市政府 2021 年预算执行报告。其中，数据来自 2021 年预算草案报告的地级市政府有石家庄市、秦皇岛市、邢台市、大同市、包头市、乌海市、呼伦贝尔市、阿拉善盟、大连市、哈尔滨市、佳木斯市、南京市、杭州市、金华市、合肥市、济南市、济宁市、郑州市、焦作市、许昌市等；来自 2020 年决算执行报告的地级市政府有本溪市、黑河市、宣城市、东莞市、揭阳市、嘉峪关市、金昌市、玉树藏族自治州等。此外，通过该地级市政府所在省级政府其他地级市或者相近省份地级市数据的平均值和最低值的二次平均后得出数据的地级市政府有滁州市、池州市、莆田市、岳阳市、三沙市、山南市、那曲市、阿里地区、黄南藏族自治州、海南藏族自治州等。

6. 每万人口卫生机构（个）指卫生机构数量/年末常住人口数，数据来自各地级市政府 2021 年统计公报。其中，数据来自 2020 年统计公报的地级市政府有赤峰市、阿拉善盟、沈阳市、大连市、长春市、吉林市、丹东市、马鞍山市、铜陵市、赣州市、聊城市、洛阳市、鹤壁市、濮阳市、深圳市、金昌市、吐鲁番市、阿克苏地区、喀什地区、阿勒泰地区等。来自 2021 年统计年鉴的地级市有连云港市、烟台市、临沂市、益阳市、海口市、三亚市。来自 2019 年统计公报的地级市有大庆市、焦作市、昌都市。此外，通过该地级市政府所在省级政府其他地级市或者相近省份地级市数据的平均值和最低值的二次平均后得出数据的地级市政府有邢台市、牡丹江市、绥化市、商丘市、三沙市、红河哈尼族彝族自治州、林芝市、那曲市、阿里地区、哈密市、巴音郭楞蒙古自治州等。

7. 每千人口卫生机构床位（张）指卫生机构床位数量/年末常住人口数，数据来自各地级市政府 2021 年统计公报。其中，数据来自 2020 年统计公报的地级市有沈阳市、大连市、本溪市、阜新市、辽阳市、长春市、吉林市、四平市、哈尔滨市、马鞍山市、安庆市、景德镇市、深圳市、桂林市、榆林市、金昌市、武威市、西宁市、吴忠市、吐鲁番市等；来自 2021 年统计年鉴的地级市有连云港市、烟台市、临沂市、益阳市、海口市、三亚市；来自 2019 年统计公报的地级市有焦作市。此外，通过该地级市政府所在省级政府其他地级市或者相近省份地级市数据的平均值和最低值的二次平均后得出数据的地级市政府有邢台市、大庆市、牡丹江市、绥化市、济宁市、商丘市、三沙市、昭通市、丽江市、红河哈尼族彝族自治州、怒江傈僳族自治州、林芝市、那曲市、阿里地区、玉树藏族自治州、哈密市、巴音郭楞蒙古自治州等。

8. 每千人口卫生技术员（人）指卫生技术人员数/年末常住人口数，数据来自各地级市政府 2021 年统计公报。其中，数据来自 2020 年统计公报的地级市有保定市、阿拉善盟、沈阳市、大连市、营口市、阜新市、鸡西市、淮安市、马鞍山市、铜陵市、阜阳市、新余市、洛阳市、深圳市、桂林市、北海市、普洱市、金昌市、天水市、武威市等；来自2021年统计年鉴的地级市有连云港市、烟台市、临沂市、益阳市、海口市、三亚市；来自2019年统计公报的地级市有大庆市、焦作市、昌都市。此外，通过该地级市政府所在省级政府其他地级市或者相近省份地级市数据的平均值和最低值的二次平均后得出数据的地级市政府有邢台市、呼伦贝尔市、牡丹江市、绥化市、绍兴市、东营市、济宁市、商丘市、三沙市、丽江市、红河哈尼族彝族自治州、林芝市、那曲市、阿里地区、玉树藏族自治州、哈密市、巴音郭楞蒙古自治州等。

9. 生产安全事故死亡人数占年末常住人口的比例（％）指生产安全事故死亡人数/年末常住人口数，该指标是逆指标，本书已将其转化为正指标，数据来自各地级市政府2021年统计公报。其中，数据来自2020年统计公报的地级市政府有沈阳市、本溪市、营口市、辽阳市、长春市、白城市、哈尔滨市、台州市、枣庄市、清远市、深圳市、桂林市、北海市、迪庆藏族自治州、金昌市、甘南藏族自治州、海南藏族自治州、克孜勒苏柯尔克孜自治州、塔城地区、阿勒泰地区等；来自2019年统计公报的地级市有焦作市、昌都市。此外，通过该地级市政府所在省级政府其他地级市或者相近省份地级市数据的平均值和最低值的二次平均后得出数据的地级市政府有太原市、乌海市、赤峰市、通辽市、常州市、苏州市、连云港市、盐城市、扬州市、镇江市、宿迁市、马鞍山市、安庆市、滁州市、海口市、三亚市、三沙市、南充市、凉山彝族自治州、遵义市等。

10. 全年空气质量优良率（％）数据来自各地级市政府2021年统计公报。其中，数据来自2020年统计公报的地级市政府有邢台市、衡水市、朔州市、乌海市、阿拉善盟、沈阳市、本溪市、丹东市、营口市、阜新市、辽阳市、伊春市、宜宾市、巴中市、阿坝藏族羌族自治州、六盘水市、遵义市、榆林市、金昌市、白银市、天水市、武威市、甘南藏族自治州、吴忠市、固原市、阿克苏地区、喀什地区、和田地区、阿勒泰地区等。此外，通过该地级市政府所在省级政府其他地级市或者相近省份地级市数据的平均值和最低值的二次平均后得出数据的地级市政府有秦皇岛市、保定市、吕梁市、呼伦贝尔市、巴彦淖尔市、兴安盟、锡林郭勒盟、大连市、铁岭市、朝阳市、甘孜藏族自治州、铜仁市、黔东南苗族侗族自治州、临沧市、西双版纳傣族自治州、吐鲁番市、哈密市、昌吉回族自治州、巴音郭楞蒙古自治州、克孜勒苏柯尔克孜自治州、塔城地区等。

11. 落实总体国家安全观指各地级市政府对国家安全的宣传普及情况，评分标准为 1～5 分。参考各地级市政府网站，对"国家安全教育日"宣传非常多、形式丰富的记 5 分；对"国家安全教育日"宣传较多、范围较广的记 4 分；对"国家安全教育日"宣传较多、范围较窄的记 3 分；对"国家安全教育日"的报道较少的记 1 分。

12. 统筹疫情防控与经济社会发展指各地级市政府对统筹疫情防控与经济社会发展的关注程度，主要根据有关疫情防控和经济社会发展政策、新闻报道的总数进行评分，该指标评分标准为 1～5 分。其中，有关疫情防控和经济社会发展政策和新闻数量都比较多的记 5 分；有关疫情防控和经济社会发展政策较多，新闻不多的记 4 分；有关疫情防控和经济社会发展政策较少，新闻较多的记 3 分；有关疫情防控和经济社会发展政策和新闻都较少的记 1 分。

13. 社会保障和就业支出占地方一般公共预算支出比例（％）指社会保障和就业支出/地方一般公共预算支出，数据来自各地级市政府 2021 年预算执行报告。其中，数据来自 2021 年预算草案报告的地级市政府有唐山市、秦皇岛市、邢台市、保定市、廊坊市、衡水市、乌海市、赤峰市、鄂尔多斯市、呼伦贝尔市、巴彦淖尔市、珠海市、深圳市、韶关市、河源市、惠州市、汕尾市、汕头市、潮州市、柳州市、桂林市、海口市、三亚市、伊犁哈萨克自治州、塔城地区、阿勒泰地区等。此外，通过该地级市政府所在省级政府其他地级市或者相近省份地级市数据的平均值和最低值的二次平均后得出数据的地级市政府有池州市、三沙市、那曲市、阿里地区。

14. 住房保障支出占地方一般公共预算支出比例（％）指住房保障支出/地方一般公共预算支出，数据来自各地级市政府 2021 年预算执行报告。其中，数据来自 2021 年预算草案报告的地级市政府有秦皇岛市、邢台市、临汾市、乌海市、赤峰市、鄂尔多斯市、呼伦贝尔市、巴彦淖尔市、乌兰察布市、兴安盟、锡林郭勒盟、阿拉善盟、大连市、通化市、云浮市、肇庆市、珠海市、清远市、深圳市、韶关市、河源市、黔东南苗族侗族自治州、西双版纳傣族自治州、林芝市、兰州市、白伊犁哈萨克自治州、塔城地区、阿勒泰地区等。此外，通过该地级市政府所在省级政府其他地级市或者相近省份地级市数据的平均值和最低值的二次平均后得出数据的地级市政府有锦州市、盘锦市、铁岭市、葫芦岛市、池州市、萍乡市、三沙市、山南市、那曲市、阿里地区、黄南藏族自治州、海南藏族自治州、博尔塔拉蒙古自治州等。

15. 社会保险基金支出占地方一般公共预算支出比例（％）指社会保险基金支出/地方一般公共预算支出，数据来自各地级市政府 2021 年预算执行报告。其中，数据来自 2021 年预算草案报告的地级市政府有秦皇岛市、保定市、衡水市、乌海市、赤峰市、鄂尔多斯市、呼伦贝尔市、巴彦淖尔市、乌兰察布市、兴安盟、锡林郭勒盟、阿拉善盟、大连市、鞍山市、锦州市、南京市、淮安市、衢州市、林芝市、山南市、兰州市、白银市、天水市、酒泉市、庆阳市、乌鲁木齐市、伊犁哈萨克自治州、塔城地区、阿勒泰地区等。此外，通过该地级市政府所在省级政府其他地级市或者相近省份地级市数据的平均值和最低值的二次平均后得出数据的地级市政府有呼和浩特市、芜湖市、淮南市、淮北市、铜陵市、安庆市、池州市、南平市、新余市、海口市、三沙市、那曲市、阿里地区、海南藏族自治州、博尔塔拉蒙古自治州、克孜勒苏柯尔克孜自治州等。

16. 新增城镇就业（万人）数据主要来自各地级市政府 2021 年统计公报和 2022 年政府工作报告。其中，数据来自 2020 年统计公报的地级市政府有邢台市、长治市、阿拉善盟、大连市、吉林市、杭州市、淮南市、鹰潭市、洛阳市、黄石市、深圳市、桂林市、甘孜藏族自治州、铜仁市、普洱市、山南市、榆林市、白银市、吐鲁番市；来自 2019 年统计公报的地级市政府有牡丹江市、焦作市、贵港市、南充市、巴中市、阿坝藏族羌族自治州、昌都市等。此外，通过推算得出数据的地级市政府有铁岭市、齐齐哈尔市、七台河市、大兴安岭地区、马鞍山市、六安市、景德镇市、赣州市、鄂州市、邵阳市、肇庆市、玉林市、崇左市、三沙市、遂宁市、雅安市、昭通市、拉萨市、日喀则市、那曲市、阿里地区、咸阳市、陇南市、黄南藏族自治州、哈密市、巴音郭楞蒙古自治州等。具体推算方式为：地级市政府城镇新增就业人数 =（地级市所在省级政府新增就业人数/省级政府常住人口）×地级市政府常住人口，并根据地级市 GDP 总量赋予相应的权重。

17. 新增转移农村劳动力（万人），数据主要来自各地级市政府 2021 年统计公报和 2022 年政府工作报告。其中，数据来自 2020 年统计公报的地级市政府有长治市、巴彦淖尔市、辽阳市、辽源市、鸡西市、淮南市、宿州市、鹰潭市、洛阳市、桂林市、来宾市、儋州市、曲靖市、林芝市、果洛藏族自治州、乌鲁木齐市、喀什地区等；来自 2019 年统计公报的地级市有焦作市。此外，通过推算得出数据的地级市有石家庄市、乌海市、大连市、吉林市、佳木斯市、苏州市、杭州市、金华市、合肥市、莆田市、赣州市、烟台市、周口市、武汉市、娄底市、茂名市、佛山市、南宁市、乐山市、兰州市、天水市、吐鲁番市等。具体推算方式为：地级市政府新增转移农村劳动力人数 =（地级市所在省级政府新增转移农村劳动力人数/省级政府常住人口）×地级市政府常住人口，并根据地级市 GDP 总量赋予相应的权重。

18. 全年社会消费品零售总额增长率（%）数据来自各地级市政府 2021 年统计公报。其中，数据来自 2020 年统计公报的地级市政府有邢台市、长治市、阿拉善盟、大连市、吉林市、杭州市、淮南市、鹰潭市、洛阳市、肇庆市、桂林市、铜仁市、保山市、拉萨市、昌都市、白银市、银川市、甘南藏族自治州、石嘴山市、阿泰勒地区等；来自2019年统计公报的地级市政府有焦作市、巴中市、阿坝藏族羌族自治州、怒江傈僳族自治州。此外，通过该地级市政府所在省级政府其他地级市或者相近省份地级市数据的平均值和最低值的二次平均后得出数据的地级市政府有三沙市、阿里地区、巴音郭楞蒙古自治州。

19. 人均邮电业务量（元）指邮电业务总量/年末常住人口数，邮电业务总量＝邮政业务总量＋电信业务总量，数据来自各地级市政府2021年统计公报。其中，数据来自2020年统计公报的地级市政府有长治市、阿拉善盟、大连市、葫芦岛市、鸡西市、吉林市、台州市、淮南市、马鞍山市、莆田市、赣州市、洛阳市、肇庆市、南宁市、铜仁市、曲靖市、山南市、白银市、海南藏族自治州；来自2019年统计公报的地级市政府有六安市、焦作市、巴中市、阿坝藏族羌族自治州、德宏傣族景颇族自治州、怒江傈僳族自治州、昌都市。此外，通过该地级市政府所在省级政府其他地级市或者相近省份地级市数据的平均值和最低值的二次平均后得出数据的地级市政府有秦皇岛市、承德市、包头市、乌海市、赤峰市、通辽市、阜新市、吉林市、四平市、辽源市、白城市、延边朝鲜族自治州、苏州市、扬州市、铜陵市、安庆市、鹰潭市、济宁市、三沙市、内江市、达州市、甘孜藏族自治州、玉溪市、保山市、昭通市、西双版纳傣族自治州、大理白族自治州、林芝市、那曲市、铜川市、宝鸡市、酒泉市、海西蒙古族藏族自治州、吐鲁番市、哈密市、巴音郭楞蒙古自治州、伊犁哈萨克自治州等。

20. 移动电话普及率（部/百人）指移动电话用户数/年末常住人口数，数据来自各地级市政府2021年统计公报。其中，数据来自2020年统计公报的地级市政府有邢台市、保定市、廊坊市、长治市、朔州市、晋中市、吕梁市、包头市、巴彦淖尔市、兴安盟、阿拉善盟、沈阳市、大连市、丹东市、赣州市、湘西土家族苗族自治州、深圳市、桂林市、北海市、钦州市、玉林市、河池市等；来自2021年统计年鉴的地级市有连云港市、临沂市、周口市、驻马店市、黄石市、十堰市、襄阳市、孝感市、荆州市、黄冈市、株洲市、益阳市、中山市、清远市、广州市、揭阳市、潮州市、南宁市、三亚市、儋州市、内江市等。此外，通过该地级市政府所在省级政府其他地级市或者相近省份地级市数据的平均值和最低值的二次平均后得出数据的地级市政府有衡水市、通辽市、锡林郭勒盟、本溪市、吉林市、辽源市、齐齐哈尔市、七台河市、牡丹江市、绥化市、大兴安岭地区、漯河市、湛江市、阳江市、肇庆市、汕头市、柳州市、梧州市、防城港市、贵港市、百色市、来宾市、三沙市、甘孜藏族自治州、凉山彝族自治州。

21. 互联网普及率（户/百人）指年末移动互联网用户/年末常住人口数，数据来自各地级市政府2021年统计公报。其中，数据来自2020年统计公报的地级市政府有邢台市、晋中市、吕梁市、包头市、巴彦淖尔市、兴安盟、阿拉善盟、沈阳市、大连市、丹东市、营口市、阜新市、辽阳市、朝阳市、葫芦岛市、长春市、通化市、白山市、鸡西市、鹤岗市、大庆市、淮安市、台州市、淮南市等。此外，通过该地级市政府所在省级政府其他地级市或者相近省份地级市数据的平均值和最低值的二次平均后得出数据的地级市政府有牡丹江市、绥化市、大兴安岭地区、淮北市、抚州市、威海市、德州市、聊城市、洛阳市、平顶山市、安阳市、漯河市、湛江市、阳江市、肇庆市、汕头市、柳州市、梧州市、防城港市、贵港市、百色市、来宾市、三沙市、甘孜藏族自治州、凉山彝族自治州、黔南布依族苗族自治州等。

22. 固定资产投资增长率（%）数据来自各地级市政府2021年统计公报。其中，数据来自2020年统计公报的地级市政府有牡丹江市、大兴安岭地区、淮安市、台州市、淮南市、马鞍山市、滁州市、阜阳市、鹰潭市、赣州市、洛阳市、鹤壁市、商丘市、黄石市、宜昌市、孝感市、恩施土家族苗族自治州、肇庆市、钦州市、贵港市、贺州市、河池市、儋州市、攀枝花市、巴中市、铜仁市、黔西南布依族苗族自治州等。此外，通过该地级市政府所在省级政府其他地级市或者相近省份地级市数据的平均值和最低值的二次平均后得出数据的地级市政府有鄂尔多斯市、潮州市、桂林市、三沙市、遵义市、那曲市、阿里地区、黄南藏族自治州、巴音郭楞蒙古自治州。

23. GDP 增长率（％）数据来自各地级市政府 2021 年统计公报。其中，数据来自 2020 年统计公报的地级市政府有邢台市、巴彦淖尔市、阿拉善盟、沈阳市、六安市、景德镇市、鹰潭市、赣州市、枣庄市、东营市、洛阳市、鹤壁市、濮阳市、毕节市、铜仁市、黔西南布依族苗族自治州、黔东南苗族侗族自治州、黔南布依族苗族自治州、果洛藏族自治州、玉树藏族自治州、吐鲁番市、喀什地区、和田地区等。此外，通过该地级市政府所在省级政府其他地级市或者相近省份地级市数据的平均值和最低值的二次平均后得出数据的地级市政府有三沙市、阿里地区、巴音郭楞蒙古自治州。

24. GDP 总量（亿元）数据来自各地级市政府 2021 年统计公报。其中，数据来自 2020 年统计公报的地级市政府有沈阳市、长春市、牡丹江市、台州市、淮南市、黄山市、东营市、洛阳市、宜昌市、肇庆市、桂林市、崇左市、儋州市、武威市、银川市、邢台市、景德镇市、濮阳市、恩施土家族苗族自治州、百色市等。此外，通过该地级市政府所在省级政府其他地级市或者相近省份地级市数据的平均值和最低值的二次平均后得出数据的地级市政府有三沙市、巴音郭楞蒙古自治州。

25. 人均 GDP（元）指 GDP 总量/常住人口数，数据来自各地级市政府 2021 年统计公报。其中，数据来自 2020 年统计公报的地级市政府有阿拉善盟、沈阳市、丹东市、营口市、辽阳市、长春市、吉林市、淮南市、铜陵市、阜阳市、景德镇市、鹰潭市、赣州市、东营市、洛阳市、宜昌市、内江市、达州市、吐鲁番市、阿克苏地区等。此外，通过该地级市政府所在省级政府其他地级市或者相近省份地级市数据的平均值和最低值的二次平均后得出数据的地级市政府有三沙市、巴音郭楞蒙古自治州。

26. 乡村振兴政策源于各地级市政府网站，参考各地级市 2022 年政府工作报告中的关键词"乡村振兴"的数量，该指标评分标准为 1～5 分。

其中，4个及以下记1分；5~7个记3分；8~9个记4分；10个及以上记5分。

27. 乡村振兴效果主要根据有关"乡村振兴"的新闻报道总数的多少进行评分，参考各地级市政府网站，评分标准为1~5分。其中，地级市政府乡村振兴效果指标得1分的是该地级市政府有关地方实施乡村振兴政策的效果不明显，范围较窄；得3分的是该地级市政府有关地方实施乡村振兴政策的效果较为明显，但是范围较窄；得4分的是该地级市政府有关地方实施乡村振兴政策的效果较为明显，范围较为广泛；得5分的是该地级市政府有关地方实施乡村振兴政策的效果显著，覆盖范围广。

28. 农民人均粮食产量（公斤/人）指地级市政府全年粮食产量/农村人口，农村人口＝常住人口－城镇常住人口，全年粮食产量数据来自各地级市政府2021年统计公报。其中，数据来自2020年统计公报的地级市有衢州市、马鞍山市、鹤壁市、贵阳市、铜仁市、遂宁市、内江市、泸州市、西宁市、金昌市、丹东市、营口市、阜新市、四平市、白山市、邢台市、廊坊市、朔州市、商丘市、百色市等。此外，通过该地级市政府所在省级政府其他地级市或者相近省份地级市数据的平均值和最低值的二次平均后得出数据的地级市政府有哈尔滨市、鸡西市、台州市、芜湖市、六安市、鹰潭市、吉安市、肇庆市、清远市、深圳市、防城港市、三沙市、红河哈尼族彝族自治州、文山壮族苗族自治州、哈密市、阿克苏地区、喀什地区、和田地区、昌吉回族自治州、博尔塔拉蒙古自治州、巴音郭楞蒙古自治州、克孜勒苏柯尔克孜自治州、伊犁哈萨克自治州、塔城地区、阿勒泰地区。

29. 新增乡镇公务员［名/（人·千米^2）］指地级市政府辖区内新增乡镇公务员人数/（常住人口×辖区面积），数据来自各地级市人力资源和社会保障局网站或地级市政府公务员考试网。其中，数据来自省考政务网的地级市有石家庄市、呼伦贝尔市、巴彦淖尔市、乌兰察布市、运城市、忻州市、临汾市、双鸭山市、伊春市、黑河市、开封市、贺州市、河池市、崇左市、眉山市、宜宾市、广安市、六盘水市、安顺市、毕节市等。此外，通过该地级市政府所在省级政府其他地级市或者相近省份地级市数据的平均值和最低值的二次平均后得出数据的地级市政府有池州市、宣城市、济南市、青岛市、淄博市、枣庄市、东营市、日照市、巴中市、阿坝藏族羌族自治州、甘孜藏族自治州、凉山彝族自治州、贵阳市、遵义市、铜仁市、黔西南布依族苗族自治州等。

30. 第一产业增长率（%）数据来自各地级市政府 2021 年统计公报。其中，数据来自 2020 年统计公报的地级市政府有邢台市、阿拉善盟、大连市、本溪市、营口市、长春市、吉林市、四平市、通化市、白山市、牡丹江市、台州市、新余市、鹤壁市、深圳市、来宾市、崇左市、攀枝花市、贵阳市、金昌市等。此外，通过该地级市政府所在省级政府其他地级市或者相近省份地级市数据的平均值和最低值的二次平均后得出数据的地级市政府有三沙市、红河哈尼族彝族自治州、那曲市、阿里地区、哈密市、巴音郭楞蒙古自治州。

31. 新增高标准农田建设（万亩）数据来自各地级市政府 2022 年政府工作报告。其中，数据来自 2021 年政府工作报告的地级市政府有石家庄市、大同市、运城市、忻州市、包头市、赤峰市、通辽市、乌兰察布市、延边朝鲜族自治州、菏泽市、安阳市、新乡市、濮阳市、许昌市、周口市、内江市、白银市、天水市、庆阳市、博尔塔拉蒙古自治州等。此外，通过推算得出数据的地级市政府有晋中市、临汾市、吕梁市、乌海市、锡林郭勒盟、阿拉善盟、辽阳市、盘锦市、葫芦岛市、白山市、伊春市、大兴安岭地区、泰州市、嘉兴市、湖州市、金华市、舟山市、台州市、丽水市、合肥市、蚌埠市、淮南市、马鞍山市、铜陵市、安庆市、滁州市等。具体推算方式为：地级市政府新增高标准农田建设 =（地级市所在省级政府新增高标准农田建设/省级政府粮食播种面积）×地级市政府粮食播种面积，并根据地级市政府农民人均粮食产量赋予相应的权重。

32. 粮食种植面积占比（%）指粮食种植面积/地级市政府辖区总面

积，粮食种植面积指当地最重要农产品种植面积（种植范围、面积最广的农产品），数据来自 2021 年各地级市政府统计公报。其中，数据来自 2020 年统计公报的地级市有邢台市、廊坊市、衡水市、长治市、朔州市、晋中市、沈阳市、大连市、辽阳市、朝阳市、台州市、淮南市、新余市、鹤壁市、濮阳市、深圳市、攀枝花市、榆林市、白银市、天水市等。此外，通过该地级市所在省级政府其他地级市或者相近省份地级市数据的平均值和最低值的二次平均后得出数据的地级市有抚顺市、大兴安岭地区、吉安市、东营市、武汉市、邵阳市、常德市、三沙市、黔南布依族苗族自治州、玉溪市、保山市、昭通市、红河哈尼族彝族自治州、西双版纳傣族自治州、大理白族自治州、阿里地区、铜川市、哈密市、巴音郭楞蒙古自治州。

33. 权责清单指政府发布的权力清单和责任清单，数据来自 2021 年各地级市政府法制办公室网站、地级市政府的政务服务网、地级市政府机构编制委员会办公室网站，主要根据权力清单和责任清单公布总数的多少、公布时间的早晚评分，该指标评分标准为 1～5 分。其中，地级市政府权力清单和责任清单指标得 1 分的是该地级市政府公布权力清单和责任清单的部门少、各部门的权利清单数量少、公布时间晚；得 3 分的是该地级市政府公布权力清单和责任清单的部门较多、清单总数少、公布时间比较晚；得 4 分的是该地级市政府公布权力清单和责任清单的部门较多、清单总数较多、公布时间比较晚；得 5 分的是该地级市政府公布权力清单的总数或综合部门数量多且具体、公布时间早。

34. 常住人口增速（%）指 2021 年末常住人口增加数/2020 年末常住人口总数，数据主要来自各地级市政府 2021 年统计公报和第七次全国人口普查公报。其中，数据来自第七次全国人口普查公报的地级市政府有邢台市、阿拉善盟、滨州市、鹤壁市、濮阳市、漯河市、商丘市、黄石市、桂林市、榆林市、金昌市、白银市、天水市、武威市、海南藏族自治州、果洛藏族自治州。

35. 市场主体数［个/（人·千米^2）］是指地级市政府辖区内登记的市场主体/（常住人口×辖区面积），数据主要来自地级市政府市场监督管理局网站。其中，采用市监管局 2020 年数据的地级市政府有沧州市、大同市、朔州市、绥化市、大兴安岭地区、苏州市、南通市、镇江市、黄山市、枣庄市、郑州市、洛阳市、株洲市、湘西土家族苗族自治州、柳州市、钦州市、河池市、来宾市、三亚市、德阳市等。采用市监管局 2019 年数据的地级市政府有贵港市、巴中市、资阳市、抚州市、上饶市、济南市、青岛市、菏泽市、安阳市、焦作市、濮阳市、三门峡市、南阳市等。此外，通过该地级市所在省级政府其他地级市或者相近省份地级市数据的平均值和最低值的二次平均后得出数据的地级市有唐山市、秦皇岛市、邯郸市、张家口市、承德市、廊坊市、衡水市、阳泉市、忻州市、吕梁市、呼和浩特市、包头市、赤峰市、鄂尔多斯市、巴彦淖尔市、大连市、抚顺市、本溪市、铁岭市、朝阳市、葫芦岛市、长春市、吉林市、四平市、辽源市、通化市。

36. 外商投资增速（%）数据来自各地级市政府 2021 年统计公报。其中，数据来自 2020 年统计公报的地级市政府有邢台市、保定市、廊坊市、晋中市、包头市、乌海市、阿拉善盟、沈阳市、大连市、辽阳市、白城市、哈尔滨市、大庆市、牡丹江市、连云港市、淮安市、台州市、淮南市、马鞍山市、铜陵市、安庆市、黄山市、滁州市、宿州市、六安市等；来自 2019 年统计公报的地级市政府有焦作市、莆田市、景德镇市、洛阳市、鹤壁市、黄石市、宜昌市、鄂州市、孝感市、恩施土家族苗族自治州、永州市、肇庆市、清远市、贵港市、玉林市、贺州市、来宾市、德阳市、甘孜藏族自治州、黔东南苗族侗族自治州、黔南布依族苗族自治州、保山市、西宁市、银川市等。此外，通过该地级市政府所在省级政府其他地级市或者相近省份地级市数据的平均值和最低值的二次平均后得出数据的地级市政府有长治市、朔州市、运城市、呼和浩特市、通辽市、鄂尔多斯市、呼伦贝尔市、巴彦淖尔市、乌兰察布市、兴安盟、鞍山市、丹东市、锦州市、营口市、阜新市、朝阳市、辽源市、通化市、白山市、松原市、延边朝鲜族自治州、齐齐哈尔市、鸡西市、鹤岗市、双鸭山市、伊春市、佳木斯市、七台河市、大兴安岭地区、嘉兴市、湖州市、阜阳市、福州市。

37. 公司设立办结时限（天）指企业设立的审批时限，该指标为逆指标，本书测度时已将其转化为正指标，数据来自各地级市政府政务服务网。

38. 公司注销办结时限（天）指企业注销的审批时限，该指标是逆指标，本书测度时已将其转化为正指标，数据来自各地级市政府政务服务网。

39. 地方一般公共预算支出［元/（人·千米^2）］指地级市政府一般公共预算支出/（常住人口×辖区面积），数据来自各地级市政府 2021 年预算执行报告。其中，数据来自 2021 年预算草案报告的地级市有湖州市、温州市、嘉兴市、金华市、衢州市、芜湖市、铜陵市、济南市、威海市、东营市、郑州市、安阳市、湘潭市、深圳市、儋州市、遂宁市、铜川市、安康市、咸阳市、兰州市等。此外，通过对该地级市政府所在省级政府其他地级市或相近省份地级市数据的平均值和最低值二次平均后得出数据的地级市政府有那曲市、阿里地区。

40. 非税收入占地方一般公共预算收入比例（%）指非税收入/地方一般公共预算收入，该指标为逆指标，本书测度时已将其转化为正指标，数据来自各地级市政府 2021 年预算执行报告。其中，数据来自 2021 年预算草案报告的地级市有石家庄市、衡水市、哈尔滨市、杭州市、丽水市、芜湖市、合肥市、潍坊市、威海市、德州市、南阳市、周口市、长沙市、娄底市、佛山市、桂林市、遂宁市、咸阳市、兰州市、张掖市。此外，通过对该地级市政府所在省级政府其他地级市或相近省份地级市数据的平均值和最低值二次平均后得出数据的地级市政府有海口市、三亚市、阿里地区、金华市、拉萨市、陇南市、龙岩市、日喀则市、池州市。

41. 新增公务员人数［名/（人·千米²）］指地级市政府辖区内新增公务员人数/（常住人口×辖区面积），数据主要来自 2021 年国家公务员考试职位表、公务员考试网。其中，数据来自 2020 年国家公务员职位表、公务员考试网的地级市政府有邯郸市、廊坊市、大同市、乌海市、锡林郭勒盟、抚顺市、吉林市、松原市、七台河市、哈尔滨市、南京市、连云港市、杭州市、丽水市、合肥市、滁州市、黄冈市、武汉市、鹤壁市、珠海市。

42. 农村居民人均可支配收入（元）数据来自各地级市政府 2021 年统计公报。其中，数据来自 2020 年统计公报的地级市政府有邢台市、大连市、沈阳市、长春市、吉林市、双鸭山市、马鞍山市、黄山市、玉林市、铜仁市、金昌市、鹤壁市、七台河市、阿拉善盟、葫芦岛市、通化市、大庆市、宜昌市、崇左市、吐鲁番市。此外，通过对该地级市政府所在省级政府其他地级市或相近省份地级市数据的平均值和最低值二次平均后得出数据的地级市有深圳市、三沙市、阿里地区、哈密市、巴音郭楞蒙古自治州。

43. 城镇居民人均可支配收入（元）数据来自各地级市政府 2021 年统计公报。其中，数据来自 2020 年统计公报的地级市政府有邢台市、大连市、沈阳市、长春市、吉林市、双鸭山市、马鞍山市、黄山市、玉林市、铜仁市、金昌市、鹤壁市、七台河市、阿拉善盟、葫芦岛市、通化市、大庆市、宜昌市、崇左市、吐鲁番市等。此外，通过对该地级市政府所在省级政府其他地级市或相近省份地级市数据的平均值和最低值二次平均后得出数据的地级市政府有深圳市、三沙市、阿里地区、哈密市、巴音郭楞蒙古自治州。

44. 居民消费价格上涨指数（%）数据主要来自各地级市政府 2021 年统计公报及 2022 年政府工作报告，该指标为逆指标，本书测度时已将其转化为正指标。其中，数据来自 2020 年统计公报的地级市政府有邢台市、廊坊市、衡水市、长治市、朔州市、巴彦淖尔市、兴安盟、阿拉善盟、沈阳市、大连市、本溪市、丹东市、营口市、葫芦岛市、阿坝藏族羌族自治州、甘孜藏族自治州、凉山彝族自治州、六盘水市、毕节市等；来自2021年政府工作报告的地级市政府有荆州市、北海市、丽江市、西双版纳傣族自治州、大理白族自治州、迪庆藏族自治州。此外，通过对该地级市政府所在省级政府其他地级市或相近省份地级市数据的平均值和最低值二次平均后得出数据的地级市政府有沧州市、抚顺市、盘锦市、铁岭市、齐齐哈尔市、七台河市、大兴安岭地区、六安市、景德镇市、赣州市、常德市、海口市、三沙市、乐山市、达州市、雅安市、怒江傈僳族自治州、阿里地区、陇南市、哈密市、博尔塔拉蒙古自治州、巴音郭楞蒙古自治州、伊犁哈萨克自治州、阿勒泰地区。

45. 城镇登记失业率（％）数据来自各地级市政府2021年统计公报，该指标为逆指标，本书测度时已将其转化为正指标。其中，数据来自2020年统计公报的地级市政府有邢台市、长治市、巴彦淖尔市、阿拉善盟、沈阳市、大连市、丹东市、朝阳市、葫芦岛市、长春市、吉林市、四平市、辽源市、通化市、白山市、松原市、白城市、延边朝鲜族自治州、哈尔滨市、七台河市、牡丹江市、大兴安岭地区、台州市、淮南市、马鞍山市、铜陵市、塔城地区、阿勒泰地区。此外，通过对该地级市政府所在省级政府其他地级市或相近省份地级市数据的平均值和最低值二次平均后得出数据的地级市政府有呼伦贝尔市、兴安盟、锡林郭勒盟、南平市、龙岩市、吉安市、三沙市、怒江傈僳族自治州、那曲市、阿里地区、定西市、玉树藏族自治州、哈密市、巴音郭楞蒙古自治州等。

46. 月最低工资标准（元）数据来自2022年各地级市政府人力资源和社会保障局最低工资标准的通知。

47. 政府联系方式公开源于各地级市政府信息公开指南，统一参考2022年地级市政府网站信息公开栏目公布的领导个人信息，以及政府办公厅或相关部门电话、电子邮箱。该指标评分标准为1～5分。其中，领导个人信息等于或多于5项的记5分；领导个人信息等于或少于4项的记4分；

领导个人信息等于或少于 3 项的记 3 分；没有公开领导个人信息的记 1 分。

48. 政府新媒体公开指地级市政府网站是否有微信公众号、微博等新媒体联系方式，其来源于 2021 年地级市政府信息公开年报，该指标评分标准为 1~5 分。其中，有微信公众号、微博、微信小程序、App 等官方新媒体的记 5 分，只有微信公众号及微博的记 4 分，有微博或微信公众号的记 3 分，都没有的则记 1 分。

49. 三公经费公开数据来自各地级市政府官网、地级市政府财政局网站、地级市政府预算报告，统一参考 2021 年财政预算执行情况和 2022 年财政预算草案报告，该指标评分标准为 1~5 分。其中，完全公开政府部门三公经费的地级市政府记 5 分，公开比较全面的地级市政府记 4 分，只公开一些的地级市政府记 3 分，没有公开三公经费的地级市政府记 1 分。

50. 工作报告公开数据来自各地级市政府官网，参考 2022 年地级市人民代表大会上审议的政府工作报告，该指标评分标准为 1~5 分。其中，公开 2022 年政府工作报告的记 5 分，只公开 2021 年政府工作报告的记 4 分，只公开 2020 年政府工作报告的记 3 分，只公开 2019 年政府工作报告及以前政府工作报告的记 1 分。

51. 预算报告公开数据来自各地级市政府网站，参考 2022 年预算（草案）报告，该指标评分标准为 1~5 分。其中，公开 2022 年预算报告的记 5 分，只公开 2021 年预算报告的记 4 分，只公开 2020 年预算报告的记 3 分，只公开 2019 年及以前预算报告的记 1 分。

52. 计划报告公开数据来自各地级市政府网站，参考 2022 年计划报告，该指标评分标准为 1~5 分。其中，公开 2022 年计划报告的记 5 分，只公开 2021 年计划报告的记 4 分，只有 2020 年及以前计划报告的记 3 分，只有 2019 年及以前计划报告的记 1 分。

53. 统计公报公开数据来自各地级市政府网站或者统计信息网，参考 2021 年统计公报，该指标评分标准为 1~5 分。其中，公开 2021 年统计公报的记 5 分，只公开 2020 年统计公报的记 4 分，只公开 2019 年统计公的记 3 分，只公开 2018 年及以前统计公报的记 1 分。

54. 公务员招考信息公开，参考 2022 年 1 月 1 日至 2022 年 4 月 5 日各地级市政府官网公务员招考录用栏（公务员招考录用、招考信息、人事信息、人事任免、招生信息、考试信息）的公务员职位信息公开条数，该指标评分标准为 1~5 分。其中，公开条数大于或等于 7 条记 5 分，大于或等于 4 条小于 7 条记 4 分，大于或等于 1 条小于 4 条记 3 分，0 条记 1 分。

55. "十四五"规划公开数据来自各地级市政府网站，参考各地"十四五"规划纲要文件，该指标评分标准为 1~5 分。其中，完全公开且公开时间较早的记 5 分；完全公开，但公开时间较晚的记 4 分；部分公开的，记 3 分；尚未公开的记 1 分。

56. 政府主动信息公开完备程度指地级市政府办公室主动公开政府信息的情况表和报告中的文本内容相匹配程度，数据来自各地级市政府官网—政务公开—政府信息公开年报—办公厅信息公开年报，该指标评分标准为 1~5 分。其中，主动公开内容与表格内容完全匹配的记 5 分，主动公开内容与表格内容基本匹配的记 4 分，略有匹配的记 3 分，完全不匹配（表格内容为 0）的记 1 分。

57. 政府主动信息公开时效指地级市政府办公室主动公开政府信息的时效，数据来自政府官网—政务公开—政府信息公开年报—办公厅信息公开年报，该指标评分标准为 1~5 分。其中，2022 年 1 月公开的记 5 分，2022 年 2 月公开的记 4 分，2022 年 3 月公开的记 3 分，2022 年 4 月及目前暂未公开的记 1 分。

58. 政府办事时效数据来自各地级市政府官网，参考市长信箱中反映的基本能解决信件上问题的时间，先看来信时间与受理时间，根据其间隔长短评级；如果无来信时间则根据已处理信件的日期是否为近期进行评级，查询截止时间为 2022 年 4 月 5 日，该指标评分标准为 1~5 分。其中，处理时间长度为 1~3 天属于很好，4~5 天属于较好；6~10 天属于一般，10 天以上属于差。最近邮件收到日期与反馈日期均公布的地级市，采用其最近 3 封的处理时间取平均值；仅公布反馈日期的地级市，参考其最近 3 封的反馈时间间隔取平均值；既无收到日期又无反馈日期的地级市、无市长信箱栏目的地级市、不开放邮件阅读的地级市，因为未能及时公布对公众诉求处理速度的信息，则该项指标得分在全国地级市排名中并列为最后一名。且在此基础上考察地级市政府贯彻中央政策和上级精神的时效性，考察其是否贯彻落实十九届三中全会精神和 2022 年全国两会精神。公开很好记 5 分，公开较好记 4 分，公开一般记 3 分，公开较差记 1 分。

59. 政府常务会议次数（次），统计区间是 2021 年 1 月 1 日至 2022 年 4 月 5 日，数据来自各地级市政府官网。其中，通过对该地级市政府所在省级政府其他地级市数据的平均值和最低值二次平均后得出数据的地级市政府有牡丹江市、德州市、平顶山市、玉溪市、保山市、昭通市、普洱市、海南藏族自治州、果洛藏族自治州、玉树藏族自治州、和田地区。

60. 政府常务会议公布时间来自地级市政府官网，此处常务会议特指各地级市政府为学习 2022 年全国两会精神召开的常务会议，可直接搜索"常务会议""学习两会精神"等关键词，找到"市委主持召开学习全国两会精神"的会议，该指标评分标准为 1～5 分。其中，3 月 20 日及之前召开的记 5 分，3 月 20～31 日（含）召开的记 4 分，4 月之后召开的记 3 分，没有召开的记 1 分。

61. 政府常务会议议题数量（项）是指在 2021 年 1 月 1 日至 2022 年 4 月 5 日内，最新一次（常务会议召开日期距离 4 月 5 日最近的一次）常务会议的议题数量，数据来自政府官网。此外，通过对该地级市政府所在省级政府其他地级市数据的平均值和最低值二次平均后得出数据的地级市政府有玉溪市、保山市、昭通市、普洱市、海南藏族自治州、果洛藏族自治州、玉树藏族自治州、和田地区。

62. 政府信息公开年度报告时间的数据来自各地级市级政府官网—政务公开—政府信息公开年报。其中，2022 年 1 月公开的记 5 分，2022 年 2 月公开的记 4 分，2022 年 3 月公开的记 3 分，2022 年 4 月及目前暂未公开的记 1 分。

本书有关地级市政府效率测度指标信息收集、查询截止时间为 2022 年 5 月 30 日。

附录 2.3　2022 年中国县级政府效率测度指标数据来源及处理说明

1. 科技支出占地方一般公共预算支出比例（％）指科学技术支出/地方一般公共预算支出。数据来自县级政府的 2021 年预算执行情况和 2022 年预算草案报告。其中，大名县、涉县、黄骅市、大城县、古交市、灵丘县、浑源县、左云县、高平市、应县、怀仁市、榆社县、芮城县、定襄县、静乐县、石楼县、交口县、安吉县、滕州市、昌吉市等的数据来自县级政府的 2020 年预算执行情况与 2021 年预算草案报告；井陉县、正定县、行唐县、深泽县、平山县、新乐市、邱县、魏县、临城县、宁晋县、右玉县、宁武县、襄汾县、庄河市、宽甸满族自治县、义县、建德市、肥西县、义马市、南澳县等的数据来自县级政府 2021 年预算草案报告；怀来县、献县、台安县、辽阳县、榆树市、通河县、固镇县、濉溪县、修水县、鱼台县、金乡县、泗水县、乳山市、东阿县、巩义市、嵩县、叶县、淇县、新乡县、获嘉县等的数据来自县级政府的 2020 年预算执行报告。此外，以下各县级政府科技支出数据是通过对其所在地区（或地级市政府，下同）县级政府数据的平均值和最低值二次平均得到的：吴桥县、孟村回族自治县、神池县、全椒县、金门县、芦溪县、安福县、高密市、莘县、武陟县、临颍县、渑池县、灵宝市、邓州市、上蔡县、丹江口市、孝昌县、大悟县、浠水县、马山县。

2. 文化旅游体育与传媒支出占地方一般公共预算支出比例（％）指文化旅游体育与传媒支出/地方一般公共预算支出。数据来自县级政府 2021 预算执行情况和 2022 年预算草案报告。其中，大名县、涉县、黄骅市、大城县、古交市、灵丘县、浑源县、左云县、高平市、应县、怀仁市、榆社县、芮城县、定襄县、静乐县、石楼县、交口县、安吉县、滕州市、昌吉市等的数据来自县级政府的 2020 年预算执行情况与 2021 年预算草案报告；井陉县、正定县、行唐县、深泽县、平山县、新乐市、邱县、魏县、临城县、宁晋县、右玉县、宁武县、襄汾县、庄河市、宽甸满族自治县、义县、建德市、肥西县、义马市、南澳县等的数据来自县级政府 2021 年预算草案报告；怀来县、献县、台安县、辽阳县、榆树市、通河县、固镇县、濉溪县、修水县、鱼台县、金乡县、泗水县、乳山市、东阿县、巩义市、嵩县、叶县、淇县、新乡县、获嘉县等的数据来自县级政府 2020 年预算执行报告。此外，以下各县级政府文化旅游体育与传媒数据是通过对其所在地区的其他县级政府数据的平均值和最低值二次平均得到的：吴桥县、孟村回族自治县、神池县、全椒县、金门县、芦溪县、安福县、高密市、莘县、武陟县、临颍县、渑池县、灵宝市、邓州市、上蔡县、丹江口市、孝昌县、大悟县、浠水县、马山县。

3. 教育支出占地方一般公共预算支出比例（%）指教育支出/地方一般公共预算支出。数据来自县级政府 2021 预算执行情况和 2022 年预算草案报告。其中，大名县、涉县、黄骅市、大城县、古交市、灵丘县、浑源县、左云县、高平市、应县、怀仁市、榆社县、芮城县、定襄县、静乐县、石楼县、交口县、安吉县、滕州市、昌吉市等的数据来自县级政府的 2020 年预算执行情况与 2021 年预算草案报告；井陉县、正定县、行唐县、深泽县、平山县、新乐市、邱县、魏县、临城县、宁晋县、右玉县、宁武县、襄汾县、庄河市、宽甸满族自治县、义县、建德市、肥西县、义马市、南澳县等的数据来自县级政府 2021 年预算草案报告；怀来县、献县、台安县、辽阳县、榆树市、通河县、固镇县、濉溪县、修水县、鱼台县、金乡县、泗水县、乳山市、东阿县、巩义市、嵩县、叶县、淇县、新乡县、获嘉县等的数据来自县级政府的 2020 年预算执行报告。此外，以下各县级政府教育支出数据是通过对其所在地区的其他县级政府数据的平均值和最低值二次平均得到的：吴桥县、孟村回族自治县、神池县、全椒县、金门县、芦溪县、安福县、高密市、莘县、武陟县、临颍县、渑池县、灵宝市、邓州市、上蔡县、丹江口市、孝昌县、大悟县、浠水县、马山县。

4. 医疗卫生支出占地方一般公共预算支出比例（％）指医疗卫生支出/地方一般公共预算支出，医疗卫生支出数据来自县级政府2021年预算执行情况和2022年预算草案报告。其中，大名县、涉县、黄骅市、大城县、古交市、灵丘县、浑源县、左云县、高平市、应县、怀仁市、榆社县、芮城县、定襄县、静乐县、石楼县、交口县、安吉县、滕州市、昌吉市等的数据来自县级政府的2020年预算执行情况与2021年预算草案报告；井陉县、正定县、行唐县、深泽县、平山县、新乐市、邱县、魏县、临城县、宁晋县、右玉县、宁武县、襄汾县、庄河市、宽甸满族自治县、义县、建德市、肥西县、义马市、南澳县等的数据来自县级政府2021年预算草案报告；怀来县、献县、台安县、辽阳县、榆树市、通河县、固镇县、濉溪县、修水县、鱼台县、金乡县、泗水县、乳山市、东阿县、巩义市、嵩县、叶县、淇县、新乡县、获嘉县等的数据来自县级政府的2020年预算执行报告。此外，以下各县级政府医疗支出数据是通过对其所在地区的其他县级政府数据的平均值和最低值二次平均得到的：吴桥县、孟村回族自治县、神池县、全椒县、金门县、芦溪县、安福县、高密市、莘县、武陟县、临颍县、渑池县、灵宝市、邓州市、上蔡县、丹江口市、孝昌县、大悟县、浠水县、马山县。

5. 在校生人数占年末常住人口的比例（％）是指各级各类在校生人数/年末常住人口数，在校生人数的数据来自各县级政府2021年统计公报。其中，元氏县、古交市、原平市、昌图县、宜兴市、丰县、响水县、射阳县、宝应县、仪征市、丹阳市、句容市、沭阳县、海宁市、嵊州市、庆元县、太湖县、宿松县、岳西县、石城县等的数据来自2020年统计公报；托克托县、和林格尔县、武川县、土默特右旗、固阳县、达尔罕茂明安联合旗、喀喇沁旗、宁城县、敖汉旗、科尔沁左翼中旗、库伦旗、准格尔旗、额尔古纳市、根河市、五原县、磴口县、通河县、延寿县、尚志市、五常市等的数据来自 2021 年统计年鉴；雄县、灵丘县、永吉县、克山县、汤原县、绥棱县、东海县、灌南县、淳安县、宁海县、黎川县、普定县、开远市、弥勒市、武功县、合水县、镇原县、拜城县、疏附县、博湖县等的数据来自 2019 年统计公报。通过对该县级政府所在地区其他县级政府数据的平均值和最低数据二次平均推算出数据的有曲周县、武安市、临城县、内丘县、沙河市、涞水县、三河市、枣强县、汾阳市、清水河县、灌云县、灌南县、扬中市、泗阳县、兰溪市、开化县、龙游县、祁门县、乐安县、龙门县。

6. 专利授权量（项/万人）是指专利授权量/年末常住人口数。专利授权量的数据来自各县级政府 2021 年统计公报。其中，元氏县、卢龙县、娄烦县、额济纳旗、台安县、延吉市、泰来县、邳州市、常熟市、涟水县、苍南县、海宁市、庆元县、固镇县、凤台县、婺源县、东明县、中牟县、新兴县、郁南县等的数据来自 2020 年统计公报；井陉县、正定县、新乐市、迁西县、成安县、大名县、平泉市、沧县、香河县、霸州市、三河市、枣强县、武邑县、上杭县、新龙县、德格县、白玉县、石渠县、色达县、理塘县等的数据来自 2021 年统计年鉴；雄县、灵丘县、汤原县、东海县、灌南县、淳安县、宁海县、望江县、沁阳市、弥勒市、金平苗族瑶族傣族自治县、香格里拉市、丹凤县、会宁县、天祝藏族自治县、合水县、镇原县、拜城县、疏附县、精河县等的数据来自 2019 年统计公报；平定县、盂县、襄垣县、漳浦县、华安县、志丹县、吴起县、甘泉县、富县、洛川县、黄龙县等的数据来自 2020 年统计年鉴。通过对该县级政府所在地区其他县级政府的平均值和最低数据二次平均推算出数据的有安新县、阳曲县、长子县、方山县、中阳县、巴林右旗、林西县、舒兰市、梨树县、沭阳县、泗洪县、桐庐县、桐乡市、太和县、颍上县、建宁县、都昌县、龙口市、安阳县、巴青县。

7. 每万人口卫生机构（个）是指卫生机构数量/年末常住人口数。卫生机构数量的数据来自各县级政府 2021 年统计公报。其中，行唐县、赞皇县、盂县、黎城县、平遥县、灵石县、睢宁县、常熟市、张家港市、涟水县、金湖县、太湖县、霞浦县、寿宁县、贵溪市、大余县、婺源县、莱西市、延川县、甘泉县等的数据来自 2020 年统计公报；井陉县、正定县、无极县、平山县、元氏县、赵县、玉田县、遵化市、昌黎县、临漳县、成安县、大名县、涉县、涿州市、安国市、丰宁满族自治县、宽城满族自治县、围场满族蒙古族自治县、河间市、固安县等的数据来自 2021 年统计年鉴。通过对该县级政府所在地区其他县级政府的平均值和最低数据二次平均推算出数据的有安新县、阳高县、平定县、永和县、霍州市、文水县、敖汉旗、科尔沁左翼后旗、通榆县、依兰县、扬中市、沭阳县、余姚市、金寨县、闽清县、永泰县、登封市、杞县、通许县、范县。

8. 每千人口卫生机构床位（张）是指卫生机构床位/年末常住人口数。数据来自各县级政府 2021 年统计公报。其中，滦州市、青龙满族自治县、盂县、黎城县、北镇市、朝阳县、鸡东县、呼玛县、沛县、睢宁县、泰兴市、泗洪县、苍南县、天长市、明光市、曹县、伊川县、宝丰县、罗定市、新兴县等的数据来自 2020 年统计公报；井陉县、正定县、深泽县、昌黎县、涉县、磁县、临城县、内丘县、柏乡县、隆尧县、宁晋县、巨鹿县、博野县、涿州市、安国市、赤城县、兴隆县、滦平县、大厂回族自治县、霸州市等的数据来自 2021 年统计年鉴；雄县、娄烦县、灵丘县、东海县、灌南县、阜宁县、望江县、黎川县、弋阳县、沁阳市、孟州市、普定县、孟连傣族拉祜族佤族自治县、开远市、金平苗族瑶族傣族自治县、礼泉县、长武县、丹凤县、合水县、河南蒙古族自治县等的数据来自 2019 年统计公报。通过对该县级政府所在地区其他县级政府的平均值和最低数据二次平均推算出数据的有：安新县、古县、磴口县、乌拉特前旗、阜新蒙古族自治县、通化县、新沂市、沭阳县、浦江县、和县、潜山市、闽清县、武夷山市、莲花县、鄱阳县、商河县、富川瑶族自治县、澄迈县、雷山县、会泽县。

9. 每千人口卫生技术员（人）指卫生技术人员数/年末常住人口数。

卫生技术人员的数据来自县级政府 2021 年统计公报。其中，行唐县、赞皇县、元氏县、辛集市、滦州市、青龙满族自治县、卢龙县、邱县、广平县、沙河市、涞水县、易县、蠡县、常熟市、张家港市、丹阳市、泰兴市、海宁市、肥东县、平潭县、晋江市、桓台县、滕州市、喀什市、昌吉市等的数据来自 2020 年统计公报；迁西县、达尔罕茂明安联合旗、阿鲁科尔沁旗、巴林左旗、巴林右旗、林西县、克什克腾旗、翁牛特旗、喀喇沁旗、宁城县、广宁县、康定市、泸定县、丹巴县、九龙县、雅江县、道孚县、炉霍县、甘孜县、新龙县等的数据来自 2020 年统计公报。此外，以下各县级政府卫生技术人员数据通过对该县级政府所在地区其他县级政府的平均值和最低数据二次平均推算得到：正定县、高邑县、深泽县、无极县、平山县、赵县、晋州市、新乐市、玉田县、遵化市、吴桥县、孟村回族自治县、泊头市、如皋市、扬中市、浦江县、石狮市、胶州市、莘县、阿拉山口市。

10. 社会保障和就业支出占地方一般公共预算支出比例（％）指社会保障与就业支出/地方一般公共预算支出。数据来自 2021 年预算执行情况和 2022 年预算草案报告。其中，大名县、兴县、临县、石楼县、岚县、交口县、汾阳市、乐平市、湖口县、永丰县、永新县、滕州市、麻江县、千阳县、凤县、太白县、三原县、临潭县、昌吉市等数据来自县级政府的 2020 年预算执行情况与 2021 年预算草案报告；井陉县、正定县、行唐县、高邑县、平山县、元氏县、辛集市、晋州市、新乐市、迁西县、玉田县、迁安市、临城县、柏乡县、隆尧县、建德市、义马市、南澳县、神木市等的数据来自县级政府的 2021 年预算草案报告；献县、台安县、北镇市、榆树市、固镇县、濉溪县、谢通门县、仁布县、仲巴县、桑日县、措美县、申扎县、巴青县、尼玛县、改则县、合水县、通渭县、夏河县、甘德县等的数据来自县级政府 2020 年预算执行报告。此外，以下各县级政府社会保障和就业支出数据通过对该县级政府所在地区其他县级政府的平均值和最低数据二次平均推算得到：吴桥县、孟村回族自治县、神池县、鸡东县、全椒县、金门县、芦溪县、安福县、高密市、莘县、江达县、类乌齐县、八宿县、芒康县、工布江达县、扎囊县、北屯市、铁门关市、双河市。

11. 住房保障支出占地方一般公共预算支出比例（%）指住房保障支出/地方一般公共预算支出，住房保障支出数据来自2021年预算执行情况和2022年预算草案报告。其中，兴县、临县、石楼县、交口县、汾阳市、安吉县、罗源县、平潭县、乐平市、湖口县、永丰县、永新县、滕州市、龙口市、随县、恩施市、宣恩县、湘潭县、麻江县、昌吉市等的数据来自县级政府的2020年预算执行情况与2021年预算草案报告；井陉县、正定县、行唐县、灵寿县、高邑县、平山县、元氏县、辛集市、晋州市、新乐市、青龙满族自治县、昌黎县、巨鹿县、安平县、故城县、建德市、肥西县、义马市、南澳县、神木市等的数据来自县级政府的2021年预算草案报告；威县、怀来县、献县、泽州县、固镇县、濉溪县、修水县、崇义县、鱼台县、金乡县、泗水县、郓城县、巩义市、邵阳县、新宁县、琼海市、仁布县、仲巴县、墨脱县、乌兰县等县的数据来自县级政府2020年预算执行报告。此外，以下各县级政府社会保障和就业支出数据通过对该县级政府所在地区其他县级政府的平均值和最低数据二次平均推算得到：通化县、长白朝鲜族自治县、长岭县、扶余市、嘉善县、潜山市、全椒县、明光市、费县、莘县、林州市、武陟县、江达县、类乌齐县、八宿县、芒康县、工布江达县、扎囊县、麟游县、榆中县。

12. 社会保险基金支出占地方一般公共预算支出比例（%）指社会保险基金支出/地方一般公共预算支出。社会保险基金支出指标的数据来自2021年预算执行情况和2022年预算草案报告。其中，交口县、汾阳市、安吉县、太湖县、东山县、乐平市、湖口县、于都县、永丰县、永新县、滕州市、龙口市、莱阳市、随县、恩施市、宣恩县、湘潭县、衡南县、麻江县、昌吉市等的数据来自县级政府的2020年预算执行情况与2021年预算草案报告；玉田县、青龙满族自治县、昌黎县、鸡泽县、新河县、阜平县、定兴县、高阳县、科尔沁右翼前旗、突泉县、肥西县、涡阳县、绩溪县、旌德县、政和县、樟树市、成武县、义马市、神木市、沙雅县等的数据来自县级政府的 2021 年预算草案报告；唐县、献县、锡林浩特市、东乌珠穆沁旗、泗水县、巩义市、新乡县、平舆县、宜都市、嘉鱼县、通城县、祁东县、邵阳县、新宁县、仲巴县、高台县、合水县、通渭县、合作市、夏河县等的数据来自县级政府 2020 年预算执行报告。此外，以下各县级政府社会保障和就业支出数据通过对该县级政府所在地区其他县级政府的平均值和最低数据二次平均推算得到：平和县、光泽县、莲花县、芦溪县、崇义县、安远县、安福县、丰城市、鱼台县、莘县、新密市、登封市、贞丰县、册亨县、镇远县、独山县、佳县、吴堡县、清涧县、阿克塞哈萨克族自治县。

13. 新增城镇就业（万人）的数据主要来自各县级政府 2021 年统计公报及 2022 年政府工作报告。其中，行唐县、南宫市、祁县、汾西县、清水河县、喀喇沁旗、凉城县、榆树市、延寿县、灌云县、连江县、德安县、大余县、莱州市、兰考县、太康县、龙门县、岐山县、河口瑶族自治县、可克达拉市等的数据来自各县级政府 2020 年统计公报；广宗县、威县、灵丘县、梅河口市、长白朝鲜族自治县、长阳土家族自治县、神农架林区、阳朔县、灵川县、全州县、平乐县、荔浦市、象州县、武宣县、金秀瑶族自治县、芒康县、洛隆县、礼泉县、丹凤县、靖远县、会宁县、甘谷县、天祝藏族自治县、合水县、泽库县、巴里坤哈萨克自治县等的数据来自各县级政府 2019 年统计公报。此外，赞皇县、元氏县、阿巴嘎旗、海林市、宁安市、新化县、吴川市、阳西县、罗定市、广宁县、维西傈僳族自治县、林周县、当雄县、尼木县、曲水县、墨竹工卡县、南木林县、江孜县、定日县、和布克赛尔蒙古自治县、阿勒泰市、布尔津县、富蕴县、哈巴河县、石河子市、北屯市昌宁县、盐津县、大关县等新增城镇就业数据通过推算得出，具体推算方式为：县新增城镇就业人数 =（该县所在地级市新增就业人数/地级市常住人口）×该县常住人口×权重（权重依据各县级政府 GDP 总量排名确定）。

14. 新增转移农村劳动力（万人）的数据主要来自各县级政府 2021 年统计公报及 2022 年政府工作报告。其中，深泽县、昌黎县、南宫市、娄烦县、盂县、祁县、汾西县、杭锦后旗、公主岭市、射阳县、浮梁县、吉水县、铅山县、海丰县、巴马瑶族自治县、金堂县、岐山县、可克达拉市等的数据来自各县级政府 2020 年统计公报；广宗县、漳平市、南城县、林州市、永城市、泌阳县、神农架林区、灵川县、象州县、武宣县、金秀瑶族自治县、合山市、崇州市、简阳市、富顺县、施秉县、孟连傣族拉祜族佤族自治县、类乌齐县、八宿县、巴里坤哈萨克自治县、拜城县、精河县、库尔勒市等的数据来自各县级政府 2019 年统计公报。此外，正定县、行唐县、高邑县、临西县、滦平县、宁武县、静乐县、察哈尔右翼前旗、开原市、朝阳县、五大连池市、涟水县、义乌市、霍山县、周宁县、大余县、肥城市、确山县、仁化县、峨边彝族自治县等新增转移农村劳动力的数据是通过推算得出的，具体推算方式为：新增转移农村劳动力人数 =（该县所在地级市新增转移农村劳动力人数/地级市常住人口）×该县常住人口×权重（权重依据各县级政府 GDP 总量排名确定）。

15. 全年社会消费品零售总额增长率（%）的数据来自各县级政府 2021 年统计公报及 2022 年政府工作报告。其中，行唐县、广平县、内丘县、涞水县、怀安县、阜城县、清徐县、盂县、代县、侯马市、乌拉特后旗、舒兰市、镇赉县、射阳县、天台县、临泉县、瑞昌市、铅山县、饶平县、西畴县、阿图什市等的数据来自各县级政府 2020 年统计公报；南宫市、靖宇县、长白朝鲜族自治县、建宁县、黎川县、弋阳县、永城市、神农架林区、全州县、永福县、资源县、大化瑶族自治县、龙州县、盐边县、孟连傣族拉祜族佤族自治县、香格里拉市、类乌齐县、丹凤县、武山县、两当县等的数据来自各县级政府 2019 年统计公报。此外，以下各县级政府全年社会消费品零售总额增长率数据是通过对该县级政府所在地区其他县级政府数据的平均值和最低值二次平均推算而来的：安新县、清原满族自治县、大石桥市、惠安县、鄱阳县、卫辉市、武陟县、沙洋县、广宁县、木里藏族自治县、芒市、南木林县、浪卡子县、比如县、班戈县、祁连县、疏勒县、玛纳斯县、阿拉山口市、和布克赛尔蒙古自治县。

16. 节能环保支出占地方一般公共预算支出比例（%）是指节能环保支出/地方一般公共预算支出。节能环保支出的数据来自各县级政府的2021年预算执行情况和2022年预算草案报告。其中，井陉县、武安市、隆尧县、南皮县、壶关县、安泽县、土默特右旗、额尔古纳市、凤城市、镇赉县、含山县、尤溪县、全南县、内黄县、沁阳市、枝江市、新丰县、临高县、岳池县、木垒哈萨克自治县、寻甸回族彝族自治县等的数据来自各县级政府2021年财政预算草案；怀来县、泽州县、榆树市、通河县、罗源县、修水县、昌邑市、郓城县、新密市、栾川县、鄢陵县、嘉鱼县、通道侗族自治县、揭西县、陵水黎族自治县、乐至县、仁布县、巴青县、和硕县、乌兰县等的数据来自2020年预算执行报告。此外，以下各县级政府节能环保支出数据是通过对该县级政府所在地区其他县级政府数据的平均值和最低值二次平均得到的：吴桥县、孟村回族自治县、繁峙县、长白朝鲜族自治县、嘉善县、芦溪县、丰城市、卢氏县、邓州市、大悟县、浠水县、五指山市、南木林县、贡嘎县、比如县、泾源县、石河子市、铁门关市、昆玉市、新星市。

17. 人均邮电业务量（元）指全年邮电业务总量/年末常住人口数，全年邮电业务总量数据来自县级政府2021年统计公报。其中，宜兴市、常熟市、张家港市、丹阳市、麻江县、昌吉市、岑巩县、沭阳县、庆元县、固镇县、宿松县、颍上县、涡阳县、顺昌县、分宜县、沂源县、齐河县、汉川市、通山县、桂阳县等的数据来自2020年统计公报。此外，以下各县级政府全年邮电业务总量数据通过对该县级政府所在地区其他县级政府的平均值和最低值的数据二次平均得到：溧阳市、如皋市、海安市、扬中市、泰兴市、桐庐县、宁海县、龙港市、新昌县、嵊泗县、光泽县、长汀县、武宁县、平度市、诸城市、滑县、民权县、京山市、安化县、会同县。

18. 移动电话普及率（部/百人）指移动电话用户数/年末常住人口数。

移动电话用户数的数据来自县级政府 2021 年统计公报。其中，宜兴市、张家港市、丹阳市、象山县、海宁市、肥东县、昌邑市、岑巩县、宜君县、勉县、临潭县、永宁县、彭阳县、伽师县、乌苏市、奉节县、塔城市、玛多县、临潭县、和政县等的数据来自 2020 年统计公报。此外，以下各县级政府移动电话用户数据通过对其所在地区其他县级政府的平均值和最低值的数据二次平均推算得到：太仓市、如皋市、东台市、泰兴市、桐庐县、文成县、江山市、石狮市、桓台县、莘县、义马市、社旗县、商城县、鹤峰县、韶山市、嘉禾县、广宁县、新丰县、灌阳县、大化瑶族自治县等。

19. 互联网普及率（户/百人）指互联网用户/年末常住人口数。互联网用户的数据来自县级政府 2021 年统计公报。其中，宜兴市、丹阳市、象山县、海宁市、肥东县、昌邑市、开阳县、余庆县、望谟县、岑巩县、富民县、石林彝族自治县、湟源县、玛多县、托克逊县、昌吉市、兴宁市、恩平市、新化县、祁阳市、城步苗族自治县等的数据来自县级政府 2020 年统计公报。此外，以下各县级政府互联网用户数据通过对其所在地区其他县级政府的平均值和最低值的数据二次平均得到：溧阳市、如东县、泰兴市、桐庐县、平湖市、新昌县、浦江县、江山市、遂昌县、望江县、祁门县、金寨县、旌德县、夏津县、莘县、无棣县、新郑市、尉氏县、林州市、清丰县、义马市、南澳县。

20. 固定资产投资增长率（%）的数据来自各县级政府 2021 年统计公报。其中，宜兴市、常熟市、张家港市、丹阳市、泰兴市、海宁市、肥东县、晋江市、桓台县、曲阜市、扬中市、莘县、义马市、岑巩县、麻江县、喀什市、昌吉市、青铜峡市、宁县、永登县等的数据来自 2020 年统计公报。通过对该县级政府所在地区其他县级政府的平均值和最低值的数据二次平均推算出数据的有安新县、隰县、岚县、方山县、法库县、凌海市、辽阳县、榆树市、兰西县、滨海县、凤阳县、惠安县、连城县、上栗县、新泰市、阳谷县、荥阳市、内黄县、临颍县、马山县。

21. GDP 增长率（%）数据来自各县级政府 2021 年统计公报。其中，行唐县、清徐县、应县、寿阳县、襄汾县、黎城县、霍林郭勒市、额尔古纳市、康平县、富裕县、扬中市、海宁市、泰兴市、常熟市、宜兴市、丹阳市、晋江市、义马市、麻江县、固阳县等的数据来自 2020 年统计公报。此外，通过对该县级政府所在地区其他县级政府的平均值和最低值的数据二次平均推出数据的有土默特右旗、库伦旗、莫力达瓦达斡尔族自治旗、凉城县、西乌珠穆沁旗、清原满族自治县、本溪满族自治县、凌海市、北镇、辽阳县、靖宇县、长白朝鲜族自治县、龙江县、集贤县、桦南县、金门县、上栗县、鄱阳县、阳谷县、内黄县、卫辉市、濮阳县、临颍县、方城县、镇平县、宁陵县、柘城县。

22. GDP 总量（亿元）数据来自各县级政府 2021 年统计公报。其中，行唐县、高邑县、深泽县、赞皇县、固安县、大城县、霸州市、三河市、乌拉特后旗、抚远市、林口县、绥芬河市、鱼台县、汶上县、泗水县、阳春市、阳西县、罗定市、景谷傣族彝族自治县等的数据来自 2020 年统计公报。此外，通过对该县级政府所在地区其他县级政府的平均值和最低值的数据二次平均推算出数据的有申扎县、索县、班戈县、巴青县、尼玛县、双湖县、河南蒙古族自治县、茫崖市、鄯善县、库车市、温宿县、麦盖提县、巴楚县、和田市、皮山县、洛浦县、策勒县。

23. 人均 GDP（元）指 GDP 总量/常住人口数。数据来自各县级政府 2021 年统计公报。其中，高邑县、涞水县、承德县、清徐县、左云县、扬中市、晋江市、麻江县等的数据来自 2020 年统计公报；迁西县、临漳县、新河县、康保县、盐山县等的数据来自 2021 年县级统计年鉴。此外，通过对该县级政府所在地区其他县级政府的平均值和最低值的数据二次平均推算出数据的有申扎县、索县、班戈县、巴青县、尼玛县、双湖县、河南蒙古族自治县、茫崖市、鄯善县、库车市、温宿县、麦盖提县、巴楚县、和田市、皮山县、洛浦县、策勒县。

24. 统筹疫情防控与经济社会发展数据来自 2022 年各县级政府网站。该指标评分标准为 1~5 分，主要根据有关疫情防控和经济社会发展政策、新闻总数的多少评分。其中，有关疫情防控和经济社会发展政策、新闻数量都比较多的，得 5 分；有关疫情防控和经济社会发展政策较多、新闻不多的，得 4 分；有关疫情防控和经济社会发展政策较少、新闻较多的，得 3 分；有关疫情防控和经济社会发展政策和新闻都很少的，得 1 分。

25. 权责清单指政府发布的权力清单和责任清单，数据来自 2021 年县级政府法制办公室网站、县级政府的政务服务网、县级政府机构编制委员会办公室网站。该指标评分标准为 1~5 分，主要根据权责清单公布的总数多少、公布时间早晚评分。其中，县级政府权责清单指标得 1 分的是该县级政府公布权责清单的部门少、各部门的权责清单数量少、公布时间晚；得 3 分的是该县级政府公布权责清单的部门较多、清单总数少、公布时间比较晚；得 4 分的是该县级政府公布权责清单的部门较多、清单总数较多、公布时间比较晚；得 5 分的是该县级政府公布权责清单的总数或综合部门数量多且具体、公布时间早。

26. 外商投资增速（%）数据来自各县级政府 2021 年统计公报。其中，行唐县、辛集市、玉田县、高碑店市、安平县、陈巴尔虎旗、铁岭县、兴城市、扬中市、大余县、汶上县、东平县、莒县等的数据来自 2020 年统计公报。此外，通过对该县级政府所在地区其他县级政府的平均值和最低值的数据二次平均推算出数据的有蔚县、阳原县、怀安县、怀来县、涿鹿县、赤城县、承德县、兴隆县、隆化县、丰宁满族自治县、宽城满族自治县、围场满族蒙古族自治县、平泉市、沧县、青县、东光县、海兴县、盐山县、南皮县、吴桥县、献县、孟村回族自治县。

27. 常住人口增速（%）指 2021 年末常住人口增加数/2020 年末常住人口总数。数据来自各县级政府 2021 年统计公报及第七次全国人口普查公报。其中，数据来自第七次全国人口普查公报的县级政府有滨海县、建湖县、高邮市、句容市、泰兴市、沭阳县、淳安县、慈溪市、永嘉县、嘉善县、海盐县、肥东县、石狮市、晋江市、浮梁县、莲花县、宜黄县、玉山县、莱州市、新安县。

28. 商业服务业等支出占地方一般公共预算支出比例（％）指商业服务业等支出/地方一般公共预算支出。商业服务业等支出来自各县级政府的 2021 年预算执行情况和 2022 年预算草案报告。其中，怀来县、台安县、北镇市、辽阳县、宁国市、闽清县、修水县、鱼台县、金乡县、泗水县、乳山市、东阿县、郓城县、巩义市、栾川县、嵩县、叶县、淇县、获嘉县、延津县等的数据来自 2020 年预算执行报告。此外，通过对该县级政府所在地区其他县级政府的平均值和最低值的数据二次平均推算出数据的有原阳县、武陟县、温县、孟州市、台前县、禹州市、舞阳县、临颍县、渑池县、卢氏县、灵宝市、新野县、桐柏县、白朗县、仁布县、康马县、定结县、和田县、且末县、阿合奇县、石河子市。

29. 地方一般公共预算支出 ［元/（人·千米^2）］ 是指县级政府一般公共预算支出/（年末常住人口×辖区面积），地方一般公共预算支出的数据来自县级政府 2021 年预算执行情况报告。其中，获嘉县、鄢陵县、西华县、鹿邑县、平舆县、嘉鱼县、揭西县、谢通门县、墨脱县、桑日县、措美县、申扎县、尼玛县、改则县、高台县、通渭县、合作市、夏河县、共和县、甘德县等的数据来自 2020 年预算执行报告。此外，通过对该县级政府所在地区其他县级政府的平均值和最低值的数据二次平均推算出数据的有吴桥县、孟村回族自治县、新巴尔虎右旗、金门县、芦溪县、莘县、临颍县、邓州市、上蔡县、孝昌县、马山县、尼木县、南木林县、定日县、昂仁县、定结县、吉隆县、江达县、类乌齐县、八宿县、芒康县、工布江达县。

30. 非税收入占地方一般公共预算收入比例（％）是指非税收入/地方一般公共预算收入，该指标为逆指标，本书测度时已将其转化为正指标，非税收入的数据来自各县级政府 2021 年预算执行情况报告。其中，商城县、固始县、竹溪县、通城县、邵阳县、揭西县、仁布县、墨脱县、波密县、桑日县、措美县、尼玛县、改则县、高台县、通渭县、合作市、夏河县、共和县、玛沁县、甘德县等的数据来自 2020 年预算执行报告。此外，通过对该县级政府所在地区其他县级政府的平均值和最低值的数据二次平均推算出数据的有长白朝鲜族自治县、扶余市、镇赉县、方正县、尚志市、桦川县、濉溪县、歙县、金门县、上栗县、芦溪县、永修县、丰城市、樟树市、靖安县、鄱阳县、昌邑市、兰陵县、费县、莘县、阳信县。

31. 新增公务员人数［名／（人·千米^2）］是指县级政府辖区内新增公务员人数／（年末常住人口×辖区面积），该指标的数据来自 2022 年公务员考试职位表、公务员考试网。其中，数据来自省考政务网的县级政府有井陉县、正定县、行唐县、灵寿县、高邑县、深泽县、赞皇县、无极县、平山县、元氏县、赵县、玉田县、遵化市、迁安市、滦州市、青龙满族自治县、昌黎县、卢龙县、临漳县、成安县、大名县、涉县、磁县、邱县、鸡泽县、广平县、馆陶县。

32. 农村居民人均可支配收入（元）的数据来自各地县级政府 2021 年统计公报。其中，正定县、行唐县、高邑县、深泽县、赞皇县、元氏县、赵县、辛集市、晋州市、新乐市、迁西县、遵化市、滦州市、卢龙县、成安县、大名县、涉县、磁县、邱县、鸡泽县、广平县、馆陶县、魏县、曲周县等的数据来自 2020 统计公报。此外，通过对该县级政府所在地区其他县级政府的平均值和最低值的数据二次平均推算出数据的有安新县、霍林郭勒市、满洲里市、牙克石市、根河市、法库县、长海县、瓦房店市、庄河市、岫岩满族自治县、清原满族自治县、本溪满族自治县、黑山县、凌海市、大石桥市、彰武县、辽阳县、朝阳县、桦甸市、柳河县、梅河口市、长白朝鲜族自治县。

33. 城镇居民人均可支配收入（元）的数据来自各地县级政府 2021 年统计公报。其中，行唐县、高邑县、深泽县、赞皇县、元氏县、赵县、辛集市、晋州市、新乐市、迁西县、遵化市、滦州市、卢龙县、成安县、大名县、涉县、磁县、邱县、鸡泽县、广平县、馆陶县、魏县、曲周县等的数据来自 2020 年统计公报。此外，通过对该县级政府所在地区其他县级政府的平均值和最低值的数据二次平均推算出数据的有安新县、康平县、法库县、新民市、长海县、瓦房店市、庄河市、岫岩满族自治县、海城市、抚顺县、新宾满族自治县、清原满族自治县、本溪满族自治县、宽甸满族自治县、东港市、凤城市、黑山县、义县、凌海市、北镇市、盖州市、大石桥市。

34. 城镇登记失业率（%）为逆指标，本书测度时已将其转化为正指标。其数据来自各地县级政府2021年统计公报。其中，行唐县、高邑县、深泽县、辛集市、新乐市、玉田县、滦州市、卢龙县、磁县、鸡泽县、武安市、柏乡县、南宫市、涞水县、阜平县、易县、博野县等的数据来自2020年统计公报。此外，通过对该县所在地区其他县级政府的平均值和最低值的数据二次平均推算出数据的县级政府有赞皇县、无极县、平山县、元氏县、赵县、晋州市、滦南县、乐亭县、迁西县、遵化市、青龙满族自治县、昌黎县、临漳县、成安县、大名县、涉县、邱县、广平县、馆陶县、魏县、曲周县。

35. 月最低工资标准（元）的数据来自2022年政府官网关于调整最低工资标准的通知以及2022年省级最低工资标准。其中，肇源县、嵊泗县、云和县、连城县、安义县、陆河县、大埔县、五华县、普宁市、什邡市、绵竹市、旺苍县、岳池县、镇远县、剑河县、麻江县、都匀市、象山县等的数据来自各县级政府人力资源和社会保障局关于调整最低工资标准的最新通知。

36. 领导信息公开来源于县级政府信息公开指南。统一参考的是2022年县级政府网站信息公开栏目公布的领导个人信息，以及政府办公厅或相关部门电话、电子邮箱。其中，领导个人信息等于或多于5项的记5分，领导个人信息等于4项的记4分，领导个人信息1~3项的记3分，没有公开领导个人信息的记1分。

37. 三公经费公开来源于各县级政府官网、县级政府财政局网站、县级政府预算报告，统一参考2021年预算执行情况和2022年预算草案报告。其中，完全公开政府部门三公经费的县级政府记5分，公开比较全面的县

级政府记 4 分，只公开一些的县级政府记 3 分，没有公开三公经费的县级
政府记 1 分。

38. 工作报告公开数据来源于各县级政府官网。其中，公开 2022 年政
府工作报告的记 5 分，只公开 2021 年政府工作报告的记 4 分，只公开 2020
年政府工作报告的记 3 分，只公开 2019 年及以前政府工作报告的记 1 分。

39. 预算报告公开数据来源于各县级政府网站，参考 2022 年预算草案
报告。其中，公开 2022 年预算草案报告的记 5 分，只公开 2021 年预算草
案报告的记 4 分，只公开 2020 年预算草案报告的记 3 分，只公开 2019 年
及以前预算草案报告的记 1 分。

40. 计划报告公开数据来源于各县级政府网站。其中，公开 2022 年计
划报告的记 5 分，只公开 2021 年计划报告的记 4 分，只公开 2020 年计划
报告的记 3 分，只公开 2019 年及以前计划报告的记 1 分。

41. 统计公报公开数据来源于各县级政府网站或者统计信息网。其中，
公开 2021 年统计公报的记 5 分，只公开 2020 年统计公报的记 4 分，只公
开 2019 年统计公报的记 3 分，只公开 2018 年及以前统计公报的记 1 分。

42. 公务员招考信息公开参考 2022 年 1 月 1 日至 2022 年 4 月 5 日各县
级政府官网公务员招考录用栏（公务员招考录用、招考信息、人事信息、
人事任免、招生信息、考试信息）的公务员职位信息公开条数。公开条数
大于或等于 7 条记 5 分，大于或等于 4 条小于 7 条记 4 分，大于或等于 1
条小于 4 条记 3 分，0 条记 1 分。

43. “十四五”规划公开数据来源于各县级政府网站，参考各地“十
四五”规划纲要文件。其中，完全公开且公开时间较早的记 5 分；完全公
开，但公开时间较晚的记 4 分；部分公开的记 3 分；尚未公开的记 1 分。

44. 政府主动信息公开完备程度指县级政府办公室信息公开年报中主
动公开内容的详尽程度。数据来源于政府官网—政务公开—政府信息公开
年报—办公室信息公开年报。其中，主动公开内容非常详尽记 5 分，比较
详尽记 4 分，一般详尽记 3 分，不详尽记 1 分。

45. 政府主动信息公开时效指县级政府办公室主动公开政府信息的时效。数据来源于政府官网—政务公开—政府信息公开年报—办公厅信息公开年报。其中，2022 年 1 月公开的，得 5 分；2022 年 2 月公开的，得 4 分；2022 年 3 月公开的，得 3 分；2022 年 4 月暂未公开的，得 1 分。

46. 政府办事时效，数据来自各县级政府官网，参考县长信箱中反映的基本能解决信件上问题的时间，先看来信时间与受理时间，根据其间隔长短评级；如果无来信时间则根据已处理信件的日期是否为近期进行评级，查询截止时间为 2022 年 4 月 5 日，该指标评分标准为 1～5 分。其中，处理时间长度为 1～3 天属于很好，4～5 天属于较好；6～10 天属于一般，10 天以上属于差。最近邮件收到日期与反馈日期均公布的县级政府，采用其最近 3 封的处理时间取平均值；仅公布反馈日期的县级政府，参考其最近 3 封的反馈时间间隔取平均值；既无收到日期又无反馈日期的县级政府、无县长信箱栏目的县级政府、不开放邮件阅读的县级政府，因为未能及时公布对公众诉求处理速度的信息，该项指标得分在全国地级市排名中并列为最后一名。在此基础上考察县级政府贯彻中央政策和上级精神的时效性，考察其是否贯彻落实十九届三中全会精神和 2022 年全国两会精神。公开很好记 5 分，公开较好记 4 分，公开一般记 3 分，公开较差记 1 分。

47. 政府常务会议次数（次）的相关数据来自各县级政府网站，统计区间为 2021 年 1 月 1 日至 2022 年 4 月 5 日。其中，通过对该县级政府所在地级市政府的所有县级政府数据的平均值和最低值二次平均后得出数据的有大厂回族自治县、建德市、龙港市、荔浦市、阿拉山口市、阿勒泰市、扎囊县、雷州市、苏尼特右旗、原平市、石首市、临武县、连山壮族瑶族自治县、五华县、阳朔县、嵩明县。

48. 政府常务会议公布时间特指各县级政府为学习 2022 年全国两会精神召开的常务会议时间。可以直接搜索 "常务会议" "学习两会精神" 等关键词。2022 年 3 月 20 日及之前召开的，得 5 分；3 月 20～31 日（含）召开的，得 4 分；4 月之后召开的，得 3 分；没有学习两会的，得 1 分。

49. 政府常务会议议题数量（项）是指在 2021 年 1 月 1 日至 2022 年 4 月 5 日，最新一次（常务会议召开日期距离 2022 年 4 月 5 日最近的一次）常务会议的议题数量。其中，通过对该县级政府所在地级市政府所有县级政府数据的平均值和最低值二次平均后得出数据的有大厂回族自治县、荔浦市、阿拉山口市、阿勒泰市、扎囊县、雷州市、苏尼特右旗、原平市、宁武县、秭归县、石首市、临武县、连山壮族瑶族自治县、五华县、阳朔县、嵩明县。

50. 政府信息公开年度报告时间来源于县级政府官网—政务公开—政府信息公开年报。其中，2022 年 1 月公开的，得 5 分；2022 年 2 月公开的，得 4 分；2022 年 3 月公开的，得 3 分；2022 年 4 月及目前暂未公开的，得 1 分。

51. 乡村振兴政策数据源于各县级政府网站，参考 2022 年政府工作报告中的关键词"乡村振兴"的条数，4 条及以下记 1 分，5～6 条及以下记 3 分，7～8 条记 4 分，9 条及以上记 5 分。

52. 乡村振兴效果数据源于各县级政府网站，主要根据有关"乡村振兴"新闻总数的多少进行评分。其中，县级政府乡村振兴效果指标得 1 分的是该县级政府有关实施乡村振兴政策的效果不明显，范围较窄；得 3 分的是该县级政府有关实施乡村振兴政策的效果较为明显，但是范围较窄；得 4 分的是该县级政府有关实施乡村振兴政策的效果较为明显，范围较为广泛；得 5 分的是该县级政府有关实施乡村振兴政策的效果显著，覆盖范围广。

53. 粮食种植面积占比（%）是指粮食种植面积/县级政府辖区总面积。县级政府辖区面积来自县级政府官网。粮食种植面积指的是当地最重要农产品种植面积（种植范围、面积最广的农产品），其数据来自各县级政府 2021 年统计公报。其中，滦州市、内丘县、侯马市、五台县、霍林郭勒市、金寨县、梨树县、响水县、兰西县、张家港市、泰兴市、宁海县、肥东县、泰宁县、晋江市、莘县、曲阜市、义马市、通山县、海丰县等的数据来自 2020 年统计公报。此外，以下县级政府粮食种植面积的数据是通过对该县级政府所在地级市政府所有县级政府数据的平均值和最低值二次平均得到的：容城县、海兴县、武邑县、土默特右旗、多伦县、抚顺县、常熟市、高邮市、遂川县、利津县、夏邑县、恩施市、南澳县、大化瑶族自治县、保亭黎族苗族自治县、都江堰市、盐津县、镇雄县、瑞丽市、墨脱县、淳化县、洛川县。

54. 第一产业增长率（%）的数据来自县级政府 2021 年统计公报。其中，行唐县、高邑县、赞皇县、元氏县、辛集市、滦州市、卢龙县、宜兴市、常熟市、张家港市、启东市、丹阳市、扬中市、泰兴市、海宁市、肥东县、遂溪县、徐闻县、高州市、岑巩县、麻江县等的数据来自 2020 年统计公报。此外，以下各县级政府第一产业增长率数据通过对其所在地级市政府的其他县级政府数据的平均值和最低值二次平均得到：安新县、吴桥县、阳高县、浑源县、平定县、平顺县、沁县、榆社县、介休市、永济市、定襄县、繁峙县、宁武县、静乐县、偏关县、古县、隰县、永和县、兴县、法库县、岫岩满族自治县、新宾满族自治县、清原满族自治县、本溪满族自治县、凌海市、大石桥市、阜新蒙古族自治县。

55. 农民人均粮食产量（公斤/人）指县级政府全年粮食产量/农村人口，农村人口＝常住人口－城镇常住人口，全年粮食产量的数据来自县级政府 2021 年统计公报。其中，沁源县、和顺县、昔阳县、寿阳县、祁县、平遥县、灵石县、五台县、代县、襄汾县、洪洞县、吉县、乡宁县、大宁县、汾西县、侯马市、常熟市、张家港市、阜宁县、泰兴市、肥东县等的数据来自 2020 年统计公报。此外，以下各县级政府农民人均粮食产量的数据通过对其所在地级市政府的其他县级政府数据的平均值和最低值二次平均得到：容城县、安新县、吴桥县、阳高县、浑源县、平定县、平顺县、沁县、榆社县、介休市、永济市、定襄县、繁峙县、宁武县、化德县、商都县、兴和县、凉城县、察哈尔右翼前旗、察哈尔右翼中旗、察哈尔右翼后旗。

56. 新增高标准农田建设（万亩）的数据来自各县级政府 2022 年政府工作报告。其中，高邑县、赞皇县、玉田县、崇仁县、德兴市、铅山县、盐边县、什邡市、北川羌族自治县、白玉县、德昌县、会东县、宁南县、子长市、绥德县、清水县、康县、西和县、临潭县、碌曲县、哈巴河县、青河县等的数据来自县级政府 2021 年政府工作报告。此外，以下各县级政府高标准农田建设的数据是通过推算得到的：井陉县、正定县、行唐县、深泽县、平山县、元氏县、赵县、辛集市、晋州市、新乐市、滦南县、乐亭县、涞水县、阜平县、定兴县、唐县、高阳县、容城县、涞源县、望都县、安新县、易县、博野县、雄县、涿州市、定州市。具体推算方式为：县级政府新增高标准农田建设 =（县级政府所在地级市新增高标准农田建设/地级市粮食播种面积）×该县粮食播种面积×权重（权重依据各县级政府辖区农民人均粮食产量排名确定）。

57. 村民自治公开数据来自县级政府官网。在县级政府官网检索关键字"村民"或"村民自治"，时间范围为"2021 年 1 月 1 日至 2022 年 4 月 5 日"，搜索范围为"全文"，根据信息条数打分。具体评分标准为：0~500 条记 1 分，501~800 条记 3 分，801~1000 条记 4 分，1000 条以上记 5 分。

58. 新增乡镇公务员 [名/（人·千米^2）] 是指县级政府辖区内新增乡镇公务员人数/（年末常住人口×辖区面积）。新增乡镇公务员的数据来自县级人力资源和社会保障局官网或县级政府公务员考试网。其中，以下各县级政府新增乡镇公务员人数数据通过对其所在地级市政府的其他县级政府数据的平均值和最低值二次平均得到：桐庐县、龙港市、金门县、栖霞市、海阳市、东平县、荣成市、五莲县、莒县、武城县、临清市、阳谷县、莘县、隆安县、马山县、上林县、宾阳县、横州市、融安县、融水苗族自治县、忻城县、象州县、武宣县、金秀瑶族自治县、合山市、扶绥县、宁明县、龙州县。

本书有关县级政府效率测度指标信息收集、查询截止时间为 2022 年 5 月 30 日。

附录2.4　2022年中国区级政府效率测度指标
数据来源及处理说明

1. 科技支出占地方一般公共预算支出比例（％）指科学技术支出/地方一般公共预算支出，数据来自各区级政府2021年预算执行报告。其中，数据来自2020年预算执行报告的区级政府有鞍山市铁东区、长春市宽城区、黑河市爱辉区、合肥市庐阳区、安庆市大观区、开封市龙亭区、安阳市龙安区、焦作市马村区、信阳市平桥区、鄂州市梁子湖区、永州市冷水滩区、广州市从化区、揭阳市榕城区、攀枝花市仁和区、拉萨市城关区。此外，以下各区级政府科技支出数据是通过对该区所在地级市政府的所有区级政府数据的平均值和最低值二次平均得到的：辽源市龙山区、齐齐哈尔市铁锋区、齐齐哈尔市碾子山区、齐齐哈尔市梅里斯达斡尔族区、安庆市迎江区、安庆市宜秀区、鄂州市鄂城区、三亚市天涯区、三沙市西沙区、三沙市南沙区、南充市顺庆区、日喀则市桑珠孜区。

2. 在校生人数占年末常住人口的比例（％）指各级各类在校生人数/年末常住人口总数，在校生人数＝高中生在校人数＋初中生在校人数＋小学生在校人数＋在园幼儿数，其数据来自各区级政府2021年统计公报。其中，数据来自2020年统计公报的区有大连市甘井子区、铁岭市银州区、朝阳市龙城区、广州市番禺区、广州市花都区、广州市从化区、韶关市武江区、深圳市罗湖区、深圳市南山区、深圳市龙岗区、佛山市南海区、江门市新会区、茂名市电白区、肇庆市端州区、肇庆市鼎湖区、南宁市良庆区、防城港市港口区、钦州市钦南区、贵港市港北区、贺州市八步区。此外，以下各区级政府在校生人数数据是通过对该区所在地级市政府的所有区级政府数据的平均值和最低值二次平均得到的：张家口市桥西区、廊坊市广阳区、太原市杏花岭区、太原市小店区、大同市新荣区、阳泉市城区、晋中市榆次区、忻州市忻府区、吕梁市离石区、呼和浩特市玉泉区、包头市昆都仑区、赤峰市松山区、通辽市科尔沁区、乌兰察布市集宁区、沈阳市浑南区、大连市西岗区、鞍山市铁东区、鞍山市立山区、抚顺市顺城区、本溪市平山区。

3. 教育支出占地方一般公共预算支出比例（％）指教育支出/地方一般公共预算支出，数据来自各区级政府 2021 年预算执行报告。其中，数据来自 2020 年预算执行报告的区级政府有鞍山市铁东区、长春市宽城区、黑河市爱辉区、合肥市庐阳区、安庆市大观区、开封市龙亭区、安阳市龙安区、焦作市马村区、信阳市平桥区、鄂州市梁子湖区、永州市冷水滩区、广州市从化区、揭阳市榕城区、攀枝花市仁和区、拉萨市城关区。此外，以下各区级政府教育支出数据是通过对该区所在地级市政府的所有区级政府数据的平均值和最低值二次平均得到的：辽源市龙山区、齐齐哈尔市铁锋区、齐齐哈尔市碾子山区、齐齐哈尔市梅里斯达斡尔族区、安庆市迎江区、安庆市宜秀区、鄂州市鄂城区、三亚市天涯区、三沙市西沙区、三沙市南沙区、南充市顺庆区、日喀则市桑珠孜区。

4. 文化旅游体育与传媒支出占地方一般公共预算支出比例（％）指文化旅游体育与传媒支出/地方一般公共预算支出，数据来自各区级政府 2021 年预算执行报告。其中，数据来自 2020 年预算执行报告的区级政府有鞍山市铁东区、长春市宽城区、黑河市爱辉区、合肥市庐阳区、安庆市大观区、开封市龙亭区、安阳市龙安区、焦作市马村区、信阳市平桥区、鄂州市梁子湖区、永州市冷水滩区、广州市从化区、揭阳市榕城区、攀枝花市仁和区、拉萨市城关区。此外，以下各区级政府文化旅游体育与传媒支出数据是通过对该区所在地级市政府的所有区级政府数据的平均值和最低值二次平均得到的：辽源市龙山区、齐齐哈尔市铁锋区、齐齐哈尔市碾子山区、齐齐哈尔市梅里斯达斡尔族区、安庆市迎江区、安庆市宜秀区、鄂州市鄂城区、三亚市天涯区、三沙市西沙区、三沙市南沙区、南充市顺庆区、日喀则市桑珠孜区。

5. 每万人口卫生机构（个）指卫生机构数量/年末常住人口数，卫生机构数量的数据来自各区级政府 2021 年统计公报。其中，数据来自 2020

年统计公报的区级政府有太原市迎泽区、大同市平城区、沈阳市辽中区、大连市甘井子区、朝阳市龙城区、长春市九台区、徐州市贾汪区、徐州市铜山区、杭州市临安区、杭州市钱塘区、铜陵市郊区、安庆市宜秀区、济南市历城区、济南市济阳区、济南市莱芜区、武汉市武昌区、武汉市洪山区、深圳市福田区、深圳市罗湖区、深圳市南山区。此外，以下各区级政府卫生机构数据是通过对该区所在地级市政府的所有区级政府数据的平均值和最低值二次平均得到的：太原市杏花岭区、太原市小店区、包头市东河区、包头市青山区、鞍山市铁西区、鞍山市千山区、阜新市新邱区、阜新市太平区、无锡市惠山区、徐州市鼓楼区、苏州市吴中区、南通市崇川区、绍兴市上虞区、九江市浔阳区、郑州市惠济区、开封市鼓楼区、洛阳市老城区、新乡市红旗区、武汉市硚口区、渭南市华州区。

6. 每千人口卫生机构床位（张）指卫生机构床位/年末常住人口数，卫生机构床位的数据来自各区级政府 2021 年统计公报。其中，数据来自 2020 年统计公报的区级政府有保定市满城区、太原市迎泽区、大同市平城区、哈尔滨市道外区、鸡西市恒山区、南京市秦淮区、南京市鼓楼区、宿迁市宿豫区、杭州市临安区、杭州市钱塘区、福州市鼓楼区、福州市台江区、济南市槐荫区、济南市济阳区、武汉市江夏区、荆门市东宝区、深圳市福田区、深圳市罗湖区、深圳市南山区、深圳市坪山区。此外，以下各区级政府卫生机构床位数据是通过对该区所在地级市政府的所有区级政府数据的平均值和最低值二次平均得到的：太原市杏花岭区、太原市尖草坪区、长治市潞城区、包头市白云鄂博矿区、鞍山市铁东区、抚顺市东洲区、本溪市南芬区、阜新市海州区、盘锦市双台子区、葫芦岛市连山区、白城市洮北区、齐齐哈尔市铁锋区、鸡西市滴道区、鹤岗市兴山区、新乡市红旗区、武汉市硚口区、泸州市龙马潭区、拉萨市城关区、西安市雁塔区、金昌市金川区。

7. 每千人口卫生技术员（人）指卫生技术人员数/年末常住人口数，卫生技术人员数来自各区级政府 2021 年统计公报。其中，数据来自 2020

年统计公报的区级政府有石家庄市藁城区、保定市满城区、承德市鹰手营子矿区、大同市云州区、长治市屯留区、忻州市忻府区、呼和浩特市新城区、长春市南关区、长春市宽城区、济南市槐荫区、济南市历城区、广州市天河、广州市黄埔区、广州市番禺区、深圳市龙岗区、深圳市坪山区、佛山市南海区、遵义市红花岗区、天水市麦积区、吴忠市利通区。此外，以下各区级政府卫生技术人员数据是通过对该区所在地级市政府的所有区级政府数据的平均值和最低值二次平均得到的：邯郸市肥乡区、邯郸市永年区、太原市万柏林区、呼和浩特市赛罕区、包头市昆都仑区、乌兰察布市集宁区、乌海市海勃湾区、湖州市吴兴区、绍兴市越城区、安庆市迎江区、漳州市龙海区、泰安市岱岳区、郑州市二七区、荆州市沙市区、黄冈市黄州区、深圳市龙华区、珠海市斗门区、汕头市金平区、广元市昭化区、遂宁市安居区。

8. 全年空气质量优良率（％）的数据主要来自各区级政府 2021 年统计公报。其中，数据来自 2020 年统计公报的区级政府有唐山市开平区、秦皇岛市北戴河区、张家口市崇礼区、大同市云州区、长治市上党区、长治市屯留区、朔州市平鲁区、丹东市振兴区、丹东市振安区、长春市九台区、南京市雨花台区、淮安市淮安区、扬州市邗江区、镇江市丹徒区、杭州市上城区、杭州市萧山区、铜陵市铜官区、铜陵市义安区、上饶市信州区、淄博市博山区。此外，以下各区级政府全年空气质量优良率数据是通过对该区所在地级市政府的所有区级政府数据的平均值和最低值二次平均得到的：石家庄市长安区、石家庄市桥西区、保定市莲池区、张家口市桥西区、承德市双桥区、沧州市新华区、廊坊市广阳区、包头市石拐区、沈阳市和平区、大连市金州区、鞍山市铁东区、营口市老边区、阜新市海州区、长春市双阳区、吉林市船营区、青岛市崂山区、三门峡市陕州区、信阳市浉河区、茂名市茂南区、肇庆市端州区。

9. 落实总体国家安全观是指对国家安全的宣传普及情况，参考各区级政府网站，对"国家安全教育日"宣传较多、形式丰富的记 5 分；对"国家安全教育日"宣传较多、范围较广的记4分；对"国家安全教育日"宣传较多、范围较窄的记3分；对"国家安全教育日"的报道较少的记1分。数据来源于各区级政府官方网站。

10. 统筹疫情防控与经济社会发展数据来自2022年各区级政府网站。该指标评分标准为1~5分，主要根据有关疫情防控和经济社会发展政策、新闻总数的多少评分。其中，有关疫情防控和经济社会发展政策和新闻数量都比较多的，得5分；有关疫情防控和经济社会发展政策较多、新闻不多的，得4分；有关疫情防控和经济社会发展政策较少、新闻较多的，得3分；有关疫情防控和经济社会发展政策和新闻都很少的，得1分。

11. 社会保障和就业支出占地方一般公共预算支出比例（％）指社会保障和就业支出/地方一般公共预算支出，数据来源于各区级政府2021年预算执行报告。其中，数据来自2020年预算执行报告的区级政府有鞍山市铁东区、辽阳市太子河区、长春市宽城区、哈尔滨市道外区、合肥市庐阳区、安庆市大观区、开封市龙亭区、安阳市龙安区、衡阳市蒸湘区、永州市冷水滩区、广州市从化区、揭阳市榕城区、桂林市秀峰区、拉萨市城关区。此外，以下各区级政府社会保障和就业支出数据是通过对该区所在地级市政府的所有区级政府数据的平均值和最低值二次平均得到的：大同市云岗区、辽源市龙山区、安庆市迎江区、安庆市宜秀区、滁州市琅琊区、鄂州市鄂城区、三亚市天涯区、三沙市西沙区、三沙市南沙区、南充市顺庆区、日喀则市桑珠孜区、西安市鄠邑区。

12. 住房保障支出占地方一般公共预算支出比例（％）指住房保障支出/地方一般公共预算支出，数据主要来自各区级政府2021年预算执行报告。其中，数据来自2020年预算执行报告的区级政府有鞍山市铁东区、辽阳市太子河区、长春市宽城区、哈尔滨市道外区、合肥市庐阳区、安庆市大观区、开封市龙亭区、安阳市龙安区、许昌市建安区、湘潭市雨湖区、衡阳市蒸湘区、永州市冷水滩区、广州市从化区、拉萨市城关区。此外，以下各区级政府住房保障支出数据是通过对该区所在地级市政府的所有区级政府数据的平均值和最低值二次平均得到的：葫芦岛市南票区、吉林市昌邑区、四平市铁东区、辽源市西安区、辽源市龙山区、徐州市泉山区、杭州市上城区、丽水市莲都区、安庆市迎江区、泉州市鲤城区、郑州市管城回族区、株洲市芦淞区、汕尾市城区、三亚市吉阳区、南充市顺庆区、日喀则市桑珠孜区、西安市鄠邑区、宝鸡市凤翔区、兰州市七里河区、乌鲁木齐市水磨沟区。

13. 社会保险基金支出占地方一般公共预算支出比例（%）指社会保险基金支出／地方一般公共预算支出，数据主要来自各区级政府 2021 年预算执行报告。其中，数据来自 2020 年预算执行报告的区级政府有大同市云州区、鞍山市铁东区、抚顺市顺城区、营口市老边区、合肥市庐阳区、安庆市大观区、莆田市荔城区、湘潭市雨湖区、衡阳市蒸湘区、永州市冷水滩区、揭阳市榕城区、兰州市红古区。此外，以下各区级政府社会保险基金支出数据是通过对该区所在地级市政府的所有区级政府数据的平均值和最低值二次平均得到的：太原市杏花岭区、大同市云岗区、呼和浩特市新城区、呼和浩特市赛罕区、鄂尔多斯市康巴什区、呼伦贝尔市扎赉诺尔区、沈阳市沈河区、长春市二道区、吉林市龙潭区、四平市铁西区、辽源市西安区、齐齐哈尔市梅里斯达斡尔族区、牡丹江市西安区、南京市秦淮区、南京市江宁区、无锡市梁溪区、徐州市云龙区、苏州市虎丘区、镇江市京口区。

14. 新增城镇就业（万人）数据主要来自 2021 年统计公报。其中，数据来自 2020 年统计公报的区级政府有本溪市南芬区、长春市南关区、哈尔滨市道里区、双鸭山市四方台区、南京市玄武区、无锡市锡山区、常州市钟楼区、舟山市普陀区、安庆市宜秀区、临沂市河东区、漯河市源汇区、襄阳市樊城区、桂林市秀峰区、宝鸡市渭滨区、上饶市信州区、朔州市朔城区、乌海市海勃湾区、成都市青白江区、金昌市金川区、天水市麦积区。此外，通过推算得出数据的区级政府有石家庄市长安区、保定市竞秀区、包头市青山区、鞍山市立山区、吉林市丰满区、白城市洮北区、鹤岗市向阳区、无锡市梁溪区、连云港市连云区、淮南市潘集区、莆田市荔城区、景德镇市昌江区、安阳市龙安区、黄石市黄石港区、汕头市金平区、柳州市柳北区、钦州市钦北区、三亚市海棠区、西宁市城中区、乌鲁木齐市新市区。具体推算方式为：区级政府城镇新增就业人数＝（区级政府所在地级市政府新增就业人数/地级市政府常住人口）×区级政府常住人口×权重（权重依据各区级政府 GDP 总量排名确定）。

15. 新增转移农村劳动力（万人）数据主要来自 2021 年统计公报。其中，数据来自 2020 年统计公报的区级政府有唐山市曹妃甸区、大同市平城区、贵阳市观山湖区、四平市铁西区、哈尔滨市香坊区、镇江市润州区、合肥市庐阳区、淮南市大通区、淮北市杜集区、漯河市郾城区、宜昌市伍家岗区、桂林市秀峰区、贵港市港南区、三亚市吉阳区、昆明市晋宁区、临沧市临翔区、宝鸡市陈仓区、福州市长乐区、南平市延平区、宜春市袁州区。此外，通过推算得出数据的区级政府有石家庄市长安区、邯郸市永年区、太原市迎泽区、赤峰市元宝山区、沈阳市和平区、大连市沙河口区、抚顺市新抚区、锦州市太和区、辽阳市太子河区、葫芦岛市南票区、白山市江源区、鸡西市恒山区、双鸭山市宝山区、佳木斯市前进区、南京市雨花台区、常州市钟楼区、盐城市大丰区、舟山市普陀区、福州市鼓楼区、东营市东营区。具体推算方式为：区级政府新增转移农村劳动力人数＝（区级政府所在地级市政府新增转移农村劳动力人数/地级市政府常住人口）×区级政府常住人口×权重（权重依据各区级政府 GDP 总量排名确定）。

16. 全年社会消费品零售总额增长率（%）数据主要来自 2021 年统计公报。其中，数据来自 2020 年统计公报的区级政府有秦皇岛市北戴河区、承德市双桥区、长治市屯留区、呼和浩特市赛罕区、白银市平川区、海东市乐都区、长春市二道区、鹤岗市工农区、无锡市梁溪区、淮安市淮安区、合肥市蜀山区、铜陵市铜官区、日照市岚山区、平顶山市新华区、武汉市武昌区、防城港市防城区、绵阳市涪城区、石嘴山市大武口区、南平市延平区、抚州市东乡区。此外，以下各区级政府全年社会消费品零售总额增长率数据是通过对该区所在地级市政府的所有区级政府数据的平均值和最低值二次平均得到的：鞍山市铁西区、抚顺市东洲区、通化市二道江区、齐齐哈尔市龙沙区、鸡西市鸡冠区、鸡西市梨树区、鹤岗市兴安区、佳木斯市向阳区、佳木斯市郊区、七台河市茄子河区、焦作市中站区、南阳市宛城区、信阳市平桥区、三沙市南沙区、拉萨市达孜区、日喀则市桑珠孜区、乌鲁木齐市新市区、苏州市吴中区、淮安市洪泽区。

17. 固定资产投资增长率（％）数据主要来自 2021 年统计公报。其中，数据来自 2020 年统计公报的区级政府有秦皇岛市北戴河区、承德市鹰手营子矿区、大同市云州区、包头市青山区、白银市平川区、营口市西市区、长春市绿园区、鸡西市恒山区、伊春市友好区、无锡市梁溪区、马鞍山市雨山区、德州市陵城区、鹤壁市淇滨区、漯河市源汇区、南阳市宛城区、湛江市霞山区、防城港市港口区、攀枝花市西区、铜川市印台区、萍乡市安源区。此外，以下各区级政府固定资产投资增长率数据是通过对该区所在地级市政府的所有区级政府数据的平均值和最低值二次平均得到的：鞍山市铁西区、四平市铁东区、松原市宁江区、齐齐哈尔市铁锋区、鹤岗市兴安区、双鸭山市岭东区、佳木斯市前进区、佳木斯市东风区、七台河市新兴区、七台河市茄子河区、舟山市定海区、安阳市文峰区、信阳市平桥区、三沙市西沙区、乌鲁木齐市达坂城区、无锡市惠山区、连云港市海州区、连云港市赣榆区、淮安市洪泽区。

18. GDP 增长率（％）数据主要来自 2021 年统计公报。其中，数据来自 2020 年统计公报的区级政府有四平市铁西区、辽源市西安区、淮安市淮安区、铜陵市铜官区、福州市鼓楼区、上饶市信州区、枣庄市市中区、德州市陵城区、洛阳市涧西区、平顶山市新华区、济南市莱芜区、枣庄市台儿庄区、烟台市蓬莱区、滨州市沾化区、鹤壁市淇滨区、信阳市浉河区、武汉市汉阳区、广州市从化区、南宁市武鸣区。此外，以下各区级政府GDP 增长率数据是通过对该区所在地级市政府的所有区级政府数据的平均值和最低值二次平均得到的：双鸭山市岭东区、佳木斯市向阳区、佳木斯市郊区、鹤岗市南山区、三沙市西沙区、拉萨市达孜区、日喀则市桑珠孜区、乌鲁木齐市沙依巴克区、哈密市伊州区、佳木斯市前进区、七台河市新兴区、双鸭山市四方台区、鹤岗市东山区、齐齐哈尔市碾子山区、白山市浑江区、通化市二道江区、四平市铁东区、辽阳市弓长岭区、呼和浩特市赛罕区、葫芦岛市龙港区。

19. GDP 总量（亿元）数据主要来自 2021 年统计公报。其中，数据来自 2020 年统计公报的区级政府有枣庄市市中区、济南市莱芜区、四平市铁西区、辽源市西安区、南宁市武鸣区、淮安市淮安区、福州市鼓楼区、枣庄市台儿庄区、上饶市信州区、广州市从化区、德州市陵城区、烟台市蓬莱区、武汉市汉阳区、洛阳市涧西区、信阳市浉河区、铜陵市铜官区、平顶山市新华、滨州市沾化区、鹤壁市淇滨区。此外，以下各区级政府 GDP 总量数据是通过对该区所在地级市政府的所有区级政府数据的平均值和最低值二次平均得到的：双鸭山市岭东区、佳木斯市向阳区、佳木斯市郊区、鹤岗市南山区、三沙市西沙区、拉萨市达孜区、日喀则市桑珠孜区、哈尔滨市平房区、哈密市伊州区、鸡西市滴道区、七台河市新兴区、双鸭山市四方台区、鹤岗市东山区、大庆市让胡路区、白山市浑江区、通化市二道江区、四平市铁东区、辽阳市弓长岭区、大连市西岗区、吉林市龙潭区。

20. 人均 GDP（元）指 GDP 总量/年末常住人口数，GDP 总量的数据主要来自 2021 年统计公报。其中，数据来自 2020 年统计公报的区级政府有巴彦淖尔市临河区、淮安市淮安区、武汉市汉南区、十堰市郧阳区、咸宁市咸安区、张家界市永定区、深圳市龙华区、资阳市雁江区、昆明市盘龙区、昆明市西山区、曲靖市麒麟区、西安市鄠邑区、铜川市王益区、汉中市汉台区、白银市平川区、石嘴山市大武口区、吴忠市利通区、昆明市晋宁区、丽江市古城区、铜川市王益区。此外，以下各区级政府人均 GDP 数据是通过对该区所在地级市政府的所有区级政府数据的平均值和最低值二次平均得到的：鸡西市麻山区、鹤岗市向阳区、鹤岗市南山区、佳木斯市郊区、黄石市西塞山区、孝感市孝南区、黄冈市黄州区、三沙市西沙区、三沙市南沙区、拉萨市达孜区、日喀则市桑珠孜区、铜川市印台区、乌鲁木齐市沙依巴克区、乌鲁木齐市米东区、克拉玛依市白碱滩区、哈密市伊州区、乌鲁木齐市天山区、拉萨市城关区。

21. 第二产业增长率（％）数据主要来自 2021 年统计公报。其中，数据来自 2020 年统计公报的区级政府有呼和浩特市新城区、福州市鼓楼区、郑州市中原区、洛阳市涧西区、平顶山市新华区、武汉市汉南区、贵港市港北区、成都市青白江区、巴中市恩阳区、昆明市呈贡区、昆明市盘龙区、曲靖市麒麟区、乌鲁木齐市天山区、安顺市平坝区、绵阳市涪城区、攀枝花市西区、成都市新都区、钦州市钦北区、武汉市蔡甸区、广安市前锋区。此外，以下各区级政府第二产业增长率数据是通过对该区所在地级市政府的所有区级政府数据的平均值和最低值二次平均得到的：鞍山市铁西区、阜新市海州区、长春市双阳区、吉林市船营区、四平市铁东区、鸡西市麻山区、鹤岗市南山区、双鸭山市岭东区、洛阳市偃师区、黄石市黄石港区、三沙市南沙区、乐山市沙湾区、渭南市华州区、克拉玛依市独山子区、西安市碑林区、贵阳市观山湖区、泸州市龙马潭区、德阳市罗江区、三亚市吉阳区、南宁市江南区。

22. 第三产业增长率（％）数据主要来自 2021 年统计公报。其中，数据来自 2020 年统计公报的区级政府有唐山市路南区、唐山市古冶区、唐山市开平区、唐山市丰南区、唐山市丰润区、唐山市曹妃甸区、秦皇岛市海港区、秦皇岛市山海关区、秦皇岛市北戴河区、邯郸市丛台区、邯郸市邯山区、邯郸市复兴区、邯郸市肥乡区、邯郸市永年区、邢台市信都区、邢台市南和区、保定市竞秀区、保定市莲池区、保定市满城区、保定市徐水区。此外，以下各区级政府第三产业增长率数据是通过对该区所在地级市政府的所有区级政府数据的平均值和最低值二次平均得到的：包头市东河区、呼伦贝尔市扎赉诺尔区、大连市西岗区、大连市旅顺口区、大连市金州区、鞍山市铁西区、抚顺市新抚区、抚顺市东洲区、锦州市太和区、锦州市古塔区、锦州市凌河区、营口市站前区、阜新市细河区、阜新市海州区、阜新市太平区、阜新市清河门区、辽阳市弓长岭区、盘锦市双台子区、铁岭市清河区、长春市双阳区。

23. 商业服务业等支出占地方一般公共预算支出比例（％）指商业服务业等支出/地方一般公共预算支出，数据主要来自各区级政府2021年预算执行报告。其中，数据来自2021年预算草案报告的区级政府有大连市甘井子区、南京市雨花台区、常州市武进、台州市黄岩区、洛阳市偃师区、周口市淮阳区、株洲市荷塘区、珠海市香洲区、佛山市顺德区、固原市原州区。此外，以下各区级政府商业服务业等支出数据是通过对该区所在地级市政府的所有区级政府数据的平均值和最低值二次平均得到的：衢州市衢江区、丽水市莲都区、芜湖市弋江区、蚌埠市龙子湖区、淮南市大通区、淮南市潘集区、淮北市相山区、淮北市烈山区、安庆市迎江区、安庆市宜秀区、滁州市琅琊区、滁州市南谯区、六安市裕安区、厦门市翔安区、吉安市吉州区、淄博市张店区、威海市文登区、德州市陵城区、郑州市管城回族区、郑州市金水区、开封市鼓楼区。

24. 乡村振兴政策数据源于各区级政府网站，参考各区2022年政府工作报告中的关键词"乡村振兴"的个数，4个及以下1分，5~7个3分，8~9个4分，10个及以上5分。

25. 乡村振兴效果数据源于各区级政府网站，该指标评分标准为1~5分，主要根据"乡村振兴"新闻总数的多少进行评分。其中，区级政府乡村振兴效果指标得1分的是其实施乡村振兴政策的效果不明显，范围较窄；得3分的是其实施乡村振兴政策的效果较为明显，但是范围较窄；得4分的是其实施乡村振兴政策的效果较为明显，范围较为广泛；得5分的是其实施乡村振兴政策的效果显著，覆盖范围广。

26. 第一产业增长率（％）数据主要来自2021年统计公报。其中，数据来自2020年统计公报的区级政府有长春市宽城区、四平市铁西区、鸡西市恒山区、南京市六合区、南京市溧水区、烟台市蓬莱区、鹤壁市淇滨区、武汉市汉南区、湛江市霞山区、贺州市八步区、德阳市旌阳区、昆明市呈贡区、吐鲁番市天山区。此外，以下各区级政府第一产业增长率数据是通过对该区所在地级市政府的所有区级政府数据的平均值和最低值二次平均得到的：合肥市瑶海区、厦门市湖里区、南昌市西湖区、济南市历下区、青岛市市南区、青岛市市北区、青岛市李沧区、洛阳市偃师区、黄石市黄石港区、黄石市西塞山区、黄石市铁山区、荆州市沙市区、黄冈市黄州区、广州市越秀区、南宁市江南区、防城港市港口区、防城港市防城区、贵港市港南区、三亚市吉阳区、三亚市天涯区。

27. 城乡社区支出占地方一般公共预算支出比例（%）指城乡社区支出/地方一般公共预算支出，数据主要来自各区级政府2021年预算执行报告。其中，数据来自2020年预算执行报告的区级政府有呼伦贝尔市扎赉诺尔区、鞍山市铁东区、辽阳市太子河区、长春市宽城区、哈尔滨市道外区、鹤岗市工农区、黑河市爱辉区、绥化市北林区、无锡市梁溪区、合肥市庐阳区、安庆市大观区、开封市龙亭区、安阳市龙安区、焦作市马村区、株洲市石峰区、衡阳市蒸湘区、永州市冷水滩区、广州市从化区、揭阳市榕城区、拉萨市城关区。此外，以下各区级政府城乡社区支出数据是通过对该区所在地级市政府的所有区级政府数据的平均值和最低值二次平均得到的：大同市云岗区、铁岭市银州区、吉林市昌邑区、四平市铁东区、辽源市西安区、辽源市龙山区、通化市东昌区、齐齐哈尔市铁锋区、齐齐哈尔市富拉尔基区、齐齐哈尔市碾子山区、齐齐哈尔市梅里斯达斡尔族、徐州市泉山区、宁波市江北区、衢州市衢江区、安庆市迎江区、安庆市宜秀区、滁州市琅琊区、鄂州市鄂城区、三亚市天涯区、三沙市西沙区、三沙市南沙区。

28. 权责清单指政府发布的权力清单和责任清单，数据来自2022年区级政府法制办公室网站、区级政府的政务服务网、区级政府机构编制委员会办公室网站。该指标评分标准为1~5分，主要根据权力清单和责任清单公布总数的多少、公布时间的早晚评分。其中，区级政府权责清单指标得1分的是该区级政府公布权力清单和责任清单的部门少、各部门的权力清单和责任清单数量少、公布时间晚；得3分的是该区级政府公布权力清单和责任清单的部门较多、清单总数少、公布时间比较晚；得4分的是该区级政府公布权力清单和责任清单的部门较多、清单总数较多、公布时间比较晚；得5分的是该区级政府公布权力清单和责任清单的总数或综合部门数量多且具体、公布时间早。

29. 常住人口增速（％）指2021年末常住人口增加数/2020年末常住人口总数。数据主要来自各区级政府2021年统计公报和第七次人口普查公报。其中，数据来自第七次人口普查的区级政府有石家庄市新华区、石家庄市鹿泉区、大同市云州区、吉林市昌邑区、牡丹江市东安区、牡丹江市阳明区、牡丹江市爱民区、牡丹江市西安区、黑河市爱辉区、绥化市北林区、南京市玄武、徐州市贾汪区、徐州市泉山区、苏州市姑苏区、苏州市虎丘区、杭州市滨江区、杭州市余杭区、滁州市琅琊区、六安市裕安区、淄博市博山区。

30. 外商投资增速（％）数据主要来自2021年统计公报。其中，数据来自2020年统计公报的区有秦皇岛市北戴河区、张家口市崇礼区、大连市甘井子区、辽阳市白塔区、辽阳市太子河区、盘锦市大洼区、长春市绿园区、哈尔滨市呼兰区、徐州市贾汪区、镇江市丹徒区、淮北市相山区、济南市历城区、烟台市芝罘区、郑州市中原区、洛阳市西工区、鹤壁市山城区、信阳市浉河区、株洲市荷塘区、防城港市港口区、贵港市港南区。此外，以下各区级政府外商投资增速数据是通过对该区所在地级市政府的所有区级政府数据的平均值和最低值二次平均得到的：忻州市忻府区、临汾市尧都区、吕梁市离石区、呼和浩特市新城区、呼和浩特市回民区、呼和浩特市玉泉区、呼和浩特市赛罕区、包头市昆都仑区、包头市东河区、包头市青山区、包头市石拐区、包头市白云鄂博矿区、包头市九原区、赤峰市红山区、赤峰市元宝山区、赤峰市松山区、通辽市科尔沁区、鄂尔多斯市康巴什区、鄂尔多斯市东胜区、呼伦贝尔市海拉尔区。

31. 公司设立办结时限（天）指企业设立的审批时限，该指标为逆指标，本书测度时已将其转化为正指标，数据来自各区级政府政务服务网。

32. 公司注销办结时限（天）指企业注销的审批时限，该指标是逆指标，本书测度时已将其转化为正指标，数据来自各区级政府政务服务网。

33. 地方一般公共预算支出［元/（人·千米²）］指区级政府一般公共预算支出/（常住人口×辖区面积），数据主要来自区级政府2021年预算执行报告。其中，数据来自2021年预算执行报告的区级政府有唐山市丰润区、秦皇岛市抚宁区、邯郸市复兴区、保定市满城区、张家口市下花园区、承德市双桥区、承德市鹰手营子矿区、衡水市冀州区、大同市新荣区、大同市云州区、长治市屯留区、长治市潞城区、晋城市城区、朔州市朔城区、朔州市平鲁区、晋中市榆次区、晋中市太谷区、呼和浩特市赛罕区、乌海市海勃湾区、乌海市海南区、鞍山市立山区。此外，以下各区级政府地方一般公共预算支出数据是通过对该区所在地级市政府的所有区级政府数据的平均值和最低值二次平均得到的：鹤壁市淇滨区、三沙市西沙区、三沙市南沙区、日喀则市桑珠孜区、山南市乃东区、西安市未央区、西安市新城区、西安市碑林区、西安市莲湖区、西安市灞桥区、西安市雁塔区、西安市阎良区、西安市临潼区、西安市长安区、西安市高陵区、西安市鄠邑区、铜川市耀州区、铜川市王益区、铜川市印台区、宝鸡市凤翔区、宝鸡市金台区、宝鸡市渭滨区、宝鸡市陈仓区、咸阳市秦都区、咸阳市杨陵区、咸阳市渭城区、渭南市临渭区。

34. 非税收入占地方一般公共预算收入比例（%）指非税收入/地方一般公共预算收入，数据来自各地级市政府2021年预算执行报告，该指标是逆指标，本书已将其转化为正指标。其中，数据来自2020年预算执行情况与2021年预算报告的区级政府有保定市莲池区、太原市杏花岭区、鞍山市铁东区、辽阳市太子河区、长春市宽城区、长春市双阳区、四平市铁东区、辽源市西安区、哈尔滨市道外区、鸡西市鸡冠区、鸡西市梨树区、鹤岗市工农区、牡丹江市西安区、黑河市爱辉区、绥化市北林区、无锡市梁溪区、无锡市惠山区、淮安市清江浦区、安庆市大观区、郑州市二七区、开封市龙亭区、安阳市龙安区、焦作市马村区、信阳市平桥区、鄂州市梁子湖区、永州市冷水滩区。此外，以下各区级政府非税收入数据是通过对该区所在地级市政府的所有区级政府数据的平均值和最低值二次平均得到的：大同市云岗区、丹东市元宝区、阜新市清河门区、铁岭市银州区、葫芦岛市连山区、长春市九台区、吉林市龙潭区、辽源市龙山区、哈尔滨市香坊区、齐齐哈尔市铁锋区、齐齐哈尔市昂昂溪区、齐齐哈尔市碾子山区、齐齐哈尔市梅里斯达斡尔族区、佳木斯市前进区、佳木斯市向阳区、佳木斯市东风区、牡丹江市东安区、牡丹江市爱民区、杭州市余杭区、杭州市临安区、杭州市临平区、杭州市钱塘区、宁波市海曙区、宁波市江北区、蚌埠市禹会区、安庆市迎江区。

35. 新增公务员人数［名/（人·千米^2）］是指区级政府辖区内新增公务员人数/（常住人口×辖区面积），该指标的数据主要来自 2022 年国家公务员考试职位表、公务员考试网。其中，数据来自 2022 年国家公务员职位表、公务员考试网的区级政府有包头市石拐区、包头市白云鄂博矿区、沈阳市和平区、沈阳市浑南区、长春市双阳区、南京市秦淮区、南京市鼓楼区、无锡市惠山区、无锡市新吴区、无锡市梁溪区、无锡市滨湖区、徐州市云龙区、常州市武进区、杭州市滨江区、宁波市江北区、淄博市临淄区、长沙市雨花区、海口市琼山区、丽江市古城区。此外，以下各区级政府新增公务员人数数据是通过对该区所在地级市政府的所有区级政府数据的平均值和最低值二次平均得到的：通化市二道江区、白山市浑江区、松原市宁江区、无锡市新吴区、芜湖市弋江区、三沙市西沙区、三沙市南沙区、拉萨市城关区、拉萨市堆龙德庆区、拉萨市达孜区、日喀则市桑珠孜区、昌都市卡若区。

36. 农村居民人均可支配收入（元）数据主要来自 2021 年统计公报。其中，数据来自 2020 年统计公报的区级政府有绥化市北林区、南京市高淳区、无锡市锡山区、淮安市淮安区、杭州市西湖区、舟山市普陀区、绍兴市柯桥区、南平市建阳区、六安市金安区、六盘水市钟山区、广州市番禺区、南宁市西乡塘区、贵港市港北区、南充市顺庆区、昆明市五华区、乌鲁木齐市天山区、石嘴山市大武口区、白银市平川区、哈尔滨市道外区。此外，以下各区级政府农村居民人均可支配收入数据是通过对该区所在地级市政府的所有区级政府数据的平均值和最低值二次平均得到的：呼和浩特市新城区、石家庄市桥西区、石家庄市新华区、石家庄市裕华区、乌鲁木齐市沙依巴克区、哈密市伊州区。

37. 城镇居民人均可支配收入（元）数据主要来自 2021 年统计公报。其中，数据来自 2020 年统计公报的区级政府有南京市鼓楼区、南京市高淳区、无锡市锡山区、淮安市淮安区、杭州市西湖区、舟山市普陀区、绍兴市柯桥区、南平市建阳区、六安市金安区、六盘水市钟山区、广州市番禺区、南宁市西乡塘区、贵港市港北区、南充市顺庆区、昆明市五华区、乌鲁木齐市天山区、石嘴山市大武口区、白银市平川区、哈尔滨市道外区。此外，以下各区级政府城镇居民人均可支配收入数据是通过对该区所在地级市政府的所有区级政府数据的平均值和最低值二次平均得到的：乌鲁木齐市沙依巴克区、乌鲁木齐市新市区、乌鲁木齐市头屯河区、克拉玛依市独山子区、克拉玛依市白碱滩区、克拉玛依市乌尔禾区、哈密市伊州区。

38. 居民消费价格上涨指数（％）数据主要来自 2021 年统计公报，该指标是逆指标，本书已将其转化为正指标。其中，数据来自 2020 年统计公报的区级政府有宿迁市宿豫区、深圳市福田区、深圳市罗湖区、吐鲁番市高昌区、六盘水市钟山区、铜仁市万山区、朔州市平鲁区、淄博市周村区、宜昌市点军区、德阳市旌阳区、茂名市电白区、信阳市浉河区、曲靖市麒麟区、上饶市信州区、威海市文登区、新余市渝水区、汉中市汉台区、石嘴山市大武口区、贵港市港南区、肇庆市端州区。此外，以下各区级政府居民消费价格上涨指数数据是通过对该区所在地级市政府的所有区级政府数据的平均值和最低值二次平均得到的：鹤岗市南山区、齐齐哈尔市富拉尔基区、牡丹江市爱民区、绥化市北林区、无锡市惠山区、镇江市京口区、福州市鼓楼区、常州市武进区、淮安市淮安区、杭州市富阳区、济南市槐荫区、长沙市芙蓉区、乌鲁木齐市天山区、温州市龙湾区、赤峰市红山区、长春市双阳区、鸡西市麻山区、呼和浩特市新城区、沧州市运河区、邢台市南和区。

39. 城镇登记失业率（％）数据主要来自 2021 年统计公报，该指标是逆指标，本书已将其转化为正指标。其中，数据来自 2020 年统计公报的区级政府有唐山市开平区、唐山市曹妃甸区、秦皇岛市北戴河区、承德市鹰手营子矿区、大同市云州区、长治市上党区、朔州市平鲁区、忻州市忻府区、呼和浩特市新城区、赤峰市松山区、沈阳市浑南区、丹东市振兴区、丹东市振安区、阜新市新邱区、辽阳市白塔区、朝阳市双塔区、朝阳市龙城区、吉林市昌邑区、四平市铁西区、辽源市西安区、哈尔滨市松北区、哈尔滨市道外区。此外，以下各区级政府城镇登记失业率数据是通过对该区所在地级市政府的所有区级政府数据的平均值和最低值二次平均得到的：石家庄市长安区、石家庄市桥西区、石家庄市新华区、石家庄市藁城区、唐山市路南区、唐山市古冶区、秦皇岛市海港区、秦皇岛市山海关区、邯郸市丛台区、邯郸市邯山区、邯郸市永年区、邢台市信都区、保定市竞秀区、保定市莲池区、张家口市下花园区、张家口市万全区、张家口市崇礼区、沧州市运河区、沧州市新华区、廊坊市广阳区。

40. 月最低工资标准（元）的数据来自 2022 年各区级政府人力资源和社会保障局最低工资标准的通知。

41. 政府联系方式公开来源于区级政府信息公开指南。统一参考的是 2022 年区级政府网站信息公开栏目公布的领导个人信息，以及政府办公厅或相关部门电话、电子邮箱公开情况。该指标评分标准是：领导个人信息等于或多于 5 项的记 5 分，领导个人信息等于 4 项的记 4 分，领导个人信息 1~3 项的记 3 分，领导个人信息没有公开的记 1 分。

42. 政府新媒体公开指区级政府网站是否有微信公众号、微博等新媒体联系方式。其来源于 2021 年区级政府信息公开年报。该指标评分标准是：有微信公众号、微博、微信小程序、App 等官方新媒体的记 5 分，只有微信公众号及微博的记 4 分，有微博或微信公众号的记 3 分，都没有的则记 1 分。

43. 三公经费公开来源于各区级政府官网、区级政府财政局网站、区级政府预算报告，统一参考 2021 年预算执行情况和 2022 年预算草案报告。其中，完全公开政府部门三公经费的区级政府记 5 分；公开比较全面的区级政府记 4 分；只公开一些的区级政府记 3 分；没有公开三公经费的区级政府记 1 分。

44. 工作报告公开数据来源于各区级政府官网，参考 2022 年区级人民代表大会上审议的政府工作报告。其中，公开 2022 年政府工作报告的记 5 分，只公开 2021 年政府工作报告的记 4 分，只公开 2020 年政府工作报告的记 3 分，只公开 2019 年政府工作报告及以前政府工作报告的记 1 分。

45. 预算报告公开数据来源于各区级政府网站，参考 2022 年预算草案报告。其中，有 2022 年预算草案报告的记 5 分，只公开 2021 年预算草案报告的记 4 分，只有 2020 年预算草案报告的记 3 分，只有 2019 年及以前预算草案报告的记 1 分。

46. 计划报告公开数据来源于各区级政府网站，参考 2022 年计划报告。其中，公开 2022 年计划报告的记 5 分，只公开 2021 年计划报告的记 4 分，只有 2020 年及以前计划报告的记 3 分，只公开 2019 年及以前计划报告的记 1 分。

47. 统计公报公开数据来源于各区级政府网站或者统计信息网，参考 2021 年统计公报。其中，公开 2021 年统计公报的记 5 分，只公开 2020 年统计公报的记 4 分，只公开 2019 年统计公报的记 3 分，只公开 2018 年及以前统计公报的记 1 分。

48. 公务员招考信息公开参考 2022 年 1 月 1 日至 2022 年 4 月 5 日各区级政府官网公务员招考录用栏（公务员招考录用、招考信息、人事信息、人事任免、招生信息、考试信息）的公务员职位信息公开条数。公开条数大于或等于 7 条记 5 分，大于或等于 4 条小于 7 条记 4 分，大于或等于 1 条小于 4 条记 3 分，0 条记 1 分。

49. "十四五"规划公开数据来源于各区级政府网站，参考各地"十四五"规划纲要文件。其中，完全公开且公开时间较早的记 5 分；完全公开，但公开时间较晚的记 4 分；部分公开的记 3 分；尚未公开的记 1 分。

50. 政府主动信息公开完备程度，是指区级政府办公室主动公开政府信息的情况表和报告中的文本内容相匹配程度。数据来源于政府官网—政务公开—政府信息公开年报—办公厅信息公开年报。其中主动公开内容与表格内容完全匹配的得 5 分，主动公开内容与表格内容基本匹配的得 4 分，略有匹配的得 3 分，完全不匹配的（表格内容为 0）得 1 分。

51. 政府主动信息公开时效，是指区级政府办公室主动公开政府信息的时效。数据来源于政府官网—政务公开—政府信息公开年报—办公厅信息公开年报。其中 2022 年 1 月公开的，得 5 分；2022 年 2 月公开的，得 4 分；2022 年 3 月公开的，得 3 分；2022 年 4 月及目前暂未公开的，得 1 分。

52. 政府办事时效数据来源于各区级政府官网。参考区长信箱中反映的基本能解决信件上问题的时间，先看来信时间与受理时间，根据其间隔长短评级；如果无来信时间就根据已处理信件的日期是否是近期进行评级，查询截止时间为 2022 年 4 月 5 日。其中，处理时间长度为 1~3 天属于很好，4~5 天属于较好；6~10 天属于一般，10 天以上属于差。最近邮件收到日期与反馈日期均公布的区级政府，采用其最近 3 封的处理时间取平均值；仅公布反馈日期的区级政府，参考其最近 3 封的反馈时间间隔取平均值；既无收到日期又无反馈日期的区级政府、无区长信箱栏目的区级政府、不开放邮件阅读的区级政府，因为未能及时公布对公众诉求处理速度的信息，则该项指标得分在全国区级政府排名中并列为最后一名。在此基础上可以考察区级政府贯彻中央政策和上级精神的时效性，考察其是否贯彻落实十九届六中全会精神和 2022 年全国两会精神。公开很好记 5 分，公开较好记 4 分，公开一般记 3 分，公开较差记 1 分。

53. 政府常务会议次数（次），统计区间是 2021 年 1 月 1 日至 2022 年 4 月 5 日。其数据来源于各区级政府官网。此外，以下各区级政府常务会议次数数据是通过对该区所在地级市政府的所有区级政府数据的平均值和最低值二次平均得到的：石家庄市新华区、石家庄市鹿泉区、唐山市路北区、唐山市路南区、唐山市开平区、唐山市丰南区、唐山市曹妃甸区、秦皇岛市海港区、邯郸市复兴区、邯郸市永年区、保定市莲池区、保定市徐水区、张家口市桥西区、张家口市崇礼区、承德市双滦区、太原市小店区、太原市迎泽区、太原市晋源区、太原市尖草坪区、大同市新荣区、阳泉市郊区、忻州市忻府区、吕梁市离石区、大连市金州区、长春市宽城区、长春市朝阳区。

54. 政府常务会议公布时间特指各区级政府为学习 2022 年全国两会精神召开的常务会议时间。可以直接搜索"常务会议""学习两会精神"等关键词。3 月 20 日及之前召开的，得 5 分；3 月 20～31 日（含）召开的，得 4 分；4 月之后召开的，得 3 分；没有学习两会的，得 1 分。

55. 政府常务会议议题数量（项）是指在统计区间 2021 年 1 月 1 日至 2022 年 4 月 5 日内，最新一次（常务会议召开日期距离 2022 年 4 月 5 日最近的一次）常务会议的议题数量。数据来自区级政府官网。此外，以下各区级政府常务会议议题数量数据是通过对该区所在地级市政府的所有区级政府数据的平均值和最低值二次平均得到的：石家庄市新华区、唐山市路南区、唐山市开平区、唐山市丰南区、秦皇岛市海港区、邯郸市复兴区、邯郸市永年区、保定市徐水区、张家口市桥西区、张家口市崇礼区、承德市双滦区、太原市小店区、太原市迎泽区、太原市晋源区、太原市尖草坪区、大同市新荣区、阳泉市郊区。

56. 政府信息公开年度报告时间的数据来源于各区级政府官网—政务公开—政府信息公开年报。其中 2022 年 1 月公开的，得 5 分；2022 年 2 月公开的，得 4 分；2022 年 3 月公开的，得 3 分；2022 年 4 月及目前暂未公开的，得 1 分。

本书有关区级政府效率测度指标信息收集、查询截止时间为 2022 年 5 月 30 日。

附录 3 2022 年中国地方政府效率测度样本

附录 3.1 2022 年中国省级政府效率测度样本（31 个）

1. 华东地区（7 个）

上海市、江苏省、浙江省、安徽省、福建省、江西省、山东省。

2. 中南地区（6 个）

河南省、湖北省、湖南省、广东省、广西壮族自治区、海南省。

3. 西南地区（5 个）

重庆市、四川省、贵州省、云南省、西藏自治区。

4. 西北地区（5 个）

陕西省、甘肃省、青海省、宁夏回族自治区、新疆维吾尔自治区。

5. 华北地区（5 个）

北京市、天津市、河北省、山西省、内蒙古自治区。

6. 东北地区（3 个）

辽宁省、吉林省、黑龙江省。

附录 3.2 2022 年中国地级市政府效率测度样本（333 个）

1. 华东地区 76 个地级市

（1）安徽省 16 个地级市

合肥市、芜湖市、蚌埠市、淮南市、马鞍山市、淮北市、铜陵市、安庆市、黄山市、滁州市、阜阳市、宿州市、六安市、亳州市、池州市、宣城市。

（2）福建省 9 个地级市

福州市、厦门市、莆田市、三明市、泉州市、漳州市、南平市、龙岩市、宁德市。

（3）江苏省 13 个地级市

南京市、无锡市、徐州市、常州市、苏州市、南通市、连云港市、淮安市、盐城市、扬州市、镇江市、泰州市、宿迁市。

（4）江西省 11 个地级市

南昌市、景德镇市、萍乡市、九江市、新余市、鹰潭市、赣州市、吉安市、宜春市、抚州市、上饶市。

（5）山东省 16 个地级市

济南市、青岛市、淄博市、枣庄市、东营市、烟台市、潍坊市、济宁市、泰安市、威海市、日照市、临沂市、德州市、聊城市、滨州市、菏泽市。

（6）浙江省 11 个地级市

杭州市、宁波市、温州市、嘉兴市、湖州市、绍兴市、金华市、衢州市、舟山市、台州市、丽水市。

2. 中南地区 83 个地级市

（1）广东省 21 个地级市

广州市、深圳市、佛山市、中山市、珠海市、湛江市、茂名市、阳江市、云浮市、肇庆市、江门市、清远市、东莞市、韶关市、河源市、惠州市、汕尾市、梅州市、揭阳市、汕头市、潮州市。

（2）广西壮族自治区 14 个地级市

南宁市、北海市、钦州市、防城港市、崇左市、梧州市、玉林市、贵港市、来宾市、柳州市、百色市、河池市、桂林市、贺州市。

（3）海南省 4 个地级市

海口市、三亚市、三沙市、儋州市。

（4）河南省 17 个地级市

郑州市、开封市、洛阳市、平顶山市、安阳市、鹤壁市、新乡市、焦作市、濮阳市、许昌市、漯河市、三门峡市、南阳市、商丘市、信阳市、周口市、驻马店市。

（5）湖北省 13 个地级市

武汉市、黄石市、十堰市、宜昌市、襄阳市、鄂州市、荆门市、孝感市、荆州市、黄冈市、咸宁市、随州市、恩施土家族苗族自治州。

（6）湖南省 14 个地级市

长沙市、株洲市、湘潭市、衡阳市、邵阳市、岳阳市、常德市、张家界市、益阳市、郴州市、永州市、怀化市、娄底市、湘西土家族苗族自治州。

3. 西南地区 53 个地级市

（1）贵州省 9 个地级市

贵阳市、六盘水市、遵义市、安顺市、毕节市、铜仁市、黔西南布依族苗族自治州、黔东南苗族侗族自治州、黔南布依族苗族自治州。

（2）四川省 21 个地级市

成都市、自贡市、攀枝花市、泸州市、德阳市、绵阳市、广元市、遂宁市、内江市、乐山市、南充市、眉山市、宜宾市、广安市、达州市、雅安市、巴中市、资阳市、阿坝藏族羌族自治州、甘孜藏族自治州、凉山彝族自治州。

（3）西藏自治区 7 个地级市

拉萨市、日喀则市、昌都市、林芝市、山南市、那曲市、阿里地区。

（4）云南省 16 个地级市

昆明市、曲靖市、玉溪市、保山市、昭通市、丽江市、普洱市、临沧市、楚雄彝族自治州、红河哈尼族彝族自治州、文山壮族苗族自治州、西双版纳傣族自治州、大理白族自治州、德宏傣族景颇族自治州、怒江傈僳族自治州、迪庆藏族自治州。

4. 西北地区 51 个地级市

（1）甘肃省 14 个地级市

兰州市、嘉峪关市、金昌市、白银市、天水市、酒泉市、张掖市、武威市、定西市、陇南市、平凉市、庆阳市、临夏回族自治州、甘南藏族自治州。

（2）宁夏回族自治区 5 个地级市

银川市、石嘴山市、吴忠市、固原市、中卫市。

（3）青海省 8 个地级市

西宁市、海东市、海北藏族自治州、黄南藏族自治州、海南藏族自治州、果洛藏族自治州、玉树藏族自治州、海西蒙古族藏族自治州

（4）陕西省 10 个地级市

西安市、铜川市、宝鸡市、咸阳市、渭南市、汉中市、安康市、商洛市、延安市、榆林市。

（5）新疆维吾尔自治区 14 个

乌鲁木齐市、克拉玛依市、吐鲁番市、哈密市、阿克苏地区、喀什地区、和田地区、昌吉回族自治州、博尔塔拉蒙古自治州、巴音郭楞蒙古自治州、克孜勒苏柯尔克孜自治州、伊犁哈萨克自治州、塔城地区、阿勒泰地区。

5. 华北地区 34 个地级市

（1）河北省 11 个地级市

石家庄市、唐山市、秦皇岛市、邯郸市、邢台市、保定市、张家口市、承德市、沧州市、廊坊市、衡水市。

（2）内蒙古自治区 12 个地级市

呼和浩特市、包头市、乌海市、赤峰市、通辽市、鄂尔多斯市、呼伦贝尔市、巴彦淖尔市、乌兰察布市、兴安盟、锡林郭勒盟、阿拉善盟。

（3）山西省 11 个地级市

太原市、大同市、朔州市、忻州市、阳泉市、吕梁市、晋中市、长治市、晋城市、临汾市、运城市。

6. 东北地区 36 个地级市

（1）黑龙江省 13 个地级市

哈尔滨市、齐齐哈尔市、牡丹江市、佳木斯市、大庆市、鸡西市、双鸭山

市、伊春市、七台河市、鹤岗市、黑河市、绥化市、大兴安岭地区。

（2）吉林省 9 个地级市

长春市、吉林市、四平市、辽源市、通化市、白山市、松原市、白城市、延边朝鲜族自治州。

（3）辽宁省 14 个地级市

沈阳市、大连市、鞍山市、抚顺市、本溪市、丹东市、锦州市、营口市、阜新市、辽阳市、盘锦市、铁岭市、朝阳市、葫芦岛市。

附录 3.3　2022 年中国县级政府效率测度样本（1866 个）

1. 华东地区 356 个县级政府

（1）江苏省 40 个县级政府

无锡市：江阴市、宜兴市。

徐州市：丰县、沛县、睢宁县、新沂市、邳州市。

常州市：溧阳市。

苏州市：常熟市、张家港市、昆山市、太仓市。

南通市：如东县、启东市、如皋市、海安市。

连云港市：东海县、灌云县、灌南县。

淮安市：涟水县、盱眙县、金湖县。

盐城市：响水县、滨海县、阜宁县、射阳县、建湖县、东台市。

扬州市：宝应县、仪征市、高邮市。

镇江市：丹阳市、扬中市、句容市。

泰州市：兴化市、靖江市、泰兴市。

宿迁市：沭阳县、泗阳县、泗洪县。

（2）浙江省 53 个县级政府

杭州市：桐庐县、淳安县、建德市。

宁波市：象山县、宁海县、余姚市、慈溪市。

温州市：永嘉县、平阳县、苍南县、文成县、泰顺县、瑞安市、乐清市、龙港市。

嘉兴市：嘉善县、海盐县、海宁市、平湖市、桐乡市。

湖州市：德清县、长兴县、安吉县。

绍兴市：新昌县、诸暨市、嵊州市。

金华市：武义县、浦江县、磐安县、兰溪市、义乌市、东阳市、永康市。

衢州市：常山县、开化县、龙游县、江山市。

舟山市：岱山县、嵊泗县。

台州市：三门县、天台县、仙居县、温岭市、临海市、玉环市。

丽水市：青田县、缙云县、遂昌县、松阳县、云和县、庆元县、景宁畲族自治县、龙泉市。

（3）安徽省59个县级政府

合肥市：长丰县、肥东县、肥西县、庐江县、巢湖市。

芜湖市：南陵县、无为市。

蚌埠市：怀远县、五河县、固镇县。

淮南市：凤台县、寿县。

马鞍山市：当涂县、含山县、和县。

淮北市：濉溪县。

铜陵市：枞阳县。

安庆市：怀宁县、太湖县、宿松县、望江县、岳西县、桐城市、潜山市。

黄山市：歙县、休宁县、黟县、祁门县。

滁州市：来安县、全椒县、定远县、凤阳县、天长市、明光市。

阜阳市：临泉县、太和县、阜南县、颍上县、界首市。

宿州市：砀山县、萧县、灵璧县、泗县。

六安市：霍邱县、舒城县、金寨县、霍山县。

亳州市：涡阳县、蒙城县、利辛县。

池州市：东至县、石台县、青阳县。

宣城市：郎溪县、泾县、绩溪县、旌德县、宁国市、广德市。

（4）福建省 53 个县级政府

福州市：闽侯县、连江县、罗源县、闽清县、永泰县、平潭县、福清市。

莆田市：仙游县。

三明市：明溪县、清流县、宁化县、大田县、尤溪县、将乐县、泰宁县、建宁县、永安市。

泉州市：惠安县、安溪县、永春县、德化县、石狮市、晋江市、南安市、金门县。

漳州市：云霄县、漳浦县、诏安县、东山县、南靖县、平和县、华安县。

南平市：顺昌县、浦城县、光泽县、松溪县、政和县、邵武市、武夷山市、建瓯市。

龙岩市：长汀县、上杭县、武平县、连城县、漳平市。

宁德市：霞浦县、古田县、屏南县、寿宁县、周宁县、柘荣县、福安市、福鼎市。

（5）江西省 73 个县级政府

南昌市：南昌县、安义县、进贤县。

景德镇市：乐平市、浮梁县。

萍乡市：莲花县、上栗县、泸溪县。

九江市：瑞昌市、共青城市、庐山市、武宁县、修水县、永修县、德安县、都昌县、湖口县、彭泽县。

新余市：分宜县。

鹰潭市：贵溪市。

赣州市：瑞金市、龙南市、信丰县、大余县、上犹县、崇义县、安远县、定南县、全南县、宁都县、于都县、兴国县、会昌县、寻乌县、石城县。

吉安市：井冈山市、吉安县、吉水县、峡江县、新干县、永丰县、泰和县、遂川县、万安县、安福县、永新县。

宜春市：丰城市、樟树市、高安市、奉新县、万载县、上高县、宜丰县、靖安县、铜鼓县。

抚州市：南城县、黎川县、南丰县、崇仁县、乐安县、宜黄县、金溪县、资溪县、广昌县。

上饶市：德兴市、玉山县、铅山县、横峰县、弋阳县、余干县、鄱阳县、万年县、婺源县。

（6）山东省78个县级政府

济南市：平阴县、商河县。

青岛市：胶州市、平度市、莱西市。

淄博市：桓台县、高青县、沂源县。

枣庄市：滕州市。

东营市：利津县、广饶县。

烟台市：龙口市、莱阳市、莱州市、招远市、栖霞市、海阳市。

潍坊市：青州市、诸城市、寿光市、安丘市、高密市、昌邑市、临朐县、昌乐县。

济宁市：曲阜市、邹城市、微山县、鱼台县、金乡县、嘉祥县、汶上县、泗水县、梁山县。

泰安市：新泰市、肥城市、宁阳县、东平县。

威海市：荣成市、乳山市。

日照市：五莲县、莒县。

临沂市：沂南县、郯城县、沂水县、兰陵县、费县、平邑县、莒南县、蒙阴县、临沭县。

德州市：乐陵市、禹城市、宁津县、庆云县、临邑县、齐河县、平原县、夏津县、武城县。

聊城市：临清市、阳谷县、莘县、东阿县、冠县、高唐县。

滨州市：邹平市、惠民县、阳信县、无棣县、博兴县。

菏泽市：单县、成武县、巨野县、郓城县、鄄城县、曹县、东明县。

2. 中南地区 395 个县级政府

（1）河南省 103 个县级政府

郑州市：中牟县、巩义市、荥阳市、新密市、新郑市、登封市。

开封市：杞县、通许县、尉氏县、兰考县。

洛阳市：新安县、栾川县、嵩县、汝阳县、宜阳县、洛宁县、伊川县。

平顶山市：宝丰县、叶县、鲁山县、郏县、舞钢市、汝州市。

安阳市：安阳县、汤阴县、滑县、内黄县、林州市。

鹤壁市：浚县、淇县。

新乡市：新乡县、获嘉县、原阳县、延津县、封丘县、卫辉市、辉县市、长垣市。

焦作市：修武县、博爱县、武陟县、温县、沁阳市、孟州市。

濮阳市：清丰县、南乐县、范县、台前县、濮阳县。

许昌市：鄢陵县、襄城县、禹州市、长葛市。

漯河市：舞阳县、临颍县。

三门峡市：渑池县、卢氏县、义马市、灵宝市。

南阳市：南召县、方城县、西峡县、镇平县、内乡县、淅川县、社旗县、唐河县、新野县、桐柏县、邓州市。

商丘市：民权县、睢县、宁陵县、柘城县、虞城县、夏邑县、永城市。

信阳市：罗山县、光山县、新县、商城县、固始县、潢川县、淮滨县、息县。

周口市：扶沟县、西华县、商水县、沈丘县、郸城县、太康县、鹿邑县、项城市。

驻马店市：西平县、上蔡县、平舆县、正阳县、确山县、泌阳县、汝南县、遂平县、新蔡县、

省直辖县级政府：济源市。

（2）湖北省64个县级政府

黄石市：阳新县、大冶市。

十堰市：郧西县、竹山县、竹溪县、房县、丹江口市。

宜昌市：远安县、兴山县、秭归县、长阳土家族自治县、五峰土家族自治县、宜都市、当阳市、枝江市。

襄阳市：南漳县、谷城县、保康县、老河口市、枣阳市、宜城市。

荆门市：沙洋县、钟祥市、京山市。

孝感市：孝昌县、大悟县、云梦县、应城市、安陆市、汉川市。

荆州市：公安县、监利县、江陵县、石首市、洪湖市、松滋市。

黄冈市：团风县、红安县、罗田县、英山县、浠水县、蕲春县、黄梅县、麻城市、武穴市。

咸宁市：嘉鱼县、通城县、崇阳县、通山县、赤壁市。

随州市：随县、广水市。

恩施土家族苗族自治州：恩施市、利川市、建始县、巴东县、宣恩县、咸丰县、来凤县、鹤峰县。

省直辖县级政府：潜江市、仙桃市、天门市、神农架林区。

（3）湖南省86个县级政府

长沙市：长沙县、浏阳市、宁乡市。

株洲市：醴陵市、攸县、茶陵县、炎陵县。

湘潭市：湘乡市、韶山市、湘潭县。

衡阳市：耒阳市、常宁市、衡阳县、衡南县、衡山县、衡东县、祁东县。

邵阳市：武冈市、邵东市、新邵县、邵东市、隆回县、洞口县、绥宁县、新宁县、城步苗族自治县。

岳阳市：汨罗市、临湘市、岳阳县、华容县、湘阴县、平江县。

常德市：津市市、安乡县、汉寿县、澧县、临澧县、桃源县、石门县。

张家界市：慈利县、桑植县。

益阳市：沅江市、南县、桃江县、安化县。

郴州市：资兴市、桂阳县、宜章县、永兴县、嘉禾县、临武县、汝城县、桂东县、安仁县。

永州市：祁阳县、东安县、双牌县、道县、江永县、宁远县、蓝山县、新田县、江华瑶族自治县。

怀化市：洪江市、中方县、沅陵县、辰溪县、溆浦县、会同县、麻阳苗族自治县、新晃侗族自治县、芷江侗族自治县、靖州苗族侗族自治县、通道侗族自治县。

娄底市：冷水江市、涟源市、双峰县、新化县。

湘西土家族苗族自治州：吉首市、泸溪县、凤凰县、花垣县、保靖县、古丈县、永顺县、龙山县。

（4）广东省57个县级政府

湛江市：廉江市、雷州市、吴川市、遂溪县、徐闻县。

茂名市：高州市、化州市、信宜市。

阳江市：阳春市、阳西县。

云浮市：罗定市、新兴县、郁南县。

肇庆市：四会市、广宁县、怀集县、封开县、德庆县。

江门市：台山市、开平市、鹤山市、恩平市。

清远市：英德市、连州市、佛冈县、阳山县、连山壮族瑶族自治县、连南瑶族自治县。

韶关市：乐昌市、南雄市、始兴县、仁化县、翁源县、新丰县、乳源瑶族自治县。

河源市：紫金县、龙川县、连平县、和平县、东源县。

惠州市：博罗县、惠东县、龙门县。

汕尾市：陆丰市、海丰县、陆河县。

梅州市：兴宁市、大埔县、丰顺县、五华县、平远县、蕉岭县。

揭阳市：普宁市、揭西县、惠来县。

汕头市：南澳县。

潮州市：饶平县。

（5）广西壮族自治区 70 个县级政府

南宁市：隆安县、马山县、上林县、宾阳县、横县。

柳州市：柳城县、鹿寨县、融安县、融水苗族自治县、三江侗族自治县。

桂林市：阳朔县、灵川县、全州县、兴安县、永福县、灌阳县、龙胜各族自治县、资源县、平乐县、荔浦市、恭城瑶族自治县。

梧州市：苍梧县、藤县、蒙山县、岑溪市。

北海市：合浦县。

防城港市：上思县、东兴市。

钦州市：灵山县、浦北县。

贵港市：平南县、桂平市。

玉林市：容县、陆川县、博白县、兴业县、北流市。

百色市：田东县、德保县、那坡县、凌云县、乐业县、田林县、西林县、隆林各族自治县、靖西市、平果市。

贺州市：昭平县、钟山县、富川瑶族自治县。

河池：南丹县、天峨县、凤山县、东兰县、罗城仫佬族自治县、环江毛南族自治县、巴马瑶族自治县、都安瑶族自治县、大化瑶族自治县。

来宾市：忻城县、象州县、武宣县、金秀瑶族自治县、合山市。

崇左市：扶绥县、宁明县、龙州县、大新县、天等县、凭祥市。

（6）海南省 15 个县级政府

省直辖县级政府：定安县、屯昌县、澄迈县、临高县、白沙黎族自治县、昌江黎族自治县、乐东黎族自治县、陵水黎族自治县、保亭黎族苗族自治县、琼中黎族苗族自治县、五指山市、琼海市、文昌市、万宁市、东方市。

3. 西南地区 390 个县级政府

（1）四川省 128 个县级政府

成都市：金堂县、大邑县、蒲江县、都江堰市、彭州市、邛崃市、崇州市、简阳市。

自贡市：荣县、富顺县。

攀枝花市：米易县、盐边县。

泸州市：泸县、合江县、叙永县、古蔺县。

德阳市：中江县、广汉市、什邡市、绵竹市。

绵阳市：三台县、盐亭县、梓潼县、北川羌族自治县、平武县、江油市。

广元市：旺苍县、青川县、剑阁县、苍溪县。

遂宁市：蓬溪县、大英县、射洪市。

内江市：威远县、资中县、隆昌市。

乐山市：犍为县、井研县、夹江县、沐川县、峨边彝族自治县、马边彝族自治县、峨眉山市。

南充市：南部县、营山县、蓬安县、仪陇县、西充县、阆中市。

眉山市：仁寿县、洪雅县、丹棱县、青神县。

宜宾市：江安县、长宁县、高县、珙县、筠连县、兴文县、屏山县。

广安：岳池县、武胜县、邻水县、华蓥市。

达州市：宣汉县、开江县、大竹县、渠县、万源市。

雅安市：荥经县、汉源县、石棉县、天全县、芦山县、宝兴县。

巴中市：通江县、南江县、平昌县。

资阳市：安岳县、乐至县。

阿坝藏族羌族自治州：马尔康市、汶川县、理县、茂县、松潘县、九寨沟县、金川县、小金县、黑水县、壤塘县、阿坝县、若尔盖县、红原县。

甘孜藏族自治州：康定市、泸定县、丹巴县、九龙县、雅江县、道孚县、炉霍县、甘孜县、新龙县、德格县、白玉县、石渠县、色达县、理塘县、巴塘县、乡城县、稻城县、得荣县。

凉山彝族自治州：西昌市、木里藏族自治县、盐源县、德昌县、会理县、会东县、宁南县、普格县、布拖县、金阳县、昭觉县、喜德县、冕宁县、越西县、甘洛县、美姑县、雷波县。

（2）贵州省 72 个县级政府

贵阳市：开阳县、息烽县、修文县、清镇市。

六盘水市：六枝特区、盘州市。

遵义市：桐梓县、绥阳县、正安县、道真仡佬族苗族自治县、务川仡佬族苗族自治县、凤冈县、湄潭县、余庆县、习水县、赤水市、仁怀市。

安顺市：普定县、镇宁布依族苗族自治县、关岭布依族苗族自治县、紫云苗族布依族自治县。

毕节市：大方县、黔西、金沙县、织金县、纳雍县、威宁彝族回族苗族自治县、赫章县。

铜仁市：江口县、玉屏侗族自治县、石阡县、思南县、印江土家族苗族自治县、德江县、沿河土家族自治县、松桃苗族自治县。

黔西南布依族苗族自治州：兴义市、兴仁市、普安县、晴隆县、贞丰县、望谟县、册亨、安龙县。

黔东南苗族侗族自治州：凯里市、黄平县、施秉县、三穗县、镇远县、岑巩县、天柱县、锦屏县、剑河县、台江县、黎平县、榕江县、从江县、雷山县、麻江县、丹寨县。

黔南布依族苗族自治州：都匀市、福泉市、荔波县、贵定县、瓮安县、独山县、平塘县、罗甸县、长顺县、龙里县、惠水县、三都水族自治县。

（3）云南省 112 个县级政府

昆明市：富民县、宜良县、石林彝族自治县、嵩明县、禄劝彝族苗族自治县、寻甸回族彝族自治县、安宁市。

曲靖市：师宗县、罗平县、富源县、会泽县、宣威市、陆良县。

玉溪市：通海县、华宁县、易门县、峨山彝族自治县、新平彝族傣族自治县、元江哈尼族彝族傣族自治县、澄江市。

保山市：施甸县、龙陵县、昌宁县、腾冲市。

昭通市：鲁甸县、巧家县、盐津县、大关县、永善县、绥江县、镇雄县、彝良县、威信县、水富市。

丽江市：玉龙纳西族自治县、永胜县、华坪县、宁蒗彝族自治县。

普洱市：宁洱哈尼族彝族自治县、墨江哈尼族自治县、景东彝族自治县、景谷傣族彝族自治县、镇沅彝族哈尼族拉祜族自治县、江城哈尼族彝族自治县、孟连傣族拉祜族佤族自治县、澜沧拉祜族自治县、西盟佤族自治县。

临沧市：凤庆县、云县、永德县、镇康县、双江拉祜族佤族布朗族傣族自治县、耿马傣族佤族自治县、沧源佤族自治县。

楚雄彝族自治州：楚雄市、双柏县、牟定县、南华县、姚安县、大姚县、永仁县、元谋县、武定县、禄丰县。

红河哈尼族彝族自治州：个旧市、开远市、蒙自市、弥勒市、屏边苗族自治县、建水县、石屏县、泸西县、元阳县、红河县、金平苗族瑶族傣族自治县、绿春县、河口瑶族自治县。

文山壮族苗族自治州：文山市、砚山县、西畴县、麻栗坡县、马关县、丘北县、广南县、富宁县。

西双版纳傣族自治州：景洪市、勐海县、勐腊县。

大理白族自治州：大理市、漾濞彝族自治县、祥云县、宾川县、弥渡县、南涧彝族自治县、巍山彝族回族自治县、永平县、云龙县、洱源县、剑川县、鹤庆县。

德宏傣族景颇族自治州：瑞丽市、芒市、梁河县、盈江县、陇川县。

怒江傈僳族自治州：泸水市、福贡县、贡山独龙族怒族自治县、兰坪白族普米族自治县。

迪庆藏族自治州：香格里拉市、德钦县、维西傈僳族自治县。

（4）西藏自治区 66 个县级政府

拉萨市：林周县、当雄县、尼木县、曲水县、墨竹工卡县。

日喀则市：南木林县、江孜县、定日县、萨迦县、拉孜县、昂仁县、谢通门县、白朗县、仁布县、康马县、定结县、仲巴县、亚东县、吉隆县、聂拉木县、萨嘎县、岗巴县。

昌都市：江达县、贡觉县、类乌齐县、丁青县、察雅县、八宿县、左贡县、芒康县、洛隆县、边坝县。

林芝市：工布江达县、米林县、墨脱县、波密县、察隅县、朗县。

山南市：扎囊县、贡嘎县、桑日县、琼结县、曲松县、措美县、洛扎县、加查县、隆子县、错那县、浪卡子县。

那曲市：嘉黎县、比如县、聂荣县、安多县、申扎县、索县、班戈县、巴青县、尼玛县、双湖县。

阿里地区：普兰县、札达县、噶尔县、日土县、革吉县、改则县、措勤县。

（5）重庆市 12 个县级政府

重庆：城口县、丰都县、垫江县、忠县、云阳县、奉节县、巫山县、巫溪县、石柱土家族自治县、秀山土家族苗族自治县、酉阳土家族苗族自治县、彭水苗族土家族自治县。

4. 西北地区 289 个县级政府

（1）陕西省 76 个县级政府

西安市：蓝田县、周至县。

铜川市：宜君县。

宝鸡市：岐山县、扶风县、眉县、陇县、千阳县、麟游县、凤县、太白县。

咸阳市：三原县、泾阳县、乾县、礼泉县、永寿县、长武县、旬邑县、淳化县、武功县、兴平市、彬州市。

渭南市：潼关县、大荔县、合阳县、澄城县、蒲城县、白水县、富平县、韩城市、华阴市。

延安市：延长县、延川县、志丹县、吴起县、甘泉县、富县、洛川县、宜川县、黄龙县、黄陵县、子长市。

汉中市：城固县、洋县、西乡县、勉县、宁强县、略阳县、镇巴县、留坝县、佛坪县。

榆林市：府谷县、靖边县、定边县、绥德县、米脂县、佳县、吴堡县、清涧县、子洲县、神木市。

安康市：汉阴县、石泉县、宁陕县、紫阳县、岚皋县、平利县、镇坪县、旬阳县、白河县。

商洛市：洛南县、丹凤县、商南县、山阳县、镇安县、柞水县。

（2）甘肃省69个县级政府

兰州市：永登县、皋兰县、榆中县。

金昌市：永昌县。

白银市：靖远县、会宁县、景泰县。

天水市：清水县、秦安县、甘谷县、武山县、张家川回族自治县。

武威市：民勤县、古浪县、天祝藏族自治县。

张掖市：肃南裕固族自治县、民乐县、临泽县、高台县、山丹县。

平凉市：泾川县、灵台县、崇信县、庄浪县、静宁县、华亭市。

酒泉市：金塔县、瓜州县、肃北蒙古族自治县、阿克塞哈萨克族自治县、玉门市、敦煌市。

庆阳市：庆城县、环县、华池县、合水县、正宁县、宁县、镇原县。

定西市：通渭县、陇西县、渭源县、临洮县、漳县、岷县。

陇南市：成县、文县、宕昌县、康县、西和县、礼县、徽县、两当县。

临夏回族自治州：临夏市、临夏县、康乐县、永靖县、广河县、和政县、东乡族自治县、积石山保安族东乡族撒拉族自治县。

甘南藏族自治州：合作市、临潭县、卓尼县、舟曲县、迭部县、玛曲县、碌曲县、夏河县。

（3）青海省37个县级政府

西宁市：大通回族土族自治县、湟源县。

海东市：民和回族土族自治县、互助土族自治县、化隆回族自治县、循化撒拉族自治县。

海北藏族自治州：海晏县、祁连县、刚察县、门源回族自治县。

黄南藏族自治州：同仁县、尖扎县、泽库县、河南蒙古族自治县。

海南藏族自治州：共和县、同德县、贵德县、兴海县、贵南县。

果洛藏族自治州：玛沁县、班玛县、甘德县、达日县、久治县、玛多县。

玉树藏族自治州：玉树市、杂多县、称多县、治多县、囊谦县、曲麻莱县。

海西蒙古族藏族自治州：德令哈市、格尔木市、茫崖市、乌兰县、都兰县、天峻县。

（4）宁夏回族自治区 13 个县级政府

银川市：灵武市、永宁县、贺兰县。

石嘴山市：平罗县。

吴忠市：青铜峡市、盐池县、同心县。

固原市：西吉县、隆德县、泾源县、彭阳县。

中卫市：中宁县、海原县。

（5）新疆维吾尔自治区 94 个县级政府

乌鲁木齐市：乌鲁木齐县。

吐鲁番市：鄯善县、托克逊县。

哈密市：伊吾县、巴里坤哈萨克自治县。

阿克苏地区：阿克苏市、库车市、温宿县、沙雅县、新和县、拜城县、乌什县、阿瓦提县、柯坪县。

喀什地区：喀什市、疏附县、疏勒县、英吉沙县、泽普县、莎车县、叶城县、麦盖提县、岳普湖县、伽师县、巴楚县、塔什库尔干塔吉克自治县。

和田地区：和田市、和田县、墨玉县、皮山县、洛浦县、策勒县、于田县、民丰县。

昌吉回族自治州：昌吉市、阜康市、呼图壁县、玛纳斯县、奇台县、吉木萨尔县、木垒哈萨克自治县。

博尔塔拉蒙古自治州：博乐市、阿拉山口市、精河县、温泉县。

巴音郭楞蒙古自治州：库尔勒市、轮台县、尉犁县、若羌县、且末县、和静县、和硕县、博湖县、焉耆回族自治县。

克孜勒苏柯尔克孜自治州：阿图什市、阿克陶县、阿合奇县、乌恰县。

伊犁哈萨克自治州：伊宁市、奎屯市、霍尔果斯市、伊宁县、霍城县、巩留县、新源县、昭苏县、特克斯县、尼勒克县、察布查尔锡伯自治县。

塔城地区：塔城市、乌苏市、额敏县、沙湾市、托里县、裕民县、和布克赛尔蒙古自治县。

阿勒泰地区：阿勒泰市、布尔津县、富蕴县、福海县、哈巴河县、青河县、吉木乃县。

省直辖县级政府：石河子市、阿拉尔市、图木舒克市、五家渠市、北屯市、铁门关市、双河市、可克达拉市、昆玉市、胡杨河市、新星市。

5. 华北地区 289 个县级政府

（1）河北省 118 个县级政府

石家庄市：井陉县、正定县、行唐县、灵寿县、高邑县、深泽县、赞皇县、无极县、平山县、元氏县、赵县、辛集市、晋州市、新乐市。

唐山市：滦南县、乐亭县、迁西县、玉田县、遵化市、迁安市、滦州市。

秦皇岛市：青龙满族自治县、昌黎县、卢龙县。

邯郸市：临漳县、成安县、大名县、涉县、磁县、邱县、鸡泽县、广平县、馆陶县、魏县、曲周县、武安市。

邢台市：临城县、内丘县、柏乡县、隆尧县、宁晋县、巨鹿县、新河县、广宗县、平乡县、威县、清河县、临西县、南宫市、沙河市。

保定市：涞水县、阜平县、定兴县、唐县、高阳县、容城县、涞源县、望都县、安新县、易县、曲阳县、蠡县、顺平县、博野县、雄县、涿州市、定州市、安国市、高碑店市。

张家口市：张北县、康保县、沽源县、尚义县、蔚县、阳原县、怀安县、怀来县、涿鹿县、赤城县。

承德市：承德县、兴隆县、滦平县、隆化县、丰宁满族自治县、宽城满族自治县、围场满族蒙古族自治县、平泉市。

沧州市：沧县、青县、东光县、海兴县、盐山县、肃宁县、南皮县、吴桥县、献县、孟村回族自治县、泊头市、任丘市、黄骅市、河间市。

廊坊市：固安县、永清县、香河县、大城县、文安县、大厂回族自治县、霸州市、三河市。

衡水市：枣强县、武邑县、武强县、饶阳县、安平县、故城县、景县、阜城县、深州市。

（2）山西省91个县级政府

太原市：清徐县、阳曲县、娄烦县、古交市。

大同市：阳高县、天镇县、广灵县、灵丘县、浑源县、左云县。

阳泉市：平定县、盂县。

长治市：襄垣县、平顺县、黎城县、壶关县、长子县、武乡县、沁县、沁源县。

晋城市：沁水县、阳城县、陵川县、泽州县、高平市。

朔州市：山阴县、应县、右玉县、怀仁市。

晋中市：榆社县、左权县、和顺县、昔阳县、寿阳县、祁县、平遥县、灵石县、介休市。

运城市：临猗县、万荣县、闻喜县、稷山县、新绛县、绛县、垣曲县、夏县、平陆县、芮城县、永济市、河津市。

忻州市：定襄县、五台县、代县、繁峙县、宁武县、静乐县、神池县、五寨县、岢岚县、河曲县、保德县、偏关县、原平市。

临汾市：曲沃县、翼城县、襄汾县、洪洞县、古县、安泽县、浮山县、吉县、乡宁县、大宁县、隰县、永和县、蒲县、汾西县、霍州市、侯马市。

吕梁市：文水县、交城县、兴县、临县、柳林县、石楼县、岚县、方山县、中阳县、交口县、孝义市、汾阳市。

（3）内蒙古自治区80个县级政府

呼和浩特市：土默特左旗、托克托县、和林格尔县、清水河县、武川县。

包头市：土默特右旗、固阳县、达尔罕茂明安联合旗。

赤峰市：阿鲁科尔沁旗、巴林左旗、巴林右旗、林西县、克什克腾旗、翁牛特旗、喀喇沁旗、宁城县、敖汉旗。

通辽市：科尔沁左翼中旗、科尔沁左翼后旗、开鲁县、库伦旗、奈曼旗、扎鲁特旗、霍林郭勒市。

鄂尔多斯市：达拉特旗、准格尔旗、鄂托克前旗、鄂托克旗、杭锦旗、乌审旗、伊金霍洛旗。

呼伦贝尔市：阿荣旗、莫力达瓦达斡尔族自治旗、鄂温克族自治旗、鄂伦春自治旗、陈巴尔虎旗、新巴尔虎左旗、新巴尔虎右旗、满洲里市、牙克石市、扎兰屯市、额尔古纳市、根河市。

巴彦淖尔市：五原县、磴口县、乌拉特前旗、乌拉特中旗、乌拉特后旗、杭锦后旗。

乌兰察布市：卓资县、化德县、商都县、兴和县、凉城县、察哈尔右翼前旗、察哈尔右翼中旗、察哈尔右翼后旗、四子王旗、丰镇市。

兴安盟：乌兰浩特市、阿尔山市、科尔沁右翼前旗、科尔沁右翼中旗、扎赉特旗、突泉县。

锡林郭勒盟：二连浩特市、锡林浩特市、阿巴嘎旗、苏尼特左旗、苏尼特右旗、东乌珠穆沁旗、西乌珠穆沁旗、太仆寺旗、镶黄旗、正镶白旗、正蓝旗、多伦县。

阿拉善盟：阿拉善左旗、阿拉善右旗、额济纳旗。

6. 东北地区 147 个县级政府

（1）辽宁省 41 个县级政府

沈阳市：康平县、法库县、新民市。

大连市：长海县、瓦房店市、庄河市。

鞍山市：台安县、岫岩满族自治县、海城市。

抚顺市：抚顺县、新宾满族自治县、清原满族自治县。

本溪市：本溪满族自治县、桓仁满族自治县。

丹东市：宽甸满族自治县、东港市、凤城市。

锦州市：黑山县、义县、凌海市、北镇市。

营口市：盖州市、大石桥市。

阜新市：阜新蒙古族自治县、彰武县。

辽阳市：辽阳县、灯塔市。

盘锦市：盘山县。

铁岭市：铁岭县、西丰县、昌图县、调兵山市、开原市。

朝阳市：朝阳县、建平县、喀喇沁左翼蒙古族自治县、北票市、凌源市。

葫芦岛市：绥中县、建昌县、兴城市。

（2）吉林省 39 个县级政府

长春市：农安县、榆树市、德惠市、公主岭市。

吉林市：永吉县、蛟河市、桦甸市、舒兰市、磐石市。

四平市：梨树县、伊通满族自治县、双辽市。

辽源市：东丰县、东辽县。

通化市：通化县、辉南县、柳河县、梅河口市、集安市。

白山市：抚松县、靖宇县、长白朝鲜族自治县、临江市。

松原市：前郭尔罗斯蒙古族自治县、长岭县、乾安县、扶余市。

白城市：镇赉县、通榆县、洮南市、大安市。

延边朝鲜族自治州：延吉市、图们市、敦化市、珲春市、龙井市、和龙市、汪清县、安图县。

（3）黑龙江省67个县级政府

哈尔滨市：依兰县、方正县、宾县、巴彦县、木兰县、通河县、延寿县、尚志市、五常市。

齐齐哈尔市：龙江县、依安县、泰来县、甘南县、富裕县、克山县、克东县、拜泉县、讷河市。

鸡西市：鸡东县、虎林市、密山市。

鹤岗市：萝北县、绥滨县。

双鸭山市：集贤县、友谊县、宝清县、饶河县。

大庆市：肇州县、肇源县、林甸县、杜尔伯特蒙古族自治县。

伊春市：嘉荫县、汤旺县、丰林县、大箐山县、南岔县、铁力市。

佳木斯市：桦南县、桦川县、汤原县、同江市、富锦市、抚远市。

七台河市：勃利县。

牡丹江市：林口县、绥芬河市、海林市、宁安市、穆棱市、东宁市。

黑河市：逊克县、孙吴县、北安市、五大连池市、嫩江市。

绥化市：望奎县、兰西县、青冈县、庆安县、明水县、绥棱县、安达市、肇东市、海伦市。

大兴安岭地区：漠河市、呼玛县、塔河县。

附录3.4　2022年中国区级政府效率测度样本（902个）

1. 华东地区253个区级政府

（1）江苏省55个区级政府

无锡市：梁溪区、锡山区、惠山区、滨湖区、新吴区。

徐州市：云龙区、鼓楼区、贾汪区、泉山区、铜山区。

常州市：新北区、钟楼区、武进区、金坛区、天宁区。

苏州市：姑苏区、虎丘区、吴中区、相城区、吴江区。

南通市：崇川区、通州区、海门区。

连云港市：海州区、连云区、赣榆区。

淮安市：淮安区、洪泽区、淮阴区、清江浦区。

盐城市：亭湖区、盐都区、大丰区。

扬州市：邗江区、广陵区、江都区。

镇江市：京口区、润州区、丹徒区。

泰州市：海陵区、高港区、姜堰区。

宿迁市：宿城区、宿豫区。

南京市：玄武区、秦淮区、建邺区、鼓楼区、浦口区、栖霞区、雨花台区、江宁区、六合区、溧水区、高淳区。

（2）浙江省 37 个区级政府

杭州市：上城区、拱墅区、西湖区、滨江区、萧山区、余杭区、富阳区、临安区、临平区、钱塘区。

宁波市：海曙区、江北区、北仑区、镇海区、鄞州区、奉化区。

温州市：鹿城区、龙湾区、瓯海区、洞头区。

嘉兴市：南湖区、秀洲区。

湖州市：吴兴区、南浔区。

绍兴市：越城区、柯桥区、上虞区。

金华市：婺城区、金东区。

衢州市：柯城区、衢江区。

舟山市：定海区、普陀区。

台州市：椒江区、黄岩区、路桥区。

丽水市：莲都区。

（3）安徽省 45 个区级政府

合肥市：蜀山区、瑶海区、庐阳区、包河区。

芜湖市：鸠江区、镜湖区、弋江区、湾沚区、繁昌区。

蚌埠市：蚌山区、龙子湖区、禹会区、淮上区。

淮南市：田家庵区、大通区、谢家集区、八公山区、潘集区。

马鞍山市：雨山区、花山区、博望区。

淮北市：相山区、杜集区、烈山区。

铜陵市：铜官区、义安区、郊区。

安庆市：大观区、迎江区、宜秀区。

黄山市：屯溪区、黄山区、徽州区。

滁州市：琅琊区、南谯区。

阜阳市：颍州区、颍东区、颍泉区。

宿州市：埇桥区。

六安市：金安区、裕安区、叶集区。

亳州市：谯城区。

池州市：贵池区。

宣城市：宣州区。

（4）福建省 31 个区级政府

福州市：鼓楼区、台江区、仓山区、马尾区、晋安区、长乐区。

莆田市：城厢区、涵江区、荔城区、秀屿区。

三明市：沙县区、三元区。

泉州市：丰泽区、鲤城区、洛江区、泉港区。

漳州市：龙海区、龙文区、芗城区、长泰区。

南平市：建阳区、延平区。

龙岩市：新罗区、永定区。

宁德市：蕉城区。

厦门市：思明区、海沧区、湖里区、集美区、同安区、翔安区。

（5）江西省 27 个区级政府

南昌市：西湖区、东湖区、青云谱区、青山湖区、新建区、红谷滩区。

景德镇市：昌江区、珠山区。

萍乡市：安源区、湘东区。

九江市：浔阳区、濂溪区、柴桑区。

新余市：渝水区。

鹰潭市：月湖区、余江区。

赣州市：章贡区、南康区、赣县区。

吉安市：吉州区、青原区。

宜春市：袁州区。

抚州市：临川区、东乡区。

上饶市：信州区、广丰区、广信区。

（6）山东省 58 个区级政府

济南市：市中区、历下区、槐荫区、天桥区、历城区、长清区、章丘区、济阳区、莱芜区、钢城区。

青岛市：市南区、市北区、黄岛区、崂山区、李沧区、城阳区、即墨区。

淄博市：张店区、淄川区、博山区、临淄区、周村区。

枣庄市：薛城区、市中区、峄城区、台儿庄区、山亭区。

东营市：东营区、河口区、垦利区。

烟台市：莱山区、芝罘区、福山区、牟平区、蓬莱区。

潍坊市：奎文区、潍城区、寒亭区、坊子区。

济宁市：任城区、兖州区。

泰安市：泰山区、岱岳区。

威海市：环翠区、文登区。

日照市：东港区、岚山区。

临沂市：兰山区、罗庄区、河东区。

德州市：德城区、陵城区。

聊城市：东昌府区、茌平区。

滨州市：滨城区、沾化区。

菏泽市：牡丹区、定陶区。

2. 中南地区 245 个区级政府

（1）河南省 54 个区级政府

郑州市：中原区、二七区、管城回族区、金水区、上街区、惠济区。

开封市：鼓楼区、龙亭区、顺河回族区、祥符区、禹王台区。

洛阳市：西工区、老城区、瀍河回族区、涧西区、孟津区、洛龙区、偃师区。

平顶山市：新华区、卫东区、石龙区、湛河区。

安阳市：北关区、文峰区、殷都区、龙安区。

鹤壁市：淇滨区、鹤山区、山城区。

新乡市：红旗区、卫滨区、凤泉区、牧野区。

焦作市：解放区、中站区、马村区、山阳区。

濮阳市：华龙区。

许昌市：魏都区、建安区。

漯河市：源汇区、郾城区、召陵区。

三门峡市：湖滨区、陕州区。

南阳市：宛城区、卧龙区。

商丘市：梁园区、睢阳区。

信阳市：浉河区、平桥区。

周口市：川汇区、淮阳区。

驻马店市：驿城区。

（2）湖北省39个区级政府

黄石市：下陆区、黄石港区、西塞山区、铁山区。

十堰市：茅箭区、张湾区、郧阳区。

宜昌市：西陵区、伍家岗区、点军区、猇亭区、夷陵区。

襄阳市：襄城区、樊城区、襄州区。

荆门市：东宝区、掇刀区。

孝感市：孝南区。

荆州市：沙市区、荆州区。

黄冈市：黄州区。

咸宁市：咸安区。

随州市：曾都区。

武汉市：江岸区、江汉区、硚口区、汉阳区、武昌区、青山区、洪山区、东西湖区、汉南区、江夏区、黄陂区、蔡甸区、新洲区。

鄂州市：鄂城区、梁子湖区、华容区。

（3）湖南省36个区级政府

长沙市：望城区、芙蓉区、岳麓区、雨花区、开福区、天心区。

株洲市：石峰区、芦淞区、荷塘区、渌口区、天元区。

湘潭市：雨湖区、岳塘区。

衡阳市：蒸湘区、南岳区、石鼓区、雁峰区、珠晖区。

邵阳市：大祥区、双清区、北塔区。

岳阳市：岳阳楼区、云溪区、君山区。

常德市：武陵区、鼎城区。

张家界市：永定区、武陵源区。

益阳市：赫山区、资阳区。

永州市：冷水滩区、零陵区。

怀化市：鹤城区。

娄底市：娄星区。

郴州市：北湖区、苏仙区。

（4）广东省65个区级政府

湛江市：赤坎区、霞山区、坡头区、麻章区。

茂名市：茂南区、电白区。

阳江市：江城区、阳东区。

云浮市：云城区、云安区。

肇庆市：端州区、鼎湖区、高要区。

江门市：蓬江区、江海区、新会区。

清远市：清城区、清新区。

韶关市：武江区、浈江区、曲江区。

河源市：源城区。

惠州市：惠城区、惠阳区。

汕尾市：城区。

梅州市：梅江区、梅县区。

揭阳市：榕城区、揭东区。

汕头市：金平区、龙湖区、濠江区、潮阳区、潮南区、澄海区。

潮州市：湘桥、潮安区。

广州市：越秀区、荔湾区、海珠区、天河区、白云区、黄埔区、番禺区、花都区、南沙区、从化区、增城区。

深圳市：福田区、罗湖区、南山区、宝安区、龙岗区、盐田区、龙华区、坪山区、光明区。

珠海市：香洲区、斗门区、金湾区。

佛山市：禅城区、南海区、顺德区、三水区、高明区。

（5）广西壮族自治区 41 个区级政府

南宁市：青秀区、兴宁区、江南区、西乡塘区、良庆区、邕宁区、武鸣区。

柳州市：柳北区、城中区、鱼峰区、柳南区、柳江区。

桂林市：临桂区、秀峰区、叠彩区、象山区、七星区、雁山区。

梧州市：长洲区、万秀区、龙圩区。

北海市：海城区、银海区、铁山港区。

防城港市：港口区、防城区。

钦州市：钦南区、钦北区。

贵港市：港北区、覃塘区、港南区。

玉林市：玉州区、福绵区。

百色市：右江区、田阳区。

贺州市：平桂区、八步区。

河池市：宜州区、金城江区。

来宾市：兴宾区。

崇左市：江州区。

（6）海南省 10 个区级政府

海口市：龙华区、秀英区、琼山区、美兰区。

三亚市：吉阳区、海棠区、天涯区、崖州区。

三沙市：西沙区、南沙区。

3. 西南地区 95 个区级政府

（1）四川省 55 个区级政府

成都市：武侯区、锦江区、青羊区、金牛区、成华区、龙泉驿区、青白江区、新都区、温江区、双流区、郫都区、新津区。

自贡市：自流井区、贡井区、大安区、沿滩区。

攀枝花市：东区、西区、仁和区。

泸州市：江阳区、纳溪区、龙马潭区。

德阳市：旌阳区、罗江区。

绵阳市：涪城区、游仙区、安州区。

广元市：利州区、昭化区、朝天区。

遂宁市：船山区、安居区。

内江市：市中区、东兴区。

乐山市：市中区、沙湾区、五通桥区、金口河区。

南充市：顺庆区、高坪区、嘉陵区。

眉山市：东坡区、彭山区。

宜宾市：翠屏区、南溪区、叙州区。

广安市：广安区、前锋区。

达州市：通川区、达川区。

雅安市：雨城区、名山区。

巴中市：巴州区、恩阳区。

资阳市：雁江区。

（2）贵州省 16 个区级政府

贵阳市：乌当区、南明区、云岩区、花溪区、白云区、观山湖区。

六盘水市：钟山区、水城区。

遵义市：汇川区、红花岗区、播州区。

安顺市：西秀区、平坝区。

毕节市：七星关区。

铜仁市：碧江区、万山区。

（3）云南省 17 个区级政府

昆明市：呈贡区、五华区、盘龙区、官渡区、西山区、东川区、晋宁区。

曲靖市：麒麟区、沾益区、马龙区。

玉溪市：红塔区、江川区。

保山市：隆阳区。

昭通市：昭阳区。

丽江市：古城区。

普洱市：思茅区。

临沧市：临翔区。

（4）西藏自治区 7 个区级政府

拉萨市：城关区、堆龙德庆区、达孜区。

日喀则市：桑珠孜区。

昌都市：卡若区。

林芝市：巴宜区。

山南市：乃东区。

4. 西北地区 77 个区级政府

（1）陕西省 31 个区级政府

西安市：未央区、新城区、碑林区、莲湖区、灞桥区、雁塔区、阎良区、临潼区、长安区、高陵区、鄠邑区。

铜川市：耀州区、王益区、印台区。

宝鸡市：凤翔区、金台区、渭滨区、陈仓区。

咸阳市：秦都区、杨陵区、渭城区。

渭南市：临渭区、华州区。

延安市：安塞区、宝塔区。

汉中市：汉台区、南郑区。

榆林市：榆阳区、横山区。

安康市：汉滨区。

商洛市：商州区。

（2）甘肃省 17 个区级政府

兰州市：红古区、西固区、安宁区、七里河区、城关区。

金昌市：金川区。

白银市：白银区、平川区

天水市：秦州区、麦积区。

武威市：凉州区。

张掖市：甘州区。

平凉市：崆峒区。

酒泉市：肃州区。

庆阳市：西峰区。

定西市：安定区。

陇南市：武都区。

（3）青海省 7 个区级政府

西宁市：城中区、城西区、城东区、城北区、湟中区。

海东市：乐都区、平安区。

（4）宁夏回族自治区 9 个区级政府

银川市：金凤区、兴庆区、西夏区。

石嘴山市：大武口区、惠农区。

吴忠市：利通区、红寺堡区。

固原市：原州区。

中卫市：沙坡头区。

（5）新疆维吾尔自治区 13 个区级政府

乌鲁木齐市：天山区、沙依巴克区、新市区、水磨沟区、头屯河区、达坂城区、米东区。

吐鲁番市：高昌区。

哈密市：伊州区。

克拉玛依市：克拉玛依区、独山子区、白碱滩区、乌尔禾区。

5. 华北地区 98 个区级政府

（1）河北省 49 个区级政府

石家庄市：长安区、桥西区、新华区、井陉矿区、裕华区、藁城区、鹿泉区、栾城区。

唐山市：路北区、路南区、古冶区、开平区、丰南区、丰润区、曹妃甸区。

秦皇岛市：海港区、山海关区、抚宁区、北戴河区。

邯郸市：丛台区、邯山区、复兴区、峰峰矿区、肥乡区、永年区。

邢台市：襄都区、信都区、任泽区、南和区。

保定市：竞秀区、莲池区、满城区、清苑区、徐水区。

张家口市：桥西区、桥东区、宣化区、下花园区、万全区、崇礼区。

承德市：双桥区、双滦区、鹰手营子矿区。

沧州市：运河区、新华区。

廊坊市：广阳区、安次区。

衡水市：桃城区、冀州区。

（2）山西省 26 个区级政府

太原市：杏花岭区、小店区、迎泽区、万柏林区、晋源区、尖草坪区。

大同市：平城区、云岗区、新荣区、云州区。

阳泉市：城区、郊区、矿区。

长治市：潞州区、上党区、屯留区、潞城区。

晋城市：城区。

朔州市：朔城区、平鲁区。

晋中市：榆次区、太谷区。

运城市：盐湖区。

忻州市：忻府区。

临汾市：尧都区。

吕梁市：离石区。

（3）内蒙古自治区 23 个区级政府

呼和浩特市：新城区、回民区、玉泉区、赛罕区。

包头市：昆都仑区、东河区、青山区、石拐区、白云鄂博矿区、九原区。

赤峰市：红山区、元宝山区、松山区。

通辽市：科尔沁区。

鄂尔多斯市：康巴什区、东胜区。

呼伦贝尔市：海拉尔区、扎赉诺尔区。

巴彦淖尔市：临河区。

乌兰察布市：集宁区。

乌海市：海勃湾区、海南区、乌达区。

6. 东北地区 134 个区级政府

（1）辽宁省 59 个区级政府

沈阳市：浑南区、和平区、沈河区、大东区、皇姑区、铁西区、苏家屯区、沈北新区、于洪区、辽中区。

大连市：西岗区、中山区、沙河口区、甘井子区、旅顺口区、金州区、普兰店区。

鞍山市：铁东区、立山区、铁西区、千山区。

抚顺市：顺城区、新抚区、望花区、东洲区。

311

本溪市：平山区、溪湖区、明山区、南芬区。

丹东市：振兴区、元宝区、振安区。

锦州市：太和区、古塔区、凌河区。

营口市：西市区、鲅鱼圈区、站前区、老边区。

阜新市：细河区、海州区、新邱区、太平区、清河门区。

辽阳市：白塔区、文圣区、宏伟区、弓长岭区、太子河区。

盘锦市：兴隆台区、双台子区、大洼区。

铁岭市：银州区、清河区。

朝阳市：双塔区、龙城区。

葫芦岛市：龙港区、连山区、南票区。

（2）吉林省21个区级政府

长春市：南关区、宽城区、朝阳区、二道区、绿园区、双阳区、九台区。

吉林市：船营区、昌邑区、龙潭区、丰满区。

四平市：铁西区、铁东区。

辽源市：西安区、龙山区。

通化市：二道江区、东昌区。

白山市：浑江区、江源区。

松原市：宁江区。

白城市：洮北区。

（3）黑龙江省54个区级政府

哈尔滨市：松北区、道里区、南岗区、道外区、平房区、香坊区、呼兰区、阿城区、双城区。

齐齐哈尔市：建华区、龙沙区、铁锋区、昂昂溪区、富拉尔基区、碾子山区、梅里斯达斡尔族区。

鸡西市：鸡冠区、恒山区、滴道区、梨树区、城子河区、麻山区。

鹤岗市：向阳区、工农区、南山区、兴安区、东山区、兴山区。

双鸭山市：尖山区、岭东区、四方台区、宝山区。

大庆市：萨尔图区、龙凤区、让胡路区、红岗区、大同区。

伊春市：伊美区、乌翠区、友好区、金林区。

佳木斯市：前进区、向阳区、东风区、郊区。

七台河市：桃山区、新兴区、茄子河区。

牡丹江市：东安区、阳明区、爱民区、西安区。

黑河市：爱辉区。

绥化市：北林区。

图书在版编目（CIP）数据

中国地方政府效率研究报告. 2022 / 江西师范大学
管理决策评价研究中心，北京师范大学政府管理研究院著
. -- 北京：社会科学文献出版社，2023.1
ISBN 978 - 7 - 5228 - 0911 - 3

Ⅰ.①中⋯　Ⅱ.①江⋯ ②北⋯　Ⅲ.①地方政府 - 行
政管理 - 效率 - 研究报告 - 中国 - 2022　Ⅳ.①D625

中国版本图书馆 CIP 数据核字（2022）第 194102 号

中国地方政府效率研究报告（2022）

著　　者／江西师范大学管理决策评价研究中心
　　　　　北京师范大学政府管理研究院

出 版 人／王利民
责任编辑／陈凤玲
文稿编辑／王　倩
责任印制／王京美

出　　版／社会科学文献出版社·经济与管理分社　（010）59367226
　　　　　地址：北京市北三环中路甲 29 号院华龙大厦　邮编：100029
　　　　　网址：www. ssap. com. cn
发　　行／社会科学文献出版社　（010）59367028
印　　装／三河市龙林印务有限公司

规　　格／开 本：787mm × 1092mm　1/16
　　　　　印 张：20.25　字 数：289 千字
版　　次／2023 年 1 月第 1 版　2023 年 1 月第 1 次印刷
书　　号／ISBN 978 - 7 - 5228 - 0911 - 3
定　　价／128.00 元

读者服务电话：4008918866

版权所有 翻印必究